Controverses

Larbi Oukada
Indiana University-Purdue University-Indianapolis

Didier Bertrand
Indiana University-Purdue University-Indianapolis

Janet Solberg
Kalamazoo College

HEINLE
CENGAGE Learning™

Australia • Brazil • Japan • Korea • Mexico • Singapore • Spain • United Kingdom • United States

Controverses

Oukada, Bertrand, Solberg

Executive Editor: Carrie Brandon

Acquisitions Editor: Lara Semones

Production Project Manager: Annette
Pagliaro

Assistant Editor: Arlinda Shtuni

Editorial Assistant: Morgen Murphy

Editorial Reader: Christine Wilson

Technology Project Manager: Matt
Dorsey

Marketing Manager: Lindsey
Richardson

Marketing Assistant: Marla Nasser

Advertising Project Manager: Stacey
Purviance

Print/Media Buyer: Marcia Locke

Permissions Manager: Isabel Alves

Permissions Editor: Serge Laine

Production Service: Pre-Press
Company, Inc.

Text Designer: Jerilyn Bockorick /
Nesbitt Graphics, Inc.

Photo Manager: Sheri Blaney

Photo Researcher: Jill Engebretson

Cover Designers: Qin Zhong Yu

Compositor: Pre-Press
Company, Inc.

Cover Art: © David R. Frazier
Photolibrary

For product information and technology assistance, contact us at
Cengage Learning Customer & Sales Support, 1-800-354-9706

For permission to use material from this text or product,
submit all requests online at **www.cengage.com/permissions**
Further permissions questions can be emailed to
permissionrequest@cengage.com

Library of Congress Control Number: 2005905577

ISBN-13: 978-1-4130-0449-6

ISBN-10: 1-4130-0449-0

Heinle
25 Thomson Place
Boston, MA 02210
USA

Cengage Learning is a leading provider of customized learning
solutions with office locations around the globe, including Singapore, the
United Kingdom, Australia, Mexico, Brazil, and Japan. Locate your local office
at **international.cengage.com/region**

Cengage Learning products are represented in Canada by
Nelson Education, Ltd.

For your course and learning solutions, visit **academic.cengage.com**

Visit our corporate website at **cengage.com**

Printed in the United States of America
5 6 7 11 10 09 08

Table des matières

Preface

*W*elcome to *Controverses*! As you continue your study of French with this book, you will find that *Controverses* makes it possible for you to discuss sophisticated topics and express your opinions about them both orally and in writing. This new level of sophistication will be challenging for you, of course, but it is extremely rewarding to be able to discuss topics of interest to you, to express and defend your ideas, and to project your personality in a foreign language. You'll find that *Controverses* provides you with interesting topics and the necessary linguistic support (vocabulary words, discussion questions, socially relevant readings, etc.) to help you discuss them, but remember, the energy and effort necessary to maintain a conversation must come from you. Don't worry about speaking perfectly—at the Intermediate level, everyone makes mistakes. However, the desire to communicate is one of the most important factors in getting your point across, and focusing on that desire will help you make real progress.

Much of the grammar in *Controverses* will seem at least somewhat familiar to you. This will give you the opportunity to refine and deepen your understanding of some sophisticated grammar points and gain more confidence about structures you were perhaps unsure of the first time you saw them. We hope it has become clear to you by now that grammar is a means to an end—a way to communicate your ideas more clearly and elegantly to others. *Controverses* offers you many exercises to help you practice grammar, but we want you to see them as a means of self-expression and communication with others and as a way to have fun with the linguistic progress you are making.

At some point in the future, we hope that you will find yourself having a truly satisfying conversation with another French speaker—a conversation that would not be possible if you couldn't speak French. Such conversations can truly foster the hope that by communicating across cultural and linguistic differences, we can make the world a safer, friendlier, and more interesting place for us all. When that conversation takes place, we hope that *Controverses* will have played a role in making that exhilarating experience possible.

*T*he authors are deeply indebted to the editorial staff of Thomson Learning. Their encouragement made it possible to extend field-testing operations and editing stages to produce a quality program. We are especially grateful to Lara Semones, our editor, for giving us the opportunity to develop the program, for her knowledge, for her patience, for her unfailing sense of humor, and for numerous, invaluable contributions she made throughout the making of *Controverses*.

Larbi Oukada would like to thank Christopher and Dan Oukada for their love and understanding. Didier Bertrand extends his most heartfelt graditude and love to his generous wife Brenda and his wonderful sons, Nicolas and Matthieu, who have given up so much in the name of this project. Both Larbi and Didier would also like to mention the help they have received from many colleagues and friends: Rosalie Vermette and Brenda Bertrand, who field-tested the program in their classes and provided invaluable suggestions for improvement; Lizbeth Bernard, Amy Reinsel, and Ellen Sexauer for their insights and continued support. Last, but not least, they owe a big debt of gratitude to their students who have been very instrumental in testing and shaping this program. Thank you all for putting up with the photocopied chapters in various stages of production.

Jan Solberg would like to acknowledge her pedagogical mentors and collaborators from the distant past (especially Ron Chastain, Don Rice, Janka Zask, and Wendy Allen), the more recent past (particularly Wendy Nelson and Terri Nelson), and her present colleagues at Kalamazoo College (especially Larissa Dugas). For their limitless support and encouragement, she thanks her friends and family—especially her husband, John Townsend. Most important, she wants to express her affection to all of her students, who continue to make language teaching the best job in the world.

The author team would also like to thank our many colleagues who served as readers, consultants, and advisors on this project. Your comments and suggestions were invaluable to us.

List of reviewers

Diane Adler, *North Carolina State University*
Wendy W. Allen, *St. Olaf College*
John Angell, *University of Louisiana, Lafayette*
Peggy Beauvois, *Johns Hopkins University*
Nancy Bouzrara, *University of Southern Maine*
Les Caltvedt, *Elmhurst College*
Rosalie M. Cheatham, *University of Arkansas at Little Rock*
Paige Curry, *Bellarmine University*
Françoise Denis, *Macalester College*
Florence Echtman, *Bryn Mawr College* and *Haverford College*
Margaret Flagg, *Boston College*
Donna Frost, *Roanoke College*
Mireille Green, *Kansas State University*

Kirsten Halling, *Wright State University*
Jean-Louis Hippolyte, *Rutgers University (Camden)*
Stacey Katz, *University of Utah*
Michel Laronde, *University of Iowa*
Michèle Magnin, *University of San Diego*
Margaret McDiarmid, *Xavier University*
James Mitchell, *Florida State University*
Mary Jo Muratore, *University of Missouri*
Dayna Oscherwitz, *Southern Methodist University*
Thomas Parker, *Princeton University*
Floyd Satterlee, *Park Tudor School*
Guy David Toubiana, *The Citadel*
Kelle Truby, *University of California, Riverside*
Janell Watson, *Virginia Tech*
Catherine Wiebe, *University of Oregon*

Un premier contact

Objectifs communicatifs

COMMUNICATION

- Faisons connaissance!
- Discutons un peu!
- Lecture: *L'étude du français est-elle importante aujourd'hui?*
- Apprenons à écrire! La dialectique hégélienne

COMPARAISONS STRUCTURALES

- Le présent de l'indicatif

*C*ontroverse: Dans ce livre, vous aurez l'occasion de discuter des sujets d'importance sociale. Bien qu'apprendre une langue étrangère soit un acte personnel, il s'agit en même temps d'un travail collectif. Vous allez donc souvent travailler avec un(e) partenaire et en groupes. Les exercices qui suivent vous permettront de mieux connaître vos camarades de classe.

Faisons connaissance!

A **Trouvez quelqu'un qui...** Demandez à différentes personnes de votre classe si elles participent ou ont participé une des activités suivantes. Quand une personne répond «oui», demandez-lui son nom et écrivez-le dans la case réservée à cet effet. Si la personne répond «non», posez la même question à une autre personne.

> **Modèle:** Trouvez quelqu'un qui... regarde le football le lundi soir à la télé.
> — Est-ce que tu regardes le football le lundi soir à la télé?
> — Oui, je le regarde.
> — Comment t'appelles-tu?
> — Je m'appelle John. (Vous écrivez «John» dans la case.)

Trouvez quelqu'un qui...	Nom
…regarde le football le lundi soir à la télé.	*John*
… joue d'un instrument de musique.	
… cuisine très bien.	
… va à l'église/à la synagogue/à la mosquée toutes les semaines.	
… parle espagnol ou japonais.	
… fait du ski.	
… a déjà voyagé à l'étranger *(abroad)*.	
… a été militaire ou a un parent qui a été militaire.	
… aime les anchois *(anchovies)*.	
… aime les films d'horreur.	
… a peur de parler en classe.	

B **Qui êtes-vous?** Posez certaines des questions suivantes à un(e) camarade de classe que vous ne connaissez pas encore. Prenez quelques notes pour pouvoir ensuite présenter votre partenaire à la classe. (Attention! Les questions sont posées à la forme «vous» ici, mais vous allez probablement utiliser «tu» avec votre partenaire.)

1. Comment vous appelez-vous et quel âge avez-vous?

2. Où habitez-vous? (résidence universitaire/appartement/maison...) Depuis quand habitez-vous à [ville]?

3. Avez-vous des frères et des sœurs? Combien?

4. En quelle année êtes-vous à l'université? (première, deuxième, troisième, quatrième année...)

5. En quoi vous spécialisez-vous *(major)*? Pourquoi vous spécialisez-vous en [spécialisation]?

6. Où avez-vous appris le français? au lycée? à l'université? en France? au Canada?

7. Avez-vous déjà visité la France? le Québec? un autre pays francophone? Combien de temps est-ce que vous avez passé dans ce pays?

8. Avez-vous un emploi maintenant? Où est-ce que vous travaillez? Travaillez-vous à plein temps ou à temps partiel?

9. Qu'est-ce que vous voulez faire quand vous aurez obtenu votre diplôme?

10. Qu'est-ce que vous aimez faire quand vous avez du temps libre? (sport, cuisine, cinéma, théâtre, littérature, musique, peinture, sieste...)

11. Que(le) est votre bar/café/restaurant/film/roman/chanteur/couleur préféré(e)?

12. ?????

C **Permettez-moi de vous présenter...** Présentez votre partenaire à la classe en vous servant des réponses de l'exercice précédent.

D **Votre professeur se présente.** Votre professeur va se présenter à la classe. Écoutez ce qu'il/elle dit et notez quelques détails dans les cases ci-dessous. Si votre professeur ne donne pas un certain détail, mettez un «X» dans la case.

Catégorie	Détails
son anniversaire	
où il/elle a fait ses études	
s'il/si elle a des animaux	
les pays francophones qu'il/elle a visités	
ce qu'il/elle aime faire pendant son temps libre	
sa couleur préférée	
son restaurant préféré	
d'autres détails que votre professeur a mentionnés	

TRACK 2

E **De quoi parle-t-on?** Sandrine pense qu'il faut supprimer *(eliminate)* les examens à l'université, mais Rachid n'est pas tout à fait d'accord avec elle. Écoutez leur conversation et répondez aux questions suivantes.

Grammar note: In order to speak about your likes, dislikes, and daily activities, you need to know how to use the present tense and be able to draw comparisons to your own language. The explanation and exercises in the *Cahier* **Chapitre préliminaire** will help you review and practice these important structures.

1. Pour quelles raisons est-ce que Sandrine n'aime pas les examens?

2. Quelles sont les deux expressions que Sandrine utilise pour introduire ses raisons? («_____, c'est trop... » / «Et _____, un ou deux examens... »)

3. Quelle raison est-ce que Rachid donne pour justifier les examens?

4. Sandrine propose de remplacer les examens par des devoirs *(papers)* ou des exposés (présentations orales) aux examens. Quelle est la réaction de Rachid à cette idée?

Discutons un peu!

Pour présenter et défendre une opinion, montrer votre accord ou votre désaccord, critiquer, expliquer, etc., vous pouvez utiliser un certain nombre d'expressions qui vont rendre vos idées plus claires et vos commentaires plus authentiques. Les expressions et les activités suivantes vont vous aider et vous habituer à défendre vos arguments et à discuter de vos opinions.

Pour exprimer une opinion personnelle
Pour moi…
Selon moi…
À mon avis…
En ce qui me concerne…
Il me semble que…
Je pense que [+ indicatif]… / Je ne pense pas que [+ subjonctif]…
Je crois que [+ indicatif]… / Je ne crois pas que [+ subjonctif]…

Pour indiquer qu'on est d'accord
Je suis d'accord (avec [toi]).
[Tu as] tout à fait raison.
Je suis de [ton] avis.
Absolument!
Tout à fait.
En effet…

Pour indiquer qu'on n'est pas d'accord
Je ne suis pas d'accord (avec [toi]).
[Tu as] tort.
Je ne suis pas de [ton] avis.
Absolument pas!
Pas du tout!
[Tu as] peut-être raison, mais…
Cette explication n'est pas mauvaise, mais…
Je vois les choses différemment.

Pour développer un argument
D'abord…
Ensuite…
Il y a de bonnes raisons pour…
D'une part… D'autre part…
Voilà pourquoi…

Pour ajouter un argument pour quelque chose
De plus...
Et aussi...
Et d'ailleurs...

Pour introduire un argument contre quelque chose
Cependant...
Par contre...
Oui, mais...
Pourtant...

Pour introduire un exemple
Prenons le cas de...
Par exemple...

Pour contredire une déclaration exprimée au négatif
Si! (e.g., «Le café n'est pas une drogue.» «Oh, si!»)

A **À votre avis.** Répondez aux questions en utilisant les expressions données pour exprimer ou justifier une opinion.

1. Est-ce que le service militaire doit être obligatoire pour tout le monde?

2. Les transports publics (le bus, le métro) devraient-ils être gratuits *(free)*?

3. L'enseignement universitaire devrait-il être gratuit?

4. Un couple doit-il cohabiter avant le mariage?

5. Est-ce que le café est une drogue?

6. Est-ce qu'on devrait augmenter le salaire des professeurs?

7. Est-ce qu'on devrait vendre des hamburgers, des frites et des boissons *(drinks)* sucrées dans les cafétérias des écoles?

8. Si les écoles ont des problèmes budgétaires, est-ce qu'il faut supprimer le sport (le football, etc.) et les arts (la chorale, l'orchestre, etc.)?

9. Est-ce que les adolescents devraient attendre d'avoir 18 ans pour obtenir leur permis de conduire?

10. Est-ce qu'il faut acheter seulement des produits fabriqués aux États-Unis?

B **Controverses.** Avec un(e) partenaire, discutez de ces affirmations en utilisant les expressions des pages 7 et 8 pour (a) indiquer qu'on est d'accord ou
pas d'accord, puis celles pour (b) ajouter un argument pour ou contre quelque
chose. Donnez des exemples pour justifier votre opinion.

1. Il faut dénoncer un(e) camarade de classe qui triche *(cheats)*.

2. Il faut autoriser les jeunes de plus de 18 ans à boire de l'alcool.

3. On ne doit pas autoriser la violence à la télévision.

4. Il faut augmenter le budget de la défense aux États-Unis.

5. Il faut déréglementer la vitesse sur les autoroutes.

6. Il faut légaliser l'utilisation des drogues douces, telles que la marijuana.

7. La publicité pour les cigarettes influence beaucoup de jeunes. Il faut l'interdire.

8. Aux États-Unis, l'anglais doit être la seule langue officielle.

9. Il faut supprimer tous les cours obligatoires *(required courses)* à l'université.

10. Tous les étudiants devraient étudier à l'étranger *(study abroad)*.

Remue-méninges

Vous poursuivez des études de français dans une université. Quelles sont les raisons
qui vous motivent à vouloir apprendre cette langue? Faites d'abord une liste de cinq
raisons qui expliquent pourquoi vous étudiez le français. Ensuite, comparez votre
liste à celle d'un(e) camarade de classe. Vos raisons sont-elles semblables ou
différentes? Enfin, créez une autre liste dans laquelle vous combinez les cinq
meilleures raisons des deux listes, de la plus importante (pour vous deux) à la
moins importante.

Lecture

L'ÉTUDE DU FRANÇAIS EST-ELLE IMPORTANTE
AUJOURD' HUI?

Lisez les données *(data)* suivantes sans l'aide d'un dictionnaire et essayez d'en
comprendre l'essentiel *(the gist)*. Plusieurs raisons sont données pour expliquer
l'importance de l'étude du français. Écrivez un «P» devant les raisons politiques
d'apprendre le français, un «D» devant les raisons diplomatiques, un «E» devant
les raisons économiques et un «H» devant les raisons humaines.

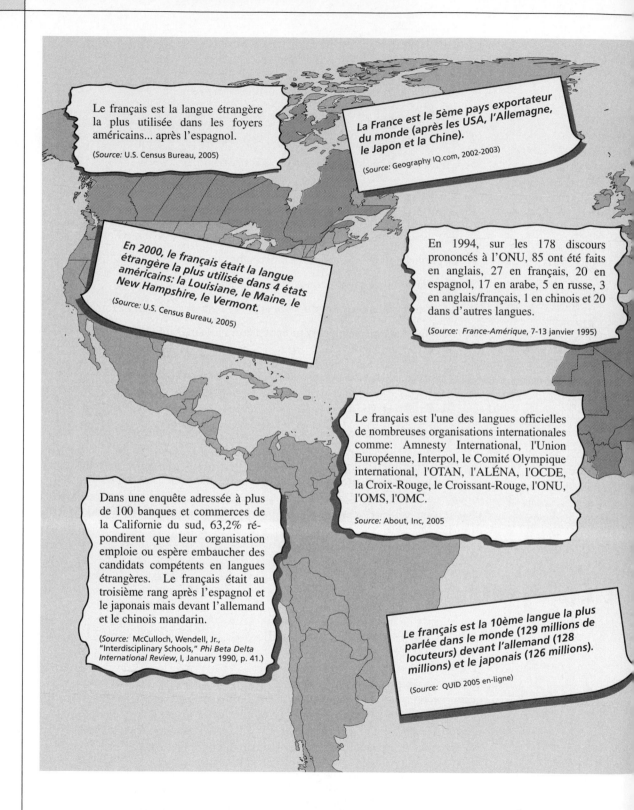

Le français est la langue étrangère la plus utilisée dans les foyers américains... après l'espagnol.

(*Source:* U.S. Census Bureau, 2005)

La France est le 5ème pays exportateur du monde (après les USA, l'Allemagne, le Japon et la Chine).

(*Source:* Geography IQ.com, 2002-2003)

En 2000, le français était la langue étrangère la plus utilisée dans 4 états américains: la Louisiane, le Maine, le New Hampshire, le Vermont.

(*Source:* U.S. Census Bureau, 2005)

En 1994, sur les 178 discours prononcés à l'ONU, 85 ont été faits en anglais, 27 en français, 20 en espagnol, 17 en arabe, 5 en russe, 3 en anglais/français, 1 en chinois et 20 dans d'autres langues.

(*Source:* France-Amérique, 7-13 janvier 1995)

Le français est l'une des langues officielles de nombreuses organisations internationales comme: Amnesty International, l'Union Européenne, Interpol, le Comité Olympique international, l'OTAN, l'ALÉNA, l'OCDE, la Croix-Rouge, le Croissant-Rouge, l'ONU, l'OMS, l'OMC.

Source: About, Inc, 2005

Dans une enquête adressée à plus de 100 banques et commerces de la Californie du sud, 63,2% répondirent que leur organisation emploie ou espère embaucher des candidats compétents en langues étrangères. Le français était au troisième rang après l'espagnol et le japonais mais devant l'allemand et le chinois mandarin.

(*Source:* McCulloch, Wendell, Jr., "Interdisciplinary Schools," *Phi Beta Delta International Review*, I, January 1990, p. 41.)

Le français est la 10ème langue la plus parlée dans le monde (129 millions de locuteurs) devant l'allemand (128 millions) et le japonais (126 millions).

(*Source:* QUID 2005 en-ligne)

Les Nations unies ont six langues officielles et deux langues de travail, le français est à la fois les deux.

(*Source*: QUID 2005 en-ligne)

33 pays ont le français comme langue officielle ou langue de situation privilégiée. (L'anglais compte 45 pays, l'arabe 21 pays et l'espagnol 20 pays.)

(*Source*: QUID 2005 en-ligne)

Environ 100 millions de gens apprennent ou ont appris le français comme langue étrangère.

(*Source*: QUID 2005 en-ligne)

Le français est l'une des deux seules langues parlées sur les cinq continents.

(*Source*: Calvet, Louis-Jean, *L'Europe et ses langues*, Plon, 1993, p. 77)

Boutros Boutros-Ghali a qualifié le français de "seule alternative pratique à une mondialangue", disant qu'il "incarne la langue de la différence par excellence, une langue 'non-alignée'."

(*Source*: Le Monde des Débats. "Europe: une langue pour tous," juillet-août 1993, p. 24)

La France est le pays qui accueille le plus grand nombre de touristes étrangers au monde. Le nombre de touristes étrangers visitant annuellement la France est supérieur à la totalité de la population française (soit 75,1 millions d'arrivées de touristes en 2004).

(*Source*: Travel Industry Wire, 1998-2005)

La France est le deuxième exportateur mondial de denrées agricoles, après les États-Unis.

(*Source*: Compare Infobase Pvt. Ltd. 1999-2005)

Avez-vous compris?

1. Le terme «mondialangue» est un mot nouveau qui ne se trouve pas dans le dictionnaire. Quel sens attribuez-vous à ce mot?

2. Quels sont les domaines dans lesquels l'étude du français peut présenter un avantage? Pourquoi? (Citez trois exemples tirés de domaines différents.)

3. Quels détails de cette petite lecture vous ont le plus surpris(e)?

4. Qu'est-ce qui ne semble pas correspondre à l'image traditionnelle qu'on se fait de la France et des autres pays francophones?

Qu'en pensez-vous?

1. Les données qui précèdent affirment l'importance du français dans le monde. Êtes-vous d'accord avec l'idée que le français est une langue importante? Pourquoi? Pourquoi pas?

2. Quels arguments peut-on utiliser pour justifier que le français n'est, en fin de compte, pas très important?

3. Selon vous, quelle est la langue étrangère la plus utile? Expliquez votre choix.

 ## Jeu de rôles: «Le séjour linguistique»

Vous voulez passer un semestre ou une année dans un pays francophone. Votre partenaire joue le rôle de votre père/mère qui pense que c'est une perte de temps *(a waste of time)*. Improvisez ou écrivez un dialogue où chaque personne avance des arguments, réfute les arguments de l'autre, cite des exemples, etc. Soyez convaincant(e)s!

Apprenons à écrire! La dialectique hégélienne

In the French educational system, students learn to write several kinds of compositions (**dissertations**). In this French class, you will learn to write one of them—a five-part essay that uses a technique of argumentation called "Hegelian dialectics."

For example, let's assume for a minute that you are studying at a French school, and you have been assigned **une dissertation** on the importance of the French language to Americans. After spending a few minutes free-writing (in English) and doing some idea mapping, as you may have done in your English composition courses, you might want to engage in a "dialectical discussion" with a classmate who will express a point of view different from your own, in order to play **l'avocat du diable** *(devil's advocate)*. The object of this discussion is to sensitize the participants to another viewpoint on the topic. In this process, participants assume that each viewpoint has strengths and weaknesses, and that even the strongest argument contains inconsistencies. The goal of dialectical discussion, unlike that of today's TV talk shows, is not to make you express your original opinion more loudly and more blindly than ever. Instead, it aims at opening your mind so you can understand and value the points the other side is making. In so doing, you will arrive at a more nuanced position than the one with which you started, and you may even find points of contact and agreement with "opposing" points of view. Let's now look at a concrete example of a dialectic composition.

To view the sample composition in its entirety, go to the *Controverses* website, <http://controverses.heinle.com>

L'importance du français aux États-Unis

1. The first part of the essay consists of the introduction, in which you explain what your composition is about and show the relevance of the topic. (What are you going to write about? Why is it important and why should I read it?) The introduction should include a striking statistic, anecdote, quote, or image that will grab your reader's attention.

Le français est-il une langue qu'il est encore important d'étudier aux États-Unis? On a vu dans la presse, lors de la guerre en Iraq en 2003, qu'un désaccord entre les gouvernements français et américain a poussé certains restaurants de Washington à adopter l'expression *Freedom fries* pour désigner les pommes de terre frites, ordinairement appelées *French fries*. Symptomatique des relations tendues entre les deux pays, ce changement de nom a inspiré des réactions différentes, depuis le rire jusqu'au boycott des produits d'importation française. Cette crise politique a encouragé les étudiants américains à se demander s'il ne serait pas plus logique aujourd'hui de commencer à étudier l'espagnol. Je voudrais démontrer ici que le rejet de la langue et de la culture françaises reflète un point de vue géopolitique limité et faux.

2. The second part is called **la thèse,** but this French term is not the equivalent of the English word "thesis". In this sort of composition, it simply means "a statement of arguments that support your position on the subject you are writing about." The **thèse** is stated succinctly in a one-sentence paragraph before you begin your argument.

D'un côté, il faut reconnaître que l'étude du français présente des avantages géographiques, politiques et économiques.

D'abord, le français n'est pas la langue d'une seule culture, mais de nombreuses cultures différentes, qu'on trouve sur les cinq continents. On parle en effet français en Asie (au Viêt-nam, par exemple), dans les îles du Pacifique (à Tahiti, entre autres), en Afrique (essentiellement du Nord et de l'Ouest), en Europe, où il sert de langue maternelle non seulement aux Français, mais aussi à certains Belges, Suisses, Luxembourgeois, entre autres, et même en Amérique du Nord (Québec, Nouvelle-Écosse, Nouveau-Brunswick...). Aux États-Unis mêmes, on parle toujours français dans quatre états: en Louisiane, dans le Maine, dans le New Hampshire et dans le Vermont. Donc, loin de disparaître de la carte du monde, le français demeure une langue internationale importante.

Ensuite, en plus de son implantation géographique à travers le monde, le français demeure une des langues principales pour les échanges diplomatiques, puisqu'il compte parmi les langues de travail, notamment, de l'Unesco, du Comité olympique international et du Fonds monétaire international.

Enfin, au point de vue économique, notons que les relations franco-américaines continuent à se développer. La *French American Chamber of Commerce* de Los Angeles notait, en 1993, que la France était le sixième investisseur de capitaux aux États-Unis, avec environ 3,7 milliards de dollars. Inversement, les États-Unis ont souvent été le plus important investisseur étranger en France au cours des dernières années. Les échanges économiques avec l'Europe justifieraient déjà l'étude de la langue française en Amérique. Quand on considère les rapports économiques entre les États-Unis et les pays africains francophones, cela démontre encore plus nos besoins en compétences liées à la langue française.

On peut donc dire que l'étude du français présente pour les États-Unis des avantages aussi bien à l'échelle mondiale qu'au niveau des abondants échanges entre les États-Unis et la France.

3. Because the French are more impressed by the ability to understand and articulate the complexities of a topic than by the ability to write a completely one-sided paper, the third part of your composition presents the **anti-thèse.** In this part, you demonstrate a clear understanding of the arguments supporting the opposing point of view, and you acknowledge the value of this viewpoint:

> Mais d'un autre côté, les raisons pour lesquelles les Américains pensent que le français perd de son importance sont visibles presque tous les jours et sur les mêmes plans: géographique, politique et économique.
>
> D'une part, l'influx d'immigrants hispanophones est évident partout. On entend de plus en plus d'espagnol aux États-Unis, ce qui n'est pas le cas du français. Il est donc peut-être justifié de se demander à quel moment on va avoir l'occasion de pratiquer son français, alors qu'on est presque sûr de pouvoir parler espagnol avec quelqu'un sur le sol américain.
>
> De plus, au point de vue politique, les États-Unis ont toujours eu tendance à privilégier l'étude de langues plus «critiques», comme l'arabe, le russe et l'espagnol, langues parlées dans des régions du monde où les Américains ont eu besoin de défendre leurs intérêts nationaux plusieurs fois.
>
> Enfin, la situation privilégiée de l'anglais dans le monde peut aussi donner l'impression aux Américains qu'il n'est plus nécessaire de parler une langue étrangère, même dans le cadre du commerce, puisque l'anglais occupe le deuxième rang des langues maternelles du monde (après le chinois), tout en étant la première langue internationale.
>
> En bref, l'insularité du continent nord-américain, l'influence croissante de l'espagnol sur le sol américain et la position privilégiée de l'anglais dans le monde encouragent certains à penser que si on doit étudier une langue étrangère aux États-Unis aujourd'hui, le français n'est pas le meilleur choix.

4. The fourth part of the dialectic composition—**la synthèse**—is perhaps the most difficult of them all. This synthesis should not simply contain a summary of the arguments advanced in the **thèse** and **anti-thèse,** but should instead introduce a new angle. Earlier arguments may be briefly summarized, but the true goal of the **synthèse** is to take the argument beyond the stalemate set up in the binary oppositions of **thèse** and **anti-thèse** (black/white, good/bad, right/wrong, etc.). This is done by introducing a third element that allows the reasoning to rise above the **thèse** and **anti-thèse.** This new perspective may allow readers to gain new insights into the question, and it also prepares them to see the value of the conclusions you will draw in the last part of the composition.

Jusqu'à maintenant, nous avons présenté quelques-unes des raisons géographiques, politiques et économiques pour lesquelles le français devrait constituer une langue privilégiée pour les Américains, et autant de raisons géographiques, politiques et économiques qui contredisent ce point de vue. Pour résoudre ce conflit apparent, nous devons rejeter la notion de «langue» comme un simple système linguistique qui permet la communication, et adopter plutôt une notion plus complexe, où la langue est vue comme un reflet de la culture. En effet, l'insularité des États-Unis est si complète que l'incompréhension des langues étrangères est généralement accompagnée d'une incompréhension des cultures étrangères. L'étude d'une langue ouvre une fenêtre sur les cultures de cette langue et nous expose à la diversité du monde dans lequel nous vivons. Comprendre une langue étrangère va donc plus loin, beaucoup plus loin, que le fait de comprendre les mots et la grammaire d'un autre système linguistique. Cela nous permet aussi de développer une vision du monde plus complexe et peut-être plus tolérante.

5. In your conclusion, you not only conclude your paper, you also draw conclusions. First, you refer to arguments you have already presented; then, you express your convictions or opinions on the issue — ideas that seem to follow naturally from what you've said so far. To create a stylistically satisfying ending, consider returning in some way to the striking quote or image you used in your introduction:

En conclusion, je dirai qu'il est essentiel de ne pas limiter les États-Unis à l'apprentissage d'une langue étrangère unique, comme cela risque de devenir le cas avec l'espagnol. Plus on étudie de langues étrangères, mieux on comprend la variété culturelle qui nous entoure. L'étude du français en particulier permet cette ouverture, non seulement sur la France elle-même, mais aussi sur beaucoup d'autres pays francophones du monde. Et nous avons bien besoin de cette ouverture; appeler les frites des *Freedom fries* semble une réaction assez infantile de la part du pays qui est considéré comme le pays le plus puissant du monde libre. Même le terme *French fries* montre notre ignorance culturelle, puisque les frites sont considérées «belges» plutôt que «françaises» par les Français! Il est important que les pays développés se rejoignent dans la compréhension mutuelle. L'anglais est la première langue étrangère étudiée en France. N'est-il pas grand temps que les États-Unis se remettent de leur côté à l'étude du français?

1. In the introduction, what is the striking image the writer uses to grab the reader's attention?

2. Make an outline (in English) of the text. What are its main ideas? In which parts do these ideas seem to be at odds with each other?

3. Where do the contradictions pitted against each other seem to find their resolution? How does it happen? Is it a real resolution or simply yet another perspective?

4. Which sentences in the concluding paragraph reprise ideas that have appeared earlier in the essay? What else does the writer do in the conclusion? How is the conclusion linked to the essay's introduction?

5. Go through the composition and identify all the rhetorical markers that show the relationship between one sentence, or part of the composition, and another. Classify them by their function. Example: to introduce a new idea, we find **Je voudrais démontrer ici que…, D'un côté…, D'abord…,** et cetera.

1

L'amitié

Objectifs communicatifs

COMMUNICATION
- **Point** L'amitié occupe une moindre place dans la vie des Américains
- **Contre-point** L'amitié chez les Français est trop exigeante

COMPARAISONS STRUCTURALES
- Le passé composé
- L'imparfait
- Le plus-que-parfait
- La narration au passé
- Le passé simple

CONTEXTE SOCIAL
- L'amitié en statistiques

COMMUNAUTÉS
- Un sondage auprès de mes amis

LIENS INTERDISCIPLINAIRES
- *Le Petit Prince*, d'Antoine de Saint-Exupéry (extrait)

rests

*C*ontroverse: La conception de l'amitié repose° sensiblement sur des préférences individuelles liées à l'âge, au sexe, au milieu social ainsi qu'a d'autres critères socio-démographiques. Mais peut-on aussi dire que l'amitié se définit différemment de culture en culture? On entend souvent dire, par exemple, que les Français ont tendance à trouver les Américains superficiels en ce qui concerne l'amitié; et on entend souvent dire que les Américains, par contre, pensent que les Français sont froids et impolis. Ces deux perspectives sont-elles conformes à la réalité? Représentent-elles des jugements extrêmes? Sont-elles basées sur des malentendus culturels? À vous de juger.

Premières pensées

Les mots pour le dire: Qu'est-ce qu'un ami?

noms

ami(e)	*friend*
amitié (f)	*friendship*
connaissance (f)	*acquaintance, person you know*
conseil (m)	*(piece of) advice*
copain (copine)	*friend, pal*
inconnu(e)	*stranger*

verbes

aimer	*to love*
aimer bien	*to like, to be fond of*
avoir confiance en	*to have confidence in, to trust*
compter sur	*to count on*
mentir	*to lie*
pardonner	*to forgive*
se confier à	*to confide in*
s'entendre avec	*to get along with*
s'entraider	*to help one another*
se soutenir	*to support one another*

A **Définissons.** En vous aidant des idées qui suivent, établissez une liste personnelle des cinq qualités les plus importantes que vous recherchez chez un(e) ami(e). Avez-vous des amis, hommes ou femmes, qui correspondent à votre définition de l'amitié? Si oui, lesquels? Si non, pourquoi pas?

who always agrees with me

everything

in case of need

funny

Un(e) ami(e) est quelqu'un...	
	a. qui est toujours d'accord° avec moi.
	b. qui comprend mes problèmes.
	c. à qui je peux parler de tout°.
	d. qui me dit toujours la vérité.
	e. à qui je dis toujours la vérité.
	f. sur qui je peux compter en cas de besoin°.
	g. en qui j'ai entièrement confiance.
	h. que j'admire beaucoup.
	i. qui ne me critique jamais.
	j. qui me donne de bons conseils.
	k. qui est toujours loyal.
	l. qui me pardonne toujours.
	m. qui est rigolo°, amusant.
	n. ???(Ajoutez d'autres qualités.)

B **Comparons.** Maintenant que vous avez établi votre liste, comparez-la à la liste d'un(e) partenaire. Quelles sont les qualités que vous avez mentionnées tous (toutes) les deux? Sur quelles qualités est-ce que vous n'êtes pas d'accord? Expliquez pourquoi.

C **Quelques statistiques.** Examinez les données suivantes *(the following data)* et répondez ensuite aux questions.

on average

| **Un Français compte en moyenne° 3 ou 4 amis.** |

feel

5%	des femmes françaises estiment° que ce sont elles qui choisissent les amis de leur couple.
don't give them enough freedom
8%	des adolescents trouvent que leurs parents ne les laissent pas suffisamment libres° dans le choix de leurs amis.
18%	des Français disent qu'il n'est pas grave de coucher avec la femme (ou le mari) de son (sa) meilleur(e) ami(e).
18,5%	des Français disent que le mot «amitié» est le plus important de tous.
29%	des Français considèrent qu'il n'est pas «moralement condamnable» de mentir à un ami.

Source: Adapté de Jérome Duhamel, *Vous, les Français*, Albin Michel, 1989.

QUESTIONS

1. Trouvez-vous quelques-uns de ces chiffres surprenants? Lesquels? Pourquoi?

2. Selon vous, quelles réponses seraient semblables aux États-Unis? Lesquelles seraient différentes?

3. À quelles questions est-ce qu'un(e) Américain(e) serait tenté(e) de mentir *(tempted to lie)*? Pourquoi?

Point

L'amitié occupe une moindre place dans la vie des Américains

Les mots pour le dire

noms

comportement (m)	*conduct, behavior*
confiance (f)	*trust*
entente (f)	*harmony, understanding, agreement*
individualisme (m)	*individualism*
malentendu (m)	*misunderstanding*
milieu social (m)	*social environment*
obligation (f)	*obligation*
rapport (m)	*relationship*
relation (f)	*(here) relationship*
sens (de l'amitié) (m)	*sense, conception (of friendship)*
valeur (f)	*value*
vérité (f)	*truth*
vie professionnelle (f)	*professional life*
vie sociale (f)	*social life*

verbes

agacer	*to annoy*
blesser	*to hurt*
croire	*to believe*
demander	*to ask (for)*
dépendre de	*to depend on*
établir des priorités	*to establish priorities*
inviter	*to invite*
maintenir une amitié	*to maintain a friendship*
négliger	*to neglect*
passer le temps	*to spend time*
penser à soi-même	*to think about oneself*
privilégier X sur Y	*to place a higher priority on X than on Y*
ressentir + *nom*	*to feel (something) (ressentir de la déception = to feel disappointment)*
s'attendre à	*to expect*
se définir par	*to define oneself by, in terms of*
se faire des amis	*to make friends*
se plaindre (de)	*to complain (about)*
se sentir + *adj.*	*to feel (a certain way) (se sentir déçu[e] = to feel disappointed)*
trouver qqn + *adj.*	*to find someone + adj. (ex. Je le trouve [hypocrite].)*

adjectifs

amical(e)	*friendly*
amusant(e)	*funny*
bête	*stupid, silly*
chaleureux(-euse)	*warm, friendly*
déconcertant(e)	*disconcerting*
déconcerté(e)	*disconcerted*
déçu(e)	*disappointed*
égoïste	*selfish*
étonnant(e)	*surprising, astonishing*
étonné(e)	*surprised, astonished*
gentil(le)	*nice, kind*
hypocrite	*insincere, hypocritical*
indépendant(e)	*independent*
indifférent(e)	*indifferent*
individualiste	*individualistic*
lié(e)	*close (in the case of personal relationships)*
loyal(e)	*true, loyal, faithful*
personnel(le)	*personal, private*
sensible	*sensitive*
superficiel(le)	*superficial, shallow*

Étude de vocabulaire

A **Des contraires.** Choisissez le mot de la colonne B qui est le contraire de celui de la colonne A.

A	B
1. satisfait, content	a. l'entente
2. le désaccord	b. égoïste
3. profonde	c. bête
4. cruel	d. déçu
5. froide	e. étonnant
6. banal, ordinaire	f. gentil
7. généreux	g. négliger
8. soigner	h. superficielle
9. intelligent	i. chaleureuse

B **Une session de groupe.** Vos camarades révisent en groupe avant un examen. Aidez-les à apprendre le vocabulaire en leur donnant une expression à laquelle ils devront trouver un synonyme. Utilisez *Les mots pour le dire* des pages 22–23.

> **Modèle:** Donnez-moi un synonyme pour «les rapports entre deux personnes».
> *les relations*

1. proche
2. faire du mal à quelqu'un
3. la conduite
4. se lier d'amitié avec
5. parler de choses qui fâchent
6. vexer, irriter

 TRACK 4A

De quoi parle-t-on?

Au café. Jean-Luc et Yvette prennent un café ensemble. Écoutez leur conversation et répondez aux questions suivantes.

1. Qui a étudié aux États-Unis?

2. Est-ce que cette personne a aimé son expérience aux États-Unis?

3. De quoi se plaint-elle?

4. D'après les réactions d'Yvette à la vie sociale aux États-Unis, comment imaginez-vous ses rapports sociaux en France?

 ### Remue-méninges

Testez votre sens de l'amitié! Discutez le scénario ci-dessous avec un(e) camarade de classe.

Imaginez que vous avez un examen très important demain. Il faut absolument que vous étudiiez ce soir. Mais un(e) ami(e) vous téléphone. Il/Elle a une crise personnelle très grave et il/elle veut absolument vous parler. Vous êtes obligé(e) de choisir entre l'ami(e) et la préparation de l'examen. Qu'est-ce que vous allez faire? Pourquoi?

Lecture

L'AMITIÉ AMÉRICAINE VUE PAR LES FRANÇAIS

Le texte suivant a été rédigé° par France Service pour les Français venant s'installer° aux États-Unis. L'auteur les avertit° de quelques différences culturelles au sujet de l'amitié.

«I will call you and we'll have dinner» vous a dit en partant le sympathique ingénieur que vous avez rencontré au cours d'une soirée chez des amis. Votre hôte vous l'avait présenté et, tout de suite, était née entre vous une entente bien agréable. Vous vous étiez découvert des intérêts en commun. Lui, comme vous, faisait de la photographie à ses heures libres. Lui, comme vous, descendait en radeau° les rivières de l'Ouest. Il avait évoqué le charme, la beauté de la France, qu'il avait visitée à plusieurs reprises°. Cet homme semblait à la fois sensible et dynamique. Il parlait de son travail avec enthousiasme. Après son départ, vous vous êtes félicité° d'avoir fait sa connaissance et avez eu hâte de° le rencontrer à nouveau. Mais... il ne vous a pas rappelé. Lorsqu'une semaine plus tard, vous lui avez téléphoné à son travail, il vous a demandé de répéter votre prénom avant de se souvenir° de vous. Il est devenu chaleureux mais quand vous avez suggéré de dîner ensemble en fin de semaine, il vous a dit qu'il était déjà pris et ne vous a pas proposé une autre date. «I'll call you next week» a-t-il

Margin glosses: was written / to settle / warns them / raft / several times / you congratulated yourself / you were looking forward to / (here) to remember to hang up (the phone)

elsewhere

towards me

saddens them
painfully

lesser, less important

attempt
cursory, rough

is combined with
blossoms / his neighbor / certainly

on the other hand

besides
centuries
rights

prevails
according to which / sinner / insures (for himself) / sky (here) heaven / the afterlife / here below
at the expense of

conclu avant de raccrocher°, mais vous avez senti, cette fois-ci, que c'était la dernière fois que vous lui parliez. En effet, il ne vous a jamais rappelé.

Les Français nouvellement établis à Los Angeles ou ailleurs° aux États-Unis racontent souvent à d'autres Français des histoires semblables à celle-ci. Ils ne comprennent pas ce qui s'est passé. «Cet Américain était si sympathique. On s'entendait bien. Il a agi envers moi° comme s'il ressentait beaucoup d'amitié pour moi. Pourquoi n'a-t-il fait aucun effort pour que l'on se revoit?» demandent-ils. Cette conduite les déconcerte, les chagrine°, les irrite. Ils découvrent, souvent douloureusement°, en quoi les Américains, et tout particulièrement les Californiens, diffèrent des Français. Malgré leur cordialité naturelle, les Américains ont, en général, un sens de l'amitié moindre° que celui des Français. L'amitié occupe une moindre place dans leur vie. Il y a, naturellement, des exceptions, surtout parmi ceux qui ont vécu à l'étranger. Mais le phénomène que je viens d'évoquer reste la règle. À quoi cela est-il dû? Voici une tentative° d'explication, sommaire° sans doute, mais, je l'espère, utile.

D'abord, ce moindre sens de l'amitié est lié à la nature particulière de l'individualisme américain. Le Français a une personnalité, des sentiments, des opinions affirmés, mais c'est dans ses rapports avec les autres qu'il les exprime. L'individualisme français se conjugue° avec un sens de la communauté, de la cité. Le Français s'épanouit° en compagnie de son prochain°, de sa famille certes°, mais aussi de ses amis, ses collègues et tous les habitants de son quartier, de son village: l'épicier, le boulanger, le libraire, etc. Le café-bar reste, sans doute, la plus française des institutions. En revanche°, l'Américain de race blanche (le Noir ou le Latino-Américain agit différemment) exprime moins que le Français ce qu'il ressent. Il est aussi plus discipliné dans sa vie sociale, professionnelle et civique. Par ailleurs°, il a une conception plus «autonomiste» de l'individu, une conception qu'on pourrait qualifier «d'héroïque». Depuis plus de deux siècles°, l'idéologie régnante de cette société est une exaltation de l'individu, de ses droits° comme de sa capacité productive. Encore aujourd'hui, l'Amérique, c'est pour les peuples du monde entier, le pays où un homme, quelles que soient ses origines, peut, par son talent et ses efforts, accomplir de grandes choses et devenir riche. Historiquement, la vision «héroïque» de l'individu qui prévaut° ici est ancrée dans l'éthique puritaine, selon laquelle° l'homme pécheur° s'assure° une place au ciel°, dans l'au-delà°, par un travail assidu ici-bas°. Trois siècles après les Puritains, la valeur du travail purificateur anime toujours l'Amérique. En conséquence, la plupart des Américains donnent la priorité à leur vie professionnelle, aux dépens de° leur vie familiale et, plus encore, de leur vie sociale. ■

Source: France Service, Los Angeles

Avez-vous compris?

1. Où est-ce que le Français a rencontré l'Américain?

2. Quelle est la première impression que le Français a ressentie vis-à-vis de cet Américain? Pourquoi?

3. L'Américain a promis au Français de lui téléphoner, mais il ne l'a pas fait. Quels ont été les sentiments du Français quand il s'est rendu compte que l'Américain ne le rappellerait pas?

4. Une semaine plus tard, quand le Français a téléphoné, quelle a été la réponse de l'Américain?

5. À quoi les Américains donnent-ils la priorité, selon le texte? Pourquoi?

Qu'en pensez-vous?

1. L'auteur suggère que c'est l'individualisme américain qui est responsable de ce malentendu, mais il mentionne que les Français aussi sont individualistes. Selon l'auteur, quelle serait la différence entre l'individualisme américain et l'individualisme français?

2. Pour vous, est-ce que la description de l'amitié américaine donnée dans ce texte est positive? négative? objective? Donnez des exemples pour justifier votre réponse.

3. Est-ce que le texte suggère que les Américains sont superficiels? Donnez des exemples pour justifier votre réponse. Qu'est-ce qui rend, selon vous, une relation amicale superficielle?

4. Doit-on donner la priorité à sa vie professionnelle aux dépens de sa vie familiale et de sa vie sociale?

5. Est-ce hypocrite de dire «bonjour» à des inconnus et de vous montrer amical(e) envers des gens qui ne vous intéressent pas vraiment? Expliquez votre réponse.

CONTEXTE SOCIAL

L'AMITIÉ EN STATISTIQUES

Dans cette partie du chapitre, vous allez observer et analyser des données statistiques sur l'amitié en France. Ensuite, vous allez faire un sondage sur l'amitié dans votre région pour voir si les résultats sont semblables à ceux du sondage français.

L'Institut français d'opinion publique (Ifop) a réalisé une enquête quantitative sur l'amitié en France du 13 au 14 avril 2000 auprès d'un échantillon de 1004 personnes, âgées de 15 ans et plus. Ce sondage, effectué pour *L'Express*, un magazine français, révèle des résultats contradictoires. D'un côté, les Français souffrent de solitude parce qu'ils voient peu leurs amis, faute de temps (*due to a lack of time*); et de l'autre, ils réaffirment que l'amitié est une valeur sûre. Examinez les tableaux ci-dessous et répondez aux questions qui suivent.

1.

Pour vous, l'amitié, c'est d'abord...	
s'entraider	**59%**
se confier	**17%**
agir ensemble *(to act together)*	**16%**
s'amuser ensemble	**7%**
ne donnent pas de réponse	**1%**

2.

Diriez-vous que l'amitié est quelque chose d'indispensable, d'important, de peu d'importance, d'inutile, pour...	Indispensable (%)	Important (%)	Peu important (%)	Inutile (%)	Ne se prononcent pas (%)
votre plaisir	**45**	**51**	**2**	**1**	**1**
votre équilibre personnel	**49**	**47**	**3**	**1**	**–**
votre vie sociale	**40**	**54**	**5**	**1**	**–**
votre carrière professionnelle	**26**	**53**	**13**	**6**	**2**

3.

Par amitié vis-à-vis de votre ami(e) seriez-vous prêt(e) à...	Oui, certainement (%)	Oui, probablement (%)	Non, probablement pas (%)	Non, certainement pas (%)	Ne se prononcent pas (%)
l'héberger	**68**	**27**	**2**	**3**	**–**
vous lever à 3 heures du matin pour lui remonter le moral	**64**	**25**	**6**	**5**	**–**
l'aider financièrement	**49**	**39**	**7**	**4**	**1**
traverser la France pour aller la (ou le) chercher	**46**	**37**	**9**	**7**	**1**
lui prêter votre voiture	**57**	**26**	**7**	**9**	**1**

4.

Et pour conserver l'amitié, que seriez-vous prêt(e) à faire?*	
Changer radicalement votre façon de penser	**27%**
Déménager	**24%**
Sacrifier une relation amoureuse	**12%**
Quitter votre travail	**7%**
Ne plus voir votre famille	**4%**
D'autres réponses (réponses non suggérées)	**36%**
Ne se prononcent pas	**5%**

* Total supérieur à 100 en raison des réponses multiples.

5.

Parmi les éléments suivants, quels sont ceux qui peuvent être un frein (to be a hindrance) à vos amitiés?*	
L'éloignement géographique	**49%**
Le manque de temps	**42%**
Des désaccords sur la façon de vivre	**24%**
La vie de couple	**21%**
Ne se prononcent pas	**4%**

DISCUSSION

Est-ce que les affirmations suivantes sont vraies ou fausses? Si elles sont fausses, corrigez-les.

1. Selon le tableau 1, les Français pensent que l'amitié consiste principalement à prendre part à des activités avec leurs amis.　　V　F

2. Selon le tableau 2, la majorité des Français pensent que les amis sont importants dans leur vie sociale comme dans leur vie professionnelle.　V　F

3. Selon le tableau 3, en cas de besoin, un ami peut probablement venir passer la nuit chez vous (si vous êtes français[e]).　　V　F

4. Selon le tableau 4, la plupart des Français accepteraient de rompre avec (break up with, break away from) leur famille ou un amant/une maîtresse pour conserver l'amitié.　　V　F

Communautés

UN SONDAGE AUPRÈS DE MES AMIS

Dans cette activité, vous allez travailler en dehors (outside) de la classe (sur le campus, chez vous, dans la communauté, etc.) et vous allez préparer un rapport (report) sur l'amitié que vous allez présenter à la classe. ■

A **Instructions.** Posez les questions suivantes à cinq amis d'âge et de sexe différents, puis exprimez vos résultats en pourcentages. Vos amis peuvent choisir une ou plusieurs réponses pour la question 3.

1. Pour vous, l'amitié, c'est d'abord...
   a. s'entraider.
   b. se confier.
   c. agir ensemble (*to act together*).
   d. s'amuser ensemble.

2. Diriez-vous que pour vous l'amitié est quelque chose...
   a. d'indispensable?
   b. d'important?
   c. qui a peu d'importance?
   d. d'inutile?

3. Et pour conserver l'amitié, seriez-vous prêt(e) à...
   a. changer radicalement votre façon de penser?
   b. déménager?
   c. sacrifier une relation amoureuse?
   d. quitter votre travail?
   e. ne plus voir votre famille?

B **Rapport**

1. Décrivez les personnes que vous avez interviewées (âge, sexe, profession, statut matrimonial, nombre d'enfants, etc.).

2. Présentez les résultats de votre sondage en pourcentages et sous forme de tableaux.

3. Répondez à ces questions: Est-ce que selon votre sondage, la conception de l'amitié diffère en fonction de l'âge et du sexe des individus? Comment est-ce que les résultats de votre sondage se comparent aux résultats de l'enquête réalisée en France par l'Institut français d'opinion publique? (pages 28–29) Quelles différences statistiques vous étonnent le plus? Pourquoi?

Contre-point

L'amitié chez les Français est trop exigeante

Les mots pour le dire

noms

cercle (m)	*circle*
service (m)	*favor*
voisin(e)	*neighbor*

verbes

exiger	*to demand, require, expect*
gêner	*to bother, embarrass*
préciser	*to specify, define*
se comporter	*to behave*
sympathiser	*to get along well together, to "click"*

adjectifs

célibataire	*single, unmarried*
de courte durée	*short-lived*
durable	*lasting*
exigeant(e)	*demanding*
froid(e)	*cold*
insensible	*insensitive*
ouvert(e)	*open*
profond(e)	*deep*
réservé(e)	*reserved*
suffocant(e)	*stifling*
volage	*fickle*

expressions

affirmer une amitié	*to strengthen a friendship*
un(e) ami(e) d'enfance	*a childhood friend*
avoir des choses en commun	*to have things in common*
établir un premier contact	*to make initial contact*
pour de bon	*for good*
se remonter le moral	*to boost one's spirits*
remonter le moral à quelqu'un	*to boost someone's spirits*

Étude de vocabulaire

A **Définitions.** Mettez la lettre qui correspond à chaque mot ou expression devant la définition qui convient. Attention! Il y a plus de mots que de définitions!

a. suffocant   c. les connaissances   e. voisins   g. un service

b. éprouver   d. gêner   f. sympathiser   h. insensible

1. _____ s'entendre avec

2. _____ les personnes avec qui on est en relation

3. _____ qui ne considère pas les sentiments des autres

4. _____ les personnes qui habitent à proximité l'une de l'autre

5. _____ causer un malaise

B **Sur le vocabulaire.** Remplissez les espaces avec les mots qui conviennent de la liste ci-dessous. Faites tous les changements nécessaires.

célibataire / sympathiser / préciser / exiger / durable
suffocant / remonter le moral / pour de bon

1. Quand je suis triste, je n'hésite pas à téléphoner à un ami pour qu'il me

_____.

2. Mon oncle trouvait le mariage suffocant, alors il est resté _____ toute sa vie.

3. Pour qu'une amitié soit _____, il faut maintenir les rapports, sans

pour autant qu'ils soient _____!

4. Si vous voulez faire un séjour linguistique d'été en France, vous devez prendre

votre décision _____ peu après les vacances de Noël.

5. Si vous voulez boire du coca en France, n'oubliez pas de _____

que vous voulez beaucoup de glace *(ice)* dans votre verre.

6. Luc et moi, nous nous sommes connus en Grèce. Nous nous sommes

rencontrés devant le Parthénon et nous avons _____ tout de suite.

7. Si vous n'êtes pas content(e) de la qualité d'un produit que vous avez acheté

sur le Web, vous avez le droit d'_____ qu'on vous le rembourse.

TRACK 4B

De quoi parle-t-on?

Au téléphone. Karen et Linda sont des étudiantes américaines qui vivent à Paris. Elles parlent au téléphone au sujet de Patrick, le petit-ami français de Linda. Écoutez leur conversation et répondez aux questions suivantes.

1. Depuis combien de temps est-ce que Linda sort avec Patrick?

2. Pourquoi Linda n'est-elle pas contente?

3. Quelle explication est-ce que son amie lui donne du comportement de Patrick?

4. Quel conseil est-ce que son amie donne à Linda?

Remue-méninges

Répondez aux questions suivantes, puis comparez vos réponses à celles d'un(e) camarade de classe.

Imaginez que vous allez inviter cinq ou six personnes à passer une soirée avec vous. Qui allez-vous inviter? (des ami[e]s? des connaissances? des voisins? des membres de votre famille?) Comment (et depuis combien de temps) connaissez-vous ces gens? Est-ce qu'il y a des personnes que vous connaissez que vous ne pourriez pas inviter à la même soirée? Pourquoi?

Allez-vous dîner ensemble? Combien de temps allez-vous passer à table? De quoi allez-vous parler? Quelles seront les autres activités de la soirée? À quelle heure est-ce que vos invités vont probablement partir?

L'AMITIÉ FRANÇAISE VUE PAR LES AMÉRICAINS

Kristin, une Américaine qui étudie en France, répond à des questions posées par son professeur de français aux États-Unis, qui fait une étude sur la façon dont on se fait des amis en France.

Remarques sur l'amitié

frenchprof@wanadoo.fr

Compiègne, le 28 mai 20…

Chère Madame Vermette,

Comme le temps passe vite! Ça fait deux ans maintenant que je suis en France. Vous m'avez demandé dans votre dernière lettre si je m'étais fait des amis ici, en France. En un mot, «oui», mais la réponse exacte est plus nuancée° que ça. Les Français et les Américains se comportent° différemment, comme vous le savez. Et l'amitié ne fait pas exception. J'ai lu quelque part que l'amitié était souvent représentée par deux cercles concentriques, un cercle extérieur qui symbolise les premiers contacts, et un cercle intérieur qui symbolise le passage de simples connaissances à une amitié profonde. Selon moi, il est relativement plus facile de franchir° le cercle extérieur et d'établir un premier contact aux États-Unis, mais beaucoup plus difficile de franchir le cercle intérieur pour se faire des amis durables. En France, c'est le contraire. Il est assez difficile d'établir un premier contact. On a l'impression que les gens sont insensibles et froids. Mais une fois que deux personnes ont sympathisé, une véritable amitié se développe assez vite, normalement.

L'amitié en France est une chose sérieuse! On dit souvent ici qu'«on ne choisit pas sa famille, mais on choisit ses amis». Et en France, on n'*est* pas ami

nuanced, shaded / behave

here: to enter

Remarques sur l'amitié

frenchprof@wanadoo.fr

you become

par coïncidence; on *devient*° ami — ça prend du temps, mais une fois que c'est fait, c'est pour la vie! Ici, l'amitié implique des responsabilités. Par exemple, un ami français peut facilement frapper très tard le soir à votre porte pour vous demander un service ou simplement pour prendre un petit verre° afin de se remonter le moral. J'aime bien avoir des amis français, mais ce genre d'obligation me gêne parfois°. Bien sûr, les voisins ou les collègues de travail ne reçoivent pas nécessairement les privilèges d'une amitié.

to have a drink

sometimes

to educate myself
several

revolves around /
shared

is enough, sufficient
to maintain / to
strengthen / stay /
length

Je fais des efforts pour m'instruire° au sujet de l'amitié. Avez-vous lu le livre *Au contraire! Figuring out the French*? Les auteurs révèlent plusieurs° différences culturelles entre la France et les États-Unis. Par exemple, ils disent que l'amitié aux États-Unis tourne autour° d'activités partagées° comme la marche à pied, le cinéma, le shopping, le golf, la pêche et les jeux de cartes. En France, par contre, une bonne discussion autour d'une table suffit° pour maintenir° et affermir° une amitié. Personnellement, au début de mon séjour° ici, je trouvais les repas et les discussions suffocants à cause de leur longueur°. Pour cette raison, il m'arrivait parfois de refuser des invitations à dîner chez des gens! Maintenant, j'apprécie ces longues soirées passées à table et je sais qu'elles vont me manquer.

to experience
reverse culture shock

Comme vous le savez, je rentre pour de bon le mois prochain. Maintenant que je commence à mieux comprendre mes amis français, j'ai peur d'éprouver° le *contre-choc culturel*° quand je serai chez moi.

J'espère vous voir quelques jours après mon retour.

À bientôt!

Kristin

Avez-vous compris?

1. Qui est la personne qui écrit la lettre? À qui écrit-elle?

2. Combien de temps est-ce que Kristin a passé en France et quand va-t-elle rentrer aux États-Unis?

3. Selon Kristin, dans quel pays est-il plus facile d'établir les premiers contacts amicaux et pourquoi? Et dans quel pays est-il plus facile de se faire des amis durables?

4. Selon le texte, quelles sont les différences culturelles entre les Français et les Américains en ce qui concerne leurs conceptions de l'amitié?

5. En quoi est-ce que l'attitude de Kristin concernant les discussions autour d'une table a changé? Pourquoi, à votre avis?

Qu'en pensez-vous?

1. Que pensez-vous des observations sur l'amitié faites dans le livre *Au contraire*? Plus particulièrement, que pensez-vous des commentaires sur l'amitié aux États-Unis? Donnez des exemples personnels pour justifier ou pour réfuter les opinions exprimées dans le texte.

2. À votre avis, est-ce que Kristin va critiquer l'amitié aux États-Unis quand elle sera de retour? Que va-t-elle dire?

3. Les touristes américains disent parfois que les Français sont impolis et froids. Après avoir lu cette lettre, pouvez-vous trouver une autre interprétation de leur comportement? Laquelle?

4. Est-ce que vous avez jamais trouvé l'amitié «suffocante»? Expliquez votre réponse.

LIENS INTERDISCIPLINAIRES

Avant de lire

1. Imaginez que vous déménagez dans une grande ville où vous ne connaissez personne. Comment allez-vous vous faire des amis? Où allez-vous rencontrer des gens? Combien de temps faudra-t-il que vous viviez dans cette ville avant d'avoir un(e) bon(ne) ami(e) ou de bons amis?

2. Quand vous rencontrez une personne que vous trouvez intéressante, que faites-vous pour devenir son ami(e)? Est-ce qu'il y a des choses qu'il ne faut *pas* faire?

3. Comment vous sentiriez-vous si vous n'aviez pas d'amis? Qu'est-ce que les amis apportent à votre vie?

Le Petit Prince (extrait). Le petit prince a quitté sa petite planète (qui était en fait un astéroïde) pour explorer et pour découvrir de nouveaux mondes. Arrivé sur la Terre, il fait la connaissance d'un renard° qui lui enseigne une leçon importante sur l'amitié.

fox

—Bonjour, dit le renard.

—Bonjour, répondit le petit prince, qui se retourna° mais ne vit rien.

turned around

—Je suis là, dit la voix°, sous le pommier°.

voice / apple tree

—Qui es-tu? dit le petit prince. Tu es bien joli…

—Je suis un renard, dit le renard.

—Viens jouer avec moi, lui proposa le petit prince. Je suis tellement° triste…

so

—Je ne puis pas jouer avec toi, dit le renard. Je ne suis pas apprivoisé°.

tamed

—Ah! pardon, dit le petit prince.

Mais, après réflexion, il ajouta:

—Qu'est-ce que signifie «apprivoiser»?

[...]

bonds

—C'est une chose trop oubliée, dit le renard. Ça signifie «créer des liens°».

—Créer des liens?

—Bien sûr, dit le renard. Tu n'es encore pour moi qu'un petit garçon tout

similar, the same as

semblable° à cent mille petits garçons. Et je n'ai pas besoin de toi. Et tu n'as pas besoin de moi non plus. Je ne suis pour toi qu'un renard semblable à cent mille renards. Mais, si tu m'apprivoises, nous aurons besoin l'un de l'autre. Tu seras pour moi unique au monde. Je serai pour toi unique au monde... [...] Ma vie est mono-

I am bored

tone. [...] Je m'ennuie° donc un peu. Mais, si tu m'apprivoises, ma vie sera comme

filled with sunshine / fields of wheat / don't remind me of anything
will remind me of you
became silent

ensoleillée°. [...] Tu vois, là-bas, les champs de blé°? Je ne mange pas de pain. Le blé pour moi est inutile. Les champs de blé ne me rappellent rien°. Et ça, c'est triste! Mais tu as des cheveux couleur d'or. Alors ce sera merveilleux quand tu m'auras apprivoisé! Le blé, qui est doré, me fera souvenir de° toi. [...]

Le renard se tut° et regarda longtemps le petit prince:

—S'il te plaît, apprivoise-moi! dit-il.

—Je veux bien, répondit le petit prince, mais je n'ai pas beaucoup de temps. J'ai des amis à découvrir et beaucoup de choses à connaître.

—On ne connaît que les choses que l'on apprivoise, dit le renard. Les hommes

ready-made
merchants

n'ont plus le temps de rien connaître. Ils achètent des choses toutes faites° chez les marchands°. Mais comme il n'existe point de marchands d'amis, les hommes n'ont plus d'amis. Si tu veux un ami, apprivoise-moi!

—Que faut-il faire? dit le petit prince.

—Il faut être très patient, répondit le renard. Tu t'assoiras d'abord un peu loin de

grass

moi, comme ça, dans l'herbe°. Je te regarderai du coin de l'œil et tu ne diras rien. Le langage est source de malentendus. Mais, chaque jour, tu pourras t'asseoir un peu plus près...

the next day

Le lendemain° revint le petit prince.

it would have been better

—Il eût mieux valu° revenir à la même heure, dit le renard. Si tu viens, par exemple, à quatre heures de l'après-midi, dès trois heures je commencerai d'être heureux.

the more . . . the more

Plus l'heure avancera, plus° je me sentirai heureux. À quatre heures, déjà, je m'agiterai et m'inquiéterai; je découvrirai le prix du bonheur! Mais si tu viens n'importe

(poetic) prepare my heart / rituals, traditions

quand, je ne saurai jamais à quelle heure m'habiller le cœur°... Il faut des rites°.

—Qu'est-ce qu'un rite? dit le petit prince.

—C'est aussi quelque chose de trop oublié, dit le renard. C'est ce qui fait qu'un jour est différent des autres jours, une heure, des autres heures. Il y a un rite, par

hunters
vineyard

exemple, chez [l]es chasseurs°. Ils dansent le jeudi avec les filles du village. Alors le jeudi est jour merveilleux! Je vais me promener jusqu'à la vigne°. Si les chasseurs dansaient n'importe quand, les jours se ressembleraient tous, et je n'aurais

pas de

point de° vacances.

Ainsi le petit prince apprivoisa le renard. Et quand l'heure du départ fut proche:

—Ah! dit le renard... Je pleurerai.

I did not mean you any harm, I did not mean to hurt you

—C'est ta faute, dit le petit prince, je ne te souhaitais point de mal°, mais tu as voulu que je t'apprivoise...

—Bien sûr, dit le renard.

—Mais tu vas pleurer! dit le petit prince.

—Bien sûr, dit le renard.

you gain nothing, get nothing out of it

—Alors, tu n'y gagnes rien°!

—J'y gagne, dit le renard, à cause de la couleur du blé.

————

Source: Antoine de Saint-Exupéry, *Le Petit Prince*, Houghton Mifflin Co, 1946, pp. 43–47.

DISCUSSION

1. Pourquoi est-ce que le renard refuse d'abord de jouer avec le petit prince?

2. Le petit prince hésite à apprivoiser le renard, parce qu'il n'a pas beaucoup de temps. Qu'est-ce que le renard lui répond?

3. Expliquez ce que le petit prince fait pour apprivoiser le renard.

4. Le renard n'explique pas très clairement l'importance des rites pour l'amitié. À votre avis, quelle sorte de «rites» est-ce qu'on peut avoir avec ses amis?

5. Quand le petit prince part, le renard pleure, mais il ne regrette rien, «à cause de la couleur du blé». Expliquez ce qu'il veut dire.

6. À votre avis, pourquoi l'auteur a-t-il choisi un renard comme ami pour le petit prince? Pourquoi n'a-t-il pas choisi un chat ou un chien, des animaux qui sont plus souvent considérés comme les amis des humains?

7. Est-ce que vous remarquez, dans l'histoire, des aspects qui suggèrent une conception plutôt «française» de l'amitié?

8. Les Américains aiment beaucoup l'indépendance. Pour le renard, est-ce que l'indépendance a un côté négatif? Expliquez.

9. Le renard dit qu'il ne faut pas trop parler au début d'une relation, parce que «le langage est source de malentendus». Expliquez ce qu'il veut dire.

10. À la fin de cette histoire, le petit prince et le renard se séparent. Est-ce que vous avez un(e) ami(e) qui habite loin de vous maintenant? Qu'est-ce que vous faites pour rester en contact? Qu'est-ce qui vous fait penser à lui ou à elle?

Réplique et synthèse

A **Les indicateurs de l'amitié.** Lisez les phrases suivantes et jugez du degré d'intimité qui est suggéré par chaque situation décrite.

> * Ça pourrait être n'importe qui. *(This could be anyone.)*
> ** Je connais la personne depuis un certain temps et nous sommes assez lié(e)s *(close)*.
> *** Je connais cette personne depuis assez longtemps et/ou nous sommes très lié(e)s.

Modèle: J'offre des cadeaux assez chers à la personne X (une montre, un bijou).
Vous allez (peut-être) dire: *Cette situation indique que je connais cette personne depuis assez longtemps et que nous sommes très lié(e)s.***(trois étoiles)*

1. Même si je suis très occupé(e), j'aide la personne A si elle a besoin de moi.

2. J'ai donné les clés de ma maison à la personne B.

3. Je parle de ma famille, de mon travail et de mes intérêts à la personne C.

4. Je téléphone à la personne D à 2h du matin si je suis très malade ou très triste.

5. Je confie des secrets à la personne E.

6. Je prête ma voiture à la personne F.

7. Je touche assez facilement la personne G. Je lui donne des petites tapes sur le bras ou le dos, je la serre dans mes bras *(hug)*, et cetera.

8. J'invite la personne H à une fête chez moi.

B **Analysez vos réponses.** Quels sont les signes qui indiquent que vous êtes plus lié(e) avec certaines personnes qu'avec d'autres? Est-ce que ces signes sont liés à l'intimité physique? au temps? à l'intimité psychologique? à l'argent ou aux possessions matérielles?

C **Comparez vos réponses.** Est-ce qu'elles sont semblables à celles d'un(e) camarade? Est-ce que vous remarquez aussi des différences? Comment les expliquez-vous?

D **Explorez vos propres idées sur l'amitié.** En groupes de trois ou quatre, discutez entre vous les questions suivantes. Partagez vos réponses avec toute la classe.

1. Y a-t-il une limite au nombre d'amis que l'on peut avoir? Combien, selon vous? Pourquoi?

2. Peut-on considérer les personnes suivantes comme des amis? ses parents? des personnes du sexe opposé? des personnes plus ou moins âgées que vous ou d'un milieu social différent? Pourquoi ou pourquoi pas? Quels obstacles ces genres d'amitié peuvent-ils présenter?

3. Quelles sont les qualités que vous appréciez le plus chez vos amis? le fait qu'ils soient: originaux, simples, sains, cultivés, engagés, drôles, raffinés, doués, honnêtes, modestes, artistes, intelligents, sérieux, décontractés, bons vivants, dynamiques, loyaux, etc.?

4. Quelles sont, selon vous, les activités qui favorisent les relations amicales? des intérêts ou des activités en commun? des principes semblables? des différences intrigantes? des circonstances difficiles? etc. Est-ce qu'il est plus facile de se faire des amis à certains moments de la vie qu'à d'autres? pendant l'enfance? l'adolescence? les études universitaires? Expliquez votre réponse.

5. Quand le renard dit adieu au petit prince il ajoute: «Tu deviens responsable pour toujours de ce que tu as apprivoisé.» Quelles sortes de responsabilités avez-vous vis-à-vis de vos amis? Est-ce qu'il y a des choses qu'on n'a pas le droit de demander à un ami? Lesquelles, à votre avis? Doit-on accepter de faire quelque chose qui va contre ses principes si un(e) ami(e) le demande?

6. Avez-vous perdu le contact avec certains amis au cours des années? Pour quelles raisons? Avez-vous jamais «rompu» *(broken off a friendship)* définitivement avec un(e) ami(e)? Décrivez-en les circonstances. À votre avis, qu'est-ce qui tue *(kills)* une amitié?

E **L'amitié en anecdotes.** Préparez une anecdote sur un des sujets suivants et racontez-la à vos camarades de classe. N'oubliez pas d'ajouter beaucoup de détails intéressants et faites attention aux temps du passé.

1. comment j'ai fait la connaissance de mon ami(e) X

2. une histoire qui illustre bien le caractère de mon ami(e) X

3. quelque chose de généreux que mon ami(e) X a fait pour moi

4. un voyage agréable que nous avons fait ensemble ou bien une soirée (journée, fête) agréable que nous avons passée ensemble

5. une expérience amusante que nous avons vécue ensemble

Ouvertures créatives

A **Les leçons du *Petit Prince*.** Quel est le rôle du temps dans le rapport entre le renard et le petit prince? Pensez-vous qu'il soit possible de se faire un(e) ami(e) très vite? Préparez un petit sketch *(skit)* dans lequel vous montrez ce qui peut se passer si quelqu'un veut établir une amitié trop rapidement.

B **La séance d'orientation.** Vous allez préparer une séance d'orientation pour un groupe de jeunes Américains qui vont faire un séjour en France ou pour un groupe de jeunes Français qui vont faire un séjour aux États-Unis. On vous a demandé de leur parler de la différence entre les conceptions française et américaine de l'amitié. C'est à vous de décider comment le faire. Allez-vous faire une présentation formelle? Allez-vous écrire de petits sketchs qui illustrent les différences entre les Français et les Américains? Allez-vous organiser un débat? Allez-vous transformer *Le Petit Prince* en pièce de théâtre? Allez-vous préparer des activités à faire en petits groupes? À vous de décider!

Rédaction guidée

Écrire l'introduction d'une dissertation dialectique

Système-D

Writing an essay
Asserting and insisting
Comparing and contrasting
Comparing and distinguishing
Weighing alternatives
Weighing the evidence
Linking ideas
Making transitions
Sequencing events
Writing a conclusion

A **Sujet** Selon l'article de la page 25, les Américains ont «un sens de l'amitié moindre que celui des Français». Êtes-vous d'accord?

B **Orientation** Dans ce premier chapitre, vous allez commencer par rédiger seulement l'introduction du sujet de la dissertation dialectique proposée ci-dessus. Pour écrire une bonne introduction, vous devez vous habituer à écrire directement en français. Il faut procéder par étapes. D'abord, n'hésitez pas à utiliser les idées et les notes que vous avez développées en étudiant le thème de l'amitié dans ce cours! C'est le travail préparatoire de votre travail écrit.

C **Avant d'écrire** Qu'est-ce qu'il faut mettre dans une introduction? D'abord, il est important d'aller du connu vers l'inconnu. Commencez avec «ce que tout le monde sait», puis introduisez les nouveaux éléments moins connus.

De plus, il faut:

a. attirer *(attract)* l'attention du lecteur avec une anecdote, une image frappante, etc.

b. expliquer la question que vous allez analyser.

c. ajouter des renseignements de fond *(background information)*.

d. annoncer ce qui va suivre (c'est-à-dire, annoncer le plan *[outline]* de votre devoir).

Pour faciliter votre travail, vous allez trouver à la page 43 le plan possible d'un devoir qu'on pourrait écrire sur le thème de ce chapitre. À vous d'en écrire l'introduction! Notez que l'écriture exige qu'on y travaille de nombreuses fois. Dans le plan qui suit, vous ne trouverez que le squelette de la composition. Quand vous écrirez complètement votre propre composition dialectique (au chapitre 7), vous devrez lire et relire votre travail, pour vous assurer que tous les éléments sont présents, depuis l'introduction jusqu'à la conclusion, et que les transitions d'une idée à une autre sont clairement indiquées par des connecteurs logiques (comme **d'ailleurs, par conséquent, bien que,** etc.).

L'amitié à l'américaine

THÈSE: Les Américains possèdent un sens très fort de l'amitié

1. **Une cordialité «naturelle».** Les Américains sourient beaucoup plus en public que les Français. Il est facile d'établir un premier contact.

2. **Une amitié beaucoup moins contraignante.** On peut avoir des amis sans se sentir obligé(e) de faire des choses pour eux. Il n'y a pas de «code» qui régit les relations amicales.

3. **L'amitié est un phénomène universel.** Ce n'est pas parce que les Français expriment leur amitié différemment des Américains qu'ils sont de meilleurs amis.

ANTITHÈSE: Certains aspects de la culture américaine entravent *(hinder)* les relations amicales

1. **Un sens de l'amitié différent.** L'amitié demeure superficielle. On rencontre les gens, on les apprécie et on les oublie vite. On se fait des amis autour d'activités partagées.

2. **Le puritanisme: Une vision «héroïque» de l'individu.** Le mythe américain du «self-made man» isole les individus, alors que l'individualisme français s'accompagne d'un sens profond de la communauté. La personnalité d'un Français s'exprime dans ses rapports avec les autres.

3. **Une priorité accrue accordée à la vie professionnelle.** L'éthique protestante dicte que le succès professionnel est la clé du paradis. La hiérarchie des valeurs place la vie personnelle à un niveau inférieur, après la vie professionnelle et la vie familiale. La vie professionnelle régit aussi la façon dont on se fait des amis. C'est le contraire en France.

SYNTHÈSE: L'amitié est un «universel particulier».   L'amitié, phénomène universel, se manifeste différemment dans divers contextes sociaux particuliers (par exemple, en France et aux États-Unis). On ne peut pas juger une culture d'après les normes d'une autre culture.

CONCLUSION: Chaque culture vit l'amitié conformément à ses propres normes et cela fonctionne bien à l'intérieur d'un système culturel donné. Il n'est difficile de se faire des amis que quand on change de cadre de référence *(frame of reference)*.

La nécessité de s'adapter à de nouvelles normes devient la responsabilité de la personne qui s'installe dans un pays étranger.

Quand on vit à l'étranger, comparer sa culture d'origine avec sa culture d'adoption est intéressant, enrichissant et naturel. Il est cependant nécessaire de se garder de *(to refrain from)* juger les autres par rapport à un code qui leur est inconnu car ce n'est pas juste *(fair)*.

2 Les médias et la vie privée

Objectifs communicatifs

COMMUNICATION

- **Point** La télé-réalité est médiocre, mais pas dangereuse
- **Contre-point** La télé-réalité: Une émission fasciste?

COMPARAISONS STRUCTURALES

- Les pronoms personnels
- Les pronoms adverbiaux
- Position et ordre des pronoms

CONTEXTE SOCIAL

- Quelques habitudes médiatiques des Français

COMMUNAUTÉS

- Le portrait d'un fanatique de la télé-réalité

LIENS INTERDISCIPLINAIRES

- Loft Story *et la scène primitive*

*C*ontroverse: Dans *1984*, George Orwell décrit une société anti-utopique dans laquelle la liberté individuelle est assujettie aux manipulations d'un gouvernement dictatorial par le biais de la télévision. Dans le roman, la télévision envahit les foyers et exerce un contrôle constant sur ce que les individus ont le droit de penser. De plus, un système de caméras installées dans les téléviseurs anéantit la liberté individuelle parce qu'il permet au gouvernement de voir ce qui se passe dans chaque foyer. Ce roman inquiétant pose des questions importantes sur le développement de notre société où les médias jouent un rôle de plus en plus prépondérant. Jusqu'à quel point doit-on tolérer l'affichage de la vie privée dans la sphère publique? Est-ce que l'effacement de la distinction entre la sphère publique et la sphère privée constitue un danger pour notre société et pour les droits civiques?

Dans ce chapitre, vous allez réfléchir sur ces questions, en prenant l'exemple de *Loft Story*, la première émission française de télé-réalité, qui est basée sur le modèle de *Big Brother*, en référence évidente au roman d'Orwell, et qui connaît un succès énorme parmi les jeunes. Cependant, les critiques de l'émission sont divisés sur la question de l'impact qu'elle exerce sur les jeunes Français: Est-ce qu'elle dispose les téléspectateurs à un voyeurisme malsain, mais somme toute bénin, ou bien, comme le pensent certains, est-ce qu'elle représente un risque pour notre société, comme Orwell l'avait pressenti? Qu'en pensez-vous?

Premières pensées

Les mots pour le dire

noms

but (m)	*goal*
caméra (f)	*(movie, television) camera*
chaîne de télévision (f)	*television channel*
concurrent(e)	*contender, competitor*
émission (f)	*show, broadcast*
d'information	*newscast*
de jeu	*game show*
de télé-réalité	*reality show*
de variété	*variety show*
en différé	*pre-recorded show*
en direct	*live show*
feuilleton (m)	*series, soap opera*
fiction (f)	*fiction*
grand public (m)	*the public at large*
intimité (f)	*intimacy*
jalousie (f)	*jealousy*
nudité (f)	*nudity*
réalité (f)	*reality*
scénario (m)	*script*
sphère publique (f)	*public sphere*
téléspectateur(-trice)	*television viewer*
trahison (f)	*betrayal*
vie privée (f)	*private life*
volontaire (m/f)	*volunteer*

adjectifs

ambitieux(-euse)	*ambitious*
choquant(e)	*shocking*
exagéré(e)	*exaggerated*
(in)volontaire	*(in)voluntary, (un)willing*
médiocre	*mediocre, substandard*
surprenant(e)	*surprising*

verbes

éliminer	*to eliminate*
exposer	*to expose, divulge*
gagner	*to win*
se passer	*to happen*

expressions

être en concurrence (avec)	*to compete (with)*
il s'agit de (l'émission *Loft Story*)	*it is about (the* Loft Story *show)*
on devrait	*one should*
voter pour (contre)	*to vote for (against)*

A **La vie publique et la vie privée.** Selon vous, où se trouvent les limites de ce qu'on peut montrer à la télévision sur la vie privée des gens? Pour chaque question, expliquez pourquoi on devrait ou pourquoi on ne devrait pas exposer la vie privée des gens au grand public.

1. A-t-on le droit d'exposer la vie privée du président des États-Unis? des acteurs et des actrices célèbres?

2. Vous semble-t-il normal d'exposer la vie privée des participants des émissions de télé-réalité?

3. Les médias devraient-ils avoir le droit de montrer à la télévision un crime en cours (pensez à l'émission *COPS*)?

B **Définition préliminaire.** Qu'est-ce que la télé-réalité au juste? Pour définir ce phénomène, regardez la liste ci-dessous et décidez si les émissions suivantes appartiennent au genre de la télé-réalité ou non.

Modèle:

	télé-réalité	non (Dans ce cas, qu'est-ce que c'est?)
20/20	non	émission d'information
As the World Turns		
COPS		
Fear Factor		
General Hospital		
Judge Judy		
Survivor		
The Amazing Race		
The Bachelor		
American Idol		

Maintenant, lisez les titres des émissions suivantes qui passent à la télé française et essayez de deviner à quel genre elles appartiennent.

	télé-réalité	(Sinon, qu'est-ce que c'est?)
FBI: Portés disparus		
Opération séduction		
Frères d'armes		
Brigade criminelle		
Qui veut gagner des millions?		
Mozambique: Journal d'une indépendance		

Ensuite, avec un(e) partenaire, comparez vos listes et vos choix. Êtes-vous d'accord? Selon les choix que vous avez faits, définissez la télé-réalité. Qu'est-ce que toutes les émissions que vous avez identifiées comme telles ont en commun? En quoi sont-elles différentes des autres types d'émissions?

Point

La télé-réalité est médiocre, mais pas dangereuse

Les mots pour le dire

noms

expulsé(e)	*the eliminated person*
obèse (m/f)	*obese person*
régime (m)	*diet*
tournage (m)	*shoot (of a movie)*
vie quotidienne (f)	*daily life*

verbes

avoir droit (à)	*to be entitled to*
consacrer	*to devote*
disparaître	*to disappear*
maigrir	*to lose weight*
se dire que	*to think (to oneself)*
se disputer	*to fight*

adjectifs

enfermé(e)	*locked up*
ennuyeux(-euse)	*boring*
financier(-ière)	*financial*
inquisiteur(-trice)	*inquisitive*
prêt(e) (à)	*ready (to), willing*

expressions

donner raison (à)	*to agree with*
former des alliances	*to form alliances*

Étude de vocabulaire

A **Définitions et synonymes.** Choisissez l'expression de la colonne B qui correspond à celle de la colonne A.

A	B
1. se dire que	a. l'acte de faire un film
2. donner raison à	b. sans intérêt
3. financier	c. éliminé
4. ennuyeux	d. les prescriptions alimentaires
5. le tournage	e. curieux et indiscret
6. le régime	f. qui a rapport avec l'argent
7. inquisiteur	g. penser que
8. en direct	h. être d'accord avec
9. expulsé	i. emprisonné
10. enfermé	j. qui passe à la télévision au moment du tournage

B **Complétez!** En consultant les listes de vocabulaire aux pages 46–47 et 49, complétez les phrases suivantes avec les mots ou expressions qui manquent. Utilisez les mots qui conviennent le mieux au contexte. N'oubliez pas de faire les accords et les autres changements nécessaires.

1. Quand on perd son travail, on _____ à une indemnité de chômage *(unemployment compensation)*.

2. — Est-ce que tu vas prendre du gâteau pour le dessert?

— Non, tu sais bien que je suis au _____ !

3. Maman: Gilles! Marc! Arrêtez de vous _____, vous allez me rendre folle!

4. — Tu connais l'émission *Le Maillon faible*?

— Non, qu'est-ce que c'est?

— _____ un jeu où les candidats répondent à des questions rapidement…

5. — Est-ce que tu as vu Paul récemment?

— Non, il est très occupé! Il _____ tout son temps à ses études.

De quoi parle-t-on?

 **TRACK 6A**   **Au téléphone.** Ségolène et son ami Laurent discutent au téléphone. Ils parlent de leurs projets pour la soirée. Écoutez leur conversation et dites si les affirmations suivantes sont vraies ou fausses. Si elles sont fausses, corrigez-les.

1. Laurent invite Ségolène à passer la soirée avec lui.   **V   F**

2. Les deux amis aiment *Loft Story*.   **V   F**

3. Aziz est un ami de Laurent.   **V   F**

4. Laurent va aller chez Ségolène pour regarder *Loft Story*.   **V   F**

Remue-méninges

L'article que vous allez lire présente un point de vue négatif de la télé-réalité. En tenant compte des mots-clés comme «voyeurisme» et «exhibitionnisme», essayez d'anticiper le contenu de ce texte. Ensuite, lisez le texte rapidement et identifiez les mots qui traduisent le point de vue de l'auteur. En groupe ou avec un(e) partenaire, définissez les mots «voyeurisme» et «exhibitionnisme». Donnez des exemples tirés des émissions de télé-réalité que vous avez vues pour illustrer ces idées.

Lecture

LA TÉLÉ-RÉALITÉ EST UN ACTE DE VOYEURISME ET D'EXHIBITIONNISME

Le spectacle de l'insignifiance

Au printemps 2001, «Big Brother» arrive en France, rebaptisé *Loft Story*. De quoi s'agit-il? Onze cobayes° des deux sexes vivent dans un univers clos (le «loft») sous l'œil des caméras; l'un d'entre eux est régulièrement renvoyé°, les autres se guettent°, se frôlent°, flirtent, puisque le but de l'opération est d'être membre du dernier couple (hétérosexuel, notons-le), vainqueur°, celui qui aura droit à une villa de trois millions. Comme on le voit, cette Love/*Loft Story* repose sur des bases bien matérialistes... Mais ça marche. La France se passionne pour Loana, Jean-Édouard, Kenza, Steevy (quels noms! ou bien sont-ce des pseudonymes?) et quelques autres. C'est le voyeurisme érigé en principe°. Mais le voyeur est par définition un voleur d'intimité alors qu'il en va ici très différemment: il y a, certes, des millions de Français à tendance voyeuriste (jusqu'à dix millions, dit-on, suivent l'émission) mais il existe aussi onze Français exhibitionnistes, prêts à déambuler° dans cette cage de verre, tels des cobayes volontaires, persuadés que l'insignifiance de leur vie est intéressante.

Et le succès de l'émission leur donne raison: cette opération est pain bénit° pour la chaîne. Pas de frais° de tournage (un studio entouré de caméras), pas de cachet° (juste la promesse d'une villa au couple vainqueur), pas de droits de suite°... Ajoutons un détail financier: le premier expulsé, Aziz, l'a été après 3,7 millions d'appels [téléphoniques] du public. Or ces appels rapportent° à l'appelé, en l'occurrence M6... Combien? Le pauvre Aziz a rapporté à la chaîne entre 10 et 12 millions de francs en une seule journée: on espère qu'il touche° un pourcentage... Quelques jours après cette «défaite», *Libération*[1] lui consacre une page entière de portrait et Aziz se retrouve au festival de Cannes à signer des autographes comme une starlette.

Lorsque le quotidien *Le Monde*[2] commande à la Sofres[3] un sondage° sur la perception que les Français ont de l'émission, lorsque toute la presse s'interroge° régulièrement sur les réactions de la jeunesse face à ce phénomène, sur celles des parents ou sur l'avenir° professionnel des expulsés° du loft, on se dit que quelque chose d'étrange est en train de se passer dans ce monde. En revanche°, il ne se passe rien dans le loft, sous l'œil des caméras. Régulièrement, M6 passe des séquences° insipides, sous-titrées° comme pour des enfants en bas âge°, afin de donner aux foules avides° un résumé de la journée. Si vous voulez suivre le spectacle en continu°, il vous faut alors passer par le satellite en payant un abonnement° de 70 francs. Cent mille personnes se sont laissé tenter°; ne calculez pas, cela fait sept millions...

[1]*Libération* est un journal de gauche distribué partout en France. [2]*Le Monde* est l'un des principaux quotidiens français, considéré de tendance politique centre-gauche. [3]*La Sofres* est une société française de sondages et d'études de marchés.

Glossary (margin):

guinea pigs
sent away
spy on one another / brush up against one another / winning

voyeurism made a virtue

to wander about

is a godsend / expenses / fee
sequel
bring in money

receives

poll

wonders about
future / expelled members
However
segments / subtitled
very young / avid crowds / nonstop
subscription
have given in to the temptation

Sic transit gloria lofti[4]

Big Brother, on s'en souvient, était, dans le roman d'Orwell, le symbole de la société policière: l'émission éponyme° ne déçoit° pas sur ce plan. Non seulement parce que les caméras inquisitrices sont là, toujours présentes. Non seulement parce que la vie de ces malheureux cobayes rêvant de passer à la télévision nous est offerte en pâture° en direct ou presque. Mais aussi parce que leur vie entière est scrutée°. Terrifiante inquisition… Si le cobaye, aussi appelé cochon d'Inde, est utilisé comme sujet d'expériences physiologiques ou médicales, c'est bien entendu° parce que sa vie est courte et que l'on peut donc suivre très vite les effets de ces expériences: un éléphant ne pourrait pas jouer ce rôle. Sans doute les «lofteurs» disparaîtront-ils aussi vite qu'ils se sont imposés°. Sitôt vus à la télé, sitôt oubliés.° Quant aux° inventeurs néerlandais de l'émission, ils sont déjà sur une autre affaire, *Big Diet*, «le grand régime». Quelques obèses seront enfermés pendant quatre mois, et celui qui maigrira le plus gagnera autant de kilos d'or qu'il aura perdu de kilos de graisse. C'est beau la vie, non?

Source: Article de Louis-Jean Calvet dans *Le Français dans le monde,* 2001, p. 61.

[4]Imitation de l'expression originale, *Sic transit gloria mundi*, utilisée pendant le couronnement du Pape pour lui rappeler que tout pouvoir humain est fragile. La nouvelle version de ce titre peut donc se traduire par «Ainsi passe la gloire du loft.»

Marginal glosses:
named after it / disappoints

fed to us
scrutinized

obviously

as they forced themselves upon us (fig) / No sooner seen than forgotten. / As for, Concerning

Avez-vous compris?

1. Expliquez le format de l'émission *Loft Story* en utilisant vos propres mots.

2. Comment est-ce que les «lofteurs» sont éliminés?

3. Est-ce que les vainqueurs vont être payés? Expliquez.

4. Comment savez-vous que l'émission a eu du succès?

5. Qui est Aziz? Qu'est-ce qui lui est arrivé pendant l'émission? Et après?

6. Combien d'argent la chaîne M6 gagne-t-elle grâce à cette émission? Comment est-ce que la chaîne gagne de l'argent?

7. Que vont faire les concurrents qui participent à l'émission *Big Diet*? Expliquez en utilisant vos propres mots.

Qu'en pensez-vous?

1. Selon la description de *Loft Story*, pensez-vous que vous aimeriez voir cette émission? Pourquoi ou pourquoi pas? En quoi est-ce que cette émission ressemble à un feuilleton? En quoi est-elle différente?

2. Aimeriez-vous être sélectionné(e) pour paraître dans une de ces émissions? Pourquoi ou pourquoi pas? Qu'est-ce qu'il faut faire pour gagner?

3. Pensez-vous que l'auteur de cet article soit juste *(fair)*? Est-ce qu'il est partial? Avez-vous des objections à ce qu'il a dit?

4. Que pensez-vous de la nouvelle émission *Big Diet*? Aimeriez-vous voir cette émission? Expliquez votre réponse.

5. Dans le contexte de la télé-réalité, certains critiques ont créé le mot «télé-poubelle *(trash TV)*». Trouvez-vous que la télé-réalité soit de la télé-poubelle? Expliquez votre réponse.

CONTEXTE SOCIAL

QUELQUES HABITUDES MÉDIATIQUES DES FRANÇAIS

Selon Gérard Mermet, en 1999, les Français consacraient «127 minutes par jour à regarder la télévision, 25 minutes à la lecture, 20 minutes à la promenade, 16 minutes aux jeux (enfants, adultes) et 9 minutes par jour à la pratique sportive». (*Francoscopie 2003*, p. 407). Les chiffres suivants indiquent les sommes d'argent (en euros) que les Français ont dépensées pour quelques activités de loisir en 1990 et en 2000. Est-ce que ces chiffres pourraient nous aider à mieux comprendre la vie sociale des Français? C'est à vous de décider!

Le prix de la culture: Évolution des dépenses (spending) des ménages en biens et services culturels (en euros)

	1990	2000
Télévision	184	277
Journaux, revues et périodiques	230	229
Spectacles	52	123
Livres	122	116
Activités photographiques	93	109
Appareils d'enregistrement du son et de l'image	127	98
Manèges forains et parcs d'attractions	68	78
Disques et cassettes	57	69
Vidéos	20	66
Radios	60	62
Bals et discothèques	43	46
Cinéma	28	39
Produits photographiques	30	29
Musées, monuments	8	16

Source: Adapté de Francoscopie 2003, p. 409.

DISCUSSION

1. Nommez deux activités de loisir qui ont gagné en popularité entre 1990 et 2000.

2. Nommez-en deux qui ont perdu en popularité.

3. Nommez-en deux qui se sont maintenues à peu près au même niveau.

4. Quelles sont les activités les plus populaires en 2000? Pourquoi?

5. Trouvez-vous ces résultats surprenants? Pourquoi ou pourquoi pas?

6. Pensez-vous que les Américains dépensent leur argent de la même façon? Selon vous, quels chiffres seraient différents aux États-Unis?

Communautés

LE PORTRAIT D'UN(E) FANATIQUE DE LA TÉLÉ-REALITÉ

Dans cette activité, vous allez chercher des sites Internet, et plus précisément des «chatrooms», où vous pourrez interviewer un(e) Francophone qui regarde avec passion et intérêt des émissions de télé-realité. Ensuite vous allez imprimer votre interview et la comparer avec les interviews d'autres camarades de classe. ■

A **Instructions.** Essayez d'obtenir de votre «internaute» les informations suivantes.

1. Quelles émissions de télé-realité est-ce qu'il ou elle regarde?

2. Pourquoi aime-t-il ou aime-t-elle ce genre d'émission? Qu'est-ce qui l'intéresse ou le/la passionne le plus dans ces émissions?

3. S'il ou si elle connaît des gens qui n'aiment pas regarder ces émissions, demandez-lui s'il ou si elle peut expliquer leur point de vue.

4. Quand votre «internaute» parle d'une émission de télé-realité avec ses amis, de quoi parlent-ils?

5. Demandez-lui pourquoi les réalisateurs *(producers)* créent tant d'émissions de ce genre.

6. Demandez-lui quel genre de publicité on montre pendant ces émissions dans son pays. Est-ce que ces publicités visent *(target)* un public particulier? Si oui, qu'est-ce que cela révèle sur le public visé?

7. Demandez-lui s'il ou si elle aimerait participer à une émission de télé-réalité et d'expliquer ses raisons.

B **Comparaisons.** Comparez votre interview avec les interviews de deux camarades de classe. Y a-t-il des réponses semblables? Y a-t-il des différences? Lesquelles?

Contre-point

La télé-réalité: Une émission fasciste?

Les mots pour le dire

noms

atteinte (f) à	*attack on*
crainte (f)	*fear*
dictature (f)	*dictatorship*
dirigeant(e)	*leader*
pouvoirs (m pl) publics	*authorities*

verbes

choquer	*to shock*
confondre	*to confuse, mix up*
dynamiser	*to revitalize*
enlever	*to take away, rob*
entourer	*to surround*
instaurer	*to establish*
plaindre	*to pity*
rajouter	*to add*

adjectifs

consternant(e)	*distressing, appalling*
douteux(-euse)	*of questionable value, dubious*
facho	*fascist (slang)*
fondé(e) (sur)	*based (on)*
grave	*serious*
inquiétant(e)	*worrisome, distressing*
sain(e)	*healthy, sane*

expression

constamment	*always, continuously*

Étude de vocabulaire

A **Synonymes.** Choisissez l'expression de la colonne B qui correspond à celle de la colonne A.

A	B
1. la crainte	a. fasciste
2. les pouvoirs publics	b. l'attaque contre
3. constamment	c. sérieux
4. grave	d. la peur
5. consternant	e. établir
6. instaurer	f. ajouter
7. facho	g. les autorités
8. rajouter	h. très surprenant
9. l'atteinte à	i. renouveler
10. dynamiser	j. continuellement

B **Définitions.** Mettez la lettre qui correspond à chaque mot ou expression devant la définition qui lui convient. Attention! Il y a plus de mots que de définitions.

a. choquer d. la dictature g. le dirigeant j. douteux
b. enlever e. grave h. la crainte k. le pouvoir
c. plaindre f. sain i. se comporter

1. _____ dont l'exactitude, la valeur, n'est pas établie

2. _____ éprouver de la compassion pour quelqu'un

3. _____ faire disparaître, supprimer

4. _____ provoquer une réaction de grande surprise, souvent négative

5. _____ en bonne santé

6. _____ régime politique instauré par un dirigeant autoritaire

De quoi parle-t-on?

TRACK 6B

À la maison. Stéphane aime beaucoup la télé-réalité. Il est en train de regarder l'émission *L'Île de la tentation*, quand sa mère entre dans le salon. Écoutez leur conversation et répondez aux questions suivantes.

1. Quelles raisons Stéphane donne-t-il à sa mère pour regarder l'émission?

2. Pourquoi est-ce que la maman de Stéphane refuse qu'il regarde *L'Île de la tentation*?

3. Quelle émission décident-ils de regarder? Pourquoi?

Remue-méninges

Le dictionnaire définit le mot «fascisme» (de l'italien *fascismo*) de la façon suivante: «Régime établi en Italie de 1922 à 1945, instauré par Mussolini et fondé sur la dictature d'un parti unique et l'exaltation du nationalisme.» À quelle autre situation historique est-ce que le mot vous fait penser? Considérez les titres des deux textes ci-dessous: (1) «Facho story» et (2) «Crétinerie (stupidité) intellectuelle». À votre avis, quelle va être la thèse de chaque auteur?

LA TÉLÉ-RÉALITÉ, UNE ÉMISSION FASCISTE?

Loft Story a divisé la France en téléspectateurs pour et contre ce type d'émission de télé-réalité. Vous allez lire deux réactions à cette controverse qui parlent de l'idée de fascisme.

Message de: Aurélienb - 02 Juillet 2001 17:31:13

Sujet: Facho story

Le plus inquiétant dans le «phénomène» *Loft Story* est la dérive° fasciste que cette émission représente. Pourquoi?

Quelle était la stratégie des dirigeants fascistes? Annihiler la sphère privée de l'individu pour l'exposer constamment au regard du pouvoir et lui enlever la possibilité de se comporter librement, sans crainte (cf. Hannah Arendt). Dans ce cas, le pouvoir est incarné par la télé. C'est une dérive qui semble d'ailleurs se généraliser au-delà de *Loft Story*.

On pourra toujours nous dire que les onze «lofteurs» ont choisi de participer à cette émission. Toujours est-il° (et c'est bien plus grave) que les téléspectateurs choisissent vraiment de regarder et donc de participer à cette émission douteuse sur un plan politique.

Évidemment, les spectateurs ne se posent pas la question en ces termes, mais le fait est qu'ils sont accro[ché]s° à une émission à tendance fasciste. Je trouve cela inquiétant dans un pays comme le nôtre… On a déjà vu des émissions plus saines. À confondre la vie privée et la vie publique, on s'expose au risque de ne plus respecter la première. Attention à une éventuelle° amplification du phénomène, avec la réaction à venir des autres chaînes…

Glosses (left margin):
drift
Nevertheless
hooked
possible

Idiotic
intellectualism

controversy

mot vulgaire qui veut
dire «stupide»

choses stupides

avoir un rôle dans des
publicités

petite gloire

Message de: PrimoLevi [sic]⁵- 20 Juin 2001 17:53:12

Sujet: Crétinerie intellectuelle°

Le plus consternant avec *Loft Story*, ce n'est pas l'émission proprement dite mais c'est la polémique° qui l'entoure. Je trouve cette émission bien inoffensive, la télé a déjà fait ou fera bien pire. C'est *Hélène et les garçons*⁶ en plus trash et beaucoup moins con°. Ce qui choque, c'est que c'est la première fois que l'on voit ce type d'émission et tout ce qui est nouveau choque. Je trouve que *Loft Story* dynamise un peu cette télé qui est d'une grande médiocrité. Mais le débat sur *Loft Story* conduit par d'éminents intellectuels est infiniment plus con que *Loft Story*. C'est incroyable les conneries° qu'on lit depuis deux mois dans *Le Monde* ou *Libé[ration]*. […]

[Est-ce que] certains savent réellement ce qu'est le fascisme? les camps de concentration? les véritables atteintes à la démocratie? l'exclusion? Moi je suis désolé, j'ai essayé de chercher le «fascisme rampant» dans *Loft Story*, je cherche encore. Une villa avec piscine ne ressemble pas à Auschwitz. Les éliminés du jeu ne vont pas à la chambre à gaz mais ils vont tourner des pubs°. Ce sont des jeunes motivés qui ont passé un casting, qui peuvent quitter le loft à tout instant, qui sont consentants et qui ont leur petit moment de gloriole°. Ils ne sont ni à plaindre ni à glorifier. On est très loin des rats de laboratoire.

⁵**Primo Lévi** était un chimiste italien qui a été déporté à Auschwitz en 1944 à cause de ses activités anti-fascistes. Son expérience des camps de concentration est décrite avec brillance et puissance dans ses mémoires. Il est mort en 1987. ⁶Émission de télé où il s'agit d'Hélène, une jeune fille qui a quitté sa famille pour aller vivre sur le campus universitaire. Pendant plusieurs mois, elle partage sa chambre avec Cathy et Johanna, deux jeunes filles vives et spontanées qui sont, comme elle, en deuxième année de sociologie. Ensemble, elles rencontrent Étienne, Nicolas et Christian, des étudiants en première année de lettres qui occupent la même chambre dans le bâtiment des garçons. Ces trois garçons se connaissent depuis le lycée et ont une passion commune, la musique. Ils ont formé un groupe de rock et répètent dans un garage en attendant de devenir célèbres.

Avez-vous compris?

1. Le message d'Aurélien s'intitule «Facho story». Pourquoi est-ce que l'auteur a choisi ce titre?

2. Selon Aurélien, est-ce qu'une émission comme *Loft Story* a des implications pour le public en général?

3. L'auteur du deuxième texte le signe «Primo Levi», qui est mort en 1987. Qu'est-ce que l'auteur de ce texte veut communiquer en utilisant le nom de Primo Levi?

4. Quelle définition du fascisme «Primo Levi» utilise-t-il?

5. Est-ce que «Primo» est choqué par *Loft Story*? Pourquoi ou pourquoi pas? Sinon, qu'est-ce qui le choque?

Qu'en pensez-vous?

1. Que pensez-vous de la conception du fascisme selon Aurélien? Est-ce que les «lofteurs» sont libres de faire ce qu'ils veulent faire?

2. Le message de «Primo» n'est pas une réponse directe à celui d'Aurélien. Dans quelle mesure «Primo» répond-il à Aurélien?

3. Selon vous, qui a raison, Aurélien ou «Primo»? Expliquez votre réponse.

4. Pensez-vous que la comparaison de la télé-réalité avec le fascisme soit juste? Est-ce que ce genre d'émission représente une menace pour la vie privée et la liberté individuelle? Pourquoi ou pourquoi pas?

5. Quelle est l'importance sociale du phénomène de la télé-réalité?

LIENS INTERDISCIPLINAIRES

PHILOSOPHIE: *LOFT STORY* ET LA SCÈNE PRIMITIVE

Avant de lire

Michel Field est animateur et producteur de télévision. Il a produit *Loft Story* pour la chaîne M6. Avant de travailler pour la télévision, il a étudié la philosophie et dans le texte qui suit, il essaie de montrer un lien entre les idées philosophiques du dix-huitième siècle et son émission. En effet, au dix-huitième siècle, les philosophes tels que Hobbes, Spinoza, Locke et Rousseau cherchaient à expliquer comment l'Homme a appris à vivre en société. De quelle façon Michel Field va-t-il utiliser la philosophie politique du dix-huitième siècle pour défendre *Loft Story* contre ses détracteurs?

deviance
misses
And this is precisely
what makes. . .

social relations / law /
genesis, origin /
Which explains, hence

Courrier des lecteurs **(extrait)**. Tout débat sur les dérives°, le voyeurisme, le trash, etc. rate° l'essentiel qui est que *Loft Story* est la vérité de notre télévision, de sa logique dominante. Et c'est ce qui rend° le phénomène passionnant à analyser. Dans notre tradition de philosophie politique, les auteurs (de Hobbes à Spinoza, de Locke à Rousseau) ont tous rencontré la même difficulté: comment faire pour comprendre le lien social° ou la nécessité de la loi,° sans en retracer la genèse°? D'où°, chez chacun, la construction d'un modèle théorique, d'une fiction fonctionnant comme le négatif, au sens photographique, de l'état social°. C'est, par exemple, le fameux «état de nature» chez Hobbes, où l'homme est un loup pour l'homme, où toute activité commune, politique ou économique, est rendue impossible par° la guerre de chacun jusqu'à ce que tous admettent de renoncer à leurs droits au profit d'un tiers° qu'on appellera la Loi, le Prince ou le Symbolique, peu importe°, qui régulera les relations, puisque chacun n'aura plus affaire à l'autre que par la médiation de ce tiers, présent-absent. Naissance du social et, indissolublement, du politique. On touche° à l'essentiel.

C'est exactement cette fiction que *Loft Story* remet à l'ordre du jour°, avec les moyens du moment, et en pervertissant radicalement le sens, nous proposant d'assister en temps réel à la naissance d'une sociabilité°: comment, dans un système de contraintes formelles (espace clos°, où l'on retrouve l'île°, indispensable à toutes les utopies; temps limité et qualifié), les individus vont-ils construire leurs relations? D'où° et comment vont émerger les lois, les règles de vie commune, les relations de pouvoir, de séduction, de désir?

Mais cette socialité est ici l'inverse du «bien-vivre» ensemble puisque, d'emblée°, il va s'agir d'éliminer les autres pour ne rester que deux. Comment cette mise en scène ne serait-elle pas proprement hypnotisante°, comme une «scène primitive» enfin visible et accessible à tous?

Source: Extrait de Michel Field, Courrier des lecteurs, *Le Monde*, 4 mai 2001.

Glossary (margin):
- act of living in society
- (here) because of third party
- it doesn't matter
- We're getting to
- puts back on the agenda
- social state
- enclosed space / island
- (here) From where
- from the very start
- riveting

DISCUSSION

1. Selon Michel Field, qu'est-ce que tous les philosophes essaient de comprendre? Que font-ils pour y parvenir?

2. Quelle relation Michel Field établit-il entre cette «question essentielle» et l'émission de télé-réalité *Loft Story*? Quelles sont les conditions nécessaires pour cette mise en scène?

3. De quelle façon la théorie sociale proposée par les philosophes a-t-elle été pervertie dans *Loft Story*?

4. Pensez-vous que Michel Field ait raison de comparer *Loft Story* à la philosophie politique du dix-huitième siècle? Trouvez-vous son argument convaincant? Pourquoi ou pourquoi pas?

5. Pensez-vous que *Loft Story* propose vraiment «d'assister en temps réel à la naissance d'une socialité»? Quel argument pourriez-vous opposer à celui de M. Field?

6. Vous connaissez peut-être les histoires de la tradition judéo-chrétienne d'Adam et Ève et de Caïn et Abel. C'est peut-être à celles-ci que pense M. Field quand il parle de «scène primitive». Résumez ces deux histoires et expliquez pourquoi M. Field veut établir un lien entre ces histoires et *Loft Story*.

Réplique et synthèse

A Questions philosophiques

1. Les émissions dont on a parlé dans ce chapitre font partie d'un genre qui s'appelle la «télé-réalité». Dans quel sens peut-on dire que ce genre montre vraiment la «réalité»?

2. Il y a des gens qui appelleraient plutôt les émissions de télé-réalité «télé-poubelle» et il y en a d'autres qui trouvent ces émissions très divertissantes et qui disent qu'après tout, ça ne fait de mal à personne. Comment pourrait-on défendre ou justifier ces points de vue? Y a-t-il des leçons à tirer de ces émissions?

3. Il arrive aussi que certaines personnes soient exposées au regard public contre leur volonté *(against their will)* — les hommes et les femmes politiques et les stars du cinéma, par exemple. Ceux qui publient des photos «indiscrètes» ou qui révèlent des détails intimes de la vie privée de ces personnes disent que le public a «le droit de savoir». Est-ce que vous partagez cette opinion? Qu'est-ce que le public a le «droit» de savoir?

4. Pourquoi est-ce que les gens «publient» des «blogs» sur l'Internet? Est-ce qu'on devrait réglementer la publication des blogs?

5. Michel Field suggère que *Loft Story* représente, d'une certaine façon, un microcosme fondamental des relations sociales. Dans quelle mesure pouvez-vous dire que 1) notre façon de nous divertir (en général) et 2) les types d'émissions qui passent maintenant à la télévision (en particulier) révèlent quelque chose sur l'évolution de la société moderne?

B Un débat

Sujet: «L'État *(the Government)* et la société en général ont le droit de s'impliquer dans la vie privée des citoyens et/ou d'en faire savoir les détails privés aux autres.»

Votre professeur va vous dire si vous allez vous mettre du côté «pour» ou du côté «contre». Préparez votre argument pour justifier votre point de vue, en donnant des exemples pour justifier votre thèse. Comme il faut le faire dans un essai «hégélien», tenez aussi compte du point de vue opposé. A-t-il du mérite? En préparant votre argument, considérez quelques-uns des cas suivants:

1. la vérification du casier judiciaire *(background checks)* d'un individu pour obtenir un permis de port d'arme *(gun license)*

2. le fait de diffuser *(broadcast)* les procès *(trials)* à la télévision

3. le fait de révéler le dossier médical d'un individu aux compagnies d'assurance ou à un employeur potentiel

4. le fait de divulguer les notes des étudiants à leurs parents

5. le fait de mettre un téléphone sur table d'écoute *(wiretapping)*

Maintenant, présentez votre débat à la classe. Les autres étudiants vont jouer le rôle du jury et ils vont voter pour le raisonnement qu'ils trouveront le plus convaincant.

 C **Exposés.**

Faites des recherches (sur Internet ou ailleurs) sur la politique actuelle des États-Unis sur un des cas cités dans l'exercice précédent. Préparez une explication que vous pourriez donner à un étranger (une étrangère). Ensuite, faites des recherches sur le même cas dans un pays francophone (la France, le Canada, le Sénégal, etc.). Présentez les résultats de vos recherches à la classe.

D **Un feuilleton** *(A soap opera)*

Règles du jeu

1. Chaque personne dans la classe crée un personnage stéréotypique qu'on pourrait voir dans un feuilleton *(series, soap opera)* à la télévision. (Exemples: le jeune homme naïf, le gentil médecin, l'avocat sans scrupule, l'hôtesse de l'air étourdie, etc.). Essayez de varier l'âge, le sexe, le groupe social, la profession, etc., des personnages que vous créez ensemble.

2. En classe, chaque personne présente son personnage. Ensemble, établissez des liens entre chaque personnage et deux autres personnages du feuilleton (par exemple, Pierre, c'est le mari de Jeanne, le patron d'Élisabeth, le frère de Paul, le beau-frère de Nathalie, l'ex-mari de Thérèse, etc.).

3. Maintenant, créez des scénarios pour le feuilleton. Utilisez des pronoms chaque fois que c'est possible. N'hésitez pas à créer des scénarios tout à fait bizarres!

Modèle

1^{ER(ÈRE)} ÉTUDIANT(E): *Jessica invite Fred, son ex-mari, à prendre un café avec **elle**.*

2^E ÉTUDIANT(E): *Elle **lui** révèle qu'ils sont en réalité frère et sœur. **Elle** et **lui** ont été adoptés par deux familles différentes.*

3^E ÉTUDIANT(E): *Fred, **lui**, ne veut pas **le** croire...*

Ouvertures créatives

A Préparez un sketch dans lequel vous imitez une émission de télévision comme le *Jerry Springer Show*. Pendant l'émission, les invités révèlent les détails les plus intimes de leur vie privée et se disputent, s'expliquent, se plaignent, se font des reproches (et même se réconcilient?) en direct devant les téléspectateurs et le public du studio. Les spectateurs du studio (c'est-à-dire vos camarades de classe) réagissent, sifflent ou applaudissent, posent des questions au micro du studio, expriment des opinions, etc.

B Trouvez un nouveau concept (ça peut être extrêmement ridicule!) pour une émission de télé-réalité, expliquez-le à votre classe et jouez-en quelques scènes ou épisodes. Si vous trouvez le moyen de faire participer les membres de la classe qui ne sont pas dans votre groupe (en les laissant voter sur qui doit être expulsé, qui a gagné, etc.), tant mieux!

Rédaction guidée

Écrire la thèse d'une dissertation dialectique

Système-D

Writing an essay
Asserting and insisting
Comparing and contrasting
Comparing and distinguishing
Weighing alternatives
Weighing the evidence
Linking ideas
Making transitions
Sequencing events
Writing a conclusion

A **Sujet.** La télé-réalité: «Trash» ou trésor?

B **Orientation.** Il n'est pas rare que les sujets d'une composition dialectique proposent des choix mutuellement exclusifs, comme c'est le cas du sujet que vous avez devant vous, «La télé-réalité: <Trash> ou trésor?». Les meilleures compositions développent également et objectivement la thèse et l'antithèse.

C **Avant d'écrire.** Dans ce chapitre, nous allons nous concentrer seulement sur l'écriture de la thèse.

Pour développer votre thèse, complétez la phrase suivante avec les trois arguments qui vous semblent les plus importants: La télé-réalité est une «télé-poubelle» parce que…

1. _____

2. _____

3. _____

*Si vous voulez un exemple tiré de la composition du chapitre préliminaire, allez sur le site de **Controverses** à http://www.controverses.heinle.com et cliquez sur le lien «composition» ou bien révisez cette composition aux pages 13–16 de **Controverses**.*

Avec ces trois arguments, vous avez le «squelette» de votre thèse. De plus, il faut:

- une phrase ou deux d'introduction: De quoi parle votre thèse?

- un développement des idées 1, 2 et 3.

- quand c'est possible, des exemples qui clarifient votre idée.

Il vous faut aussi une mini-conclusion: Comment pouvez-vous résumer et généraliser ce que vous venez d'exposer dans la thèse?

Enfin, n'oubliez pas d'utiliser des connecteurs logiques qui aideront votre lecteur à bien comprendre la structure de votre thèse: **Je vais montrer…, D'abord…, Ensuite…, De plus…, Donc…,** et cetera.

3 La parité entre les sexes

Objectifs communicatifs

COMMUNICATION
- **Point** La parité, fait presque accompli
- **Contre-point** La parité, fait à accomplir

COMPARAISONS STRUCTURALES
- Les adjectifs
- Les adverbes
- Le comparatif
- Le superlatif

CONTEXTE SOCIAL
- Les chiffres témoignent
- La parité et la religion: Le cas du Maroc

COMMUNAUTÉS
- Une manif

LIENS INTERDISCIPLINAIRES
- La parité en littérature: *Le Temps des secrets* de Marcel Pagnol (extrait)

*C*ontroverse: Depuis quelques années, les femmes connaissent des victoires dans leur vie professionnelle et dans leur vie privée quant à la parité *(equal treatment)*. Certaines pensent que l'égalité entre les hommes et les femmes est un fait *presque* accompli. Selon elles, les femmes sont sur le point de se débarrasser des stéréotypes qu'on leur imposait et auxquels elles s'identifiaient, et de redéfinir le contrat paritaire entre les sexes. D'autres sont moins optimistes et signalent que les femmes sont toujours en retard sur les hommes dans plusieurs domaines, notamment ceux de la politique, de l'économie et de la science. À vous de faire la synthèse des arguments présentés et de décider si la parité existe vraiment.

Premières pensées

Les mots pour le dire

noms

amélioration (f)	*improvement*
apparence physique (f)	*physical appearance*
droit (m)	*(legal) right*
économies (f pl)	*savings*
égalité (f)	*equality*
époux(-se)	*spouse*
identité (f)	*identity*
parité (f)	*equal treatment*
préjugé (m)	*bias*
progrès (m pl)	*progress*
stéréotype (m)	*stereotype*

verbes

(s')améliorer	*to improve*
contredire	*to contradict*
critiquer	*to criticize*
définir	*to define*
dominer	*to dominate*
évoluer	*to evolve*
renforcer	*to reinforce*
réussir	*to succeed*
revendiquer	*to claim, demand*
se débarrasser de	*to get rid of*
se moquer de	*to make fun of*
soutenir	*to support*
supprimer	*to put an end to, suppress*

adjectifs

agressif(-ive)	*aggressive*
amusant(e) / drôle	*funny / amusing*
dominé(e)	*dominated*
égal(e), égaux(-ales)	*equal*
féminin(e)	*feminine*
féministe	*feminist*
inférieur(e)	*inferior*
(in)sensible	*(in)sensitive*
masculin(e)	*masculine*
offensif(-ive)	*offensive*
sexiste	*sexist*
soumis(e)	*submissive, compliant*
superficiel(le)	*superficial*
supérieur(e)	*superior*

expressions

c'est dépassé   *it's outdated*
faire prendre conscience   *to make aware*
par rapport à   *compared to*

La parité et l'humour

1. Lisez les commentaires et les blagues *(jokes)* qui suivent.

   - La femme est, selon la Bible, la dernière chose que Dieu a faite. Il a dû la faire le samedi soir. On sent la fatigue. (Alexandre Dumas fils, XIXe siècle)

   - Comment sait-on que la bière contient des hormones femelles? Parce que quand un homme en boit trop, il parle trop, et il ne peut pas conduire une voiture!

   - Les deux vrais principes élémentaires: (1) Les hommes sont plus intelligents que les femmes. (2) La terre est plate comme une crêpe.

   - Si un homme ouvre la portière de sa voiture à sa femme, on peut être sûr d'une chose: Ou bien c'est la voiture qui est neuve ou bien c'est la femme.

2. Répondez aux questions suivantes.

   1. Est-ce que ce genre de commentaire est apprécié aujourd'hui? Si oui, par qui et dans quelles circonstances? Si non, pourquoi pas? Qui ne l'apprécie pas?

   2. Aimez-vous personnellement le genre d'humour où l'on se moque des hommes ou des femmes (par exemple, les blagues sur les *dumb blondes*)? Pourquoi ou pourquoi pas?

   3. Connaissez-vous des magazines, des films ou des publicités dans lesquels on trouve de l'humour basé sur des stéréotypes masculins ou féminins? En connaissez-vous qui évitent ce genre d'humour? Donnez des exemples.

   4. Est-ce que ce genre d'humour présente un obstacle au progrès de la parité? Est-ce que l'humour qui se moque des deux sexes peut aussi avoir des effets bénéfiques? Si oui, lesquels?

Point

La parité, fait presque accompli

Les mots pour le dire

noms

avantage (m)	*advantage*
cadre (supérieur) (m)	*(senior) executive, manager*
chef d'état (m)	*head of state*
diplôme (m)	*diploma*
études (f pl)	*studies (education)*
milieu (m)	*environment*
niveau (m)	*level*
pouvoir (m)	*power*
promotion (f)	*promotion*
rédacteur(-trice)	*editor*
tâche (f)	*task*
taux (m)	*rate*
victoire (f)	*victory*

verbes

atteindre	*to achieve, attain*
bénéficier	*to benefit*
céder	*to give in*
contredire	*to contradict*
gagner	*to earn; to win*
partager	*to share*
s'adapter à	*to adapt*
s'efforcer de	*to strive*
s'occuper de	*to take care of*

adjectifs

bas(se)	*low*
défavorisé(e)	*disadvantaged*
élevé(e)	*high*
paritaire	*equal, egalitarian*
privilégié(e)	*privileged*
responsable	*responsible*

expressions

avoir le droit de	*to have the right to*
élever les enfants	*to raise the children*
être conscient(e) de	*to be aware of*
fait accompli (m)	*done deal*
remettre en question	*to question*

Étude de vocabulaire

A **Synonymes.** Reliez les mots de la liste A à ceux de la liste B qui ont à peu près le même sens.

A	B
1. taux	a. essayer de
2. s'efforcer de	b. obtenir
3. cadre	c. distribuer
4. atteindre	d. recevoir
5. niveau	e. administrateur
6. gagner	f. pourcentage
7. partager	g. degré

B **Un manifeste.** Pour son cours de français, Claudine doit écrire un mani-feste sur un sujet de son choix. Elle a décidé d'écrire sur la condition féminine. Remplissez les espaces avec les mots qui conviennent de la liste suivante et faites les changements nécessaires. Attention! Il faut utiliser un mot deux fois.

féminin   gagner   la parité   le salaire   paritaire   revendiquer

Depuis le début du vingtième siècle, les femmes _____ leur juste place dans la société afin d'obtenir _____ non seulement politique, grâce au droit de vote, mais aussi économique. Cependant, il demeure toujours vrai que le travail _____ est moins bien payé que celui des hommes: On estime encore que pour le même travail, _____ des femmes est inférieur d'un tiers à celui des hommes. Ceci est tout à fait inacceptable! Pour que _____ soit réelle et pour que le contrat _____ ne soit pas un doux rêve, il faut que les femmes _____ autant d'argent que les hommes! Femmes de tous les pays, unissez-vous!

 **TRACK 8A**

De quoi parle-t-on?

À table. Paul et Virginie parlent de la parité pendant leur repas de midi. Écoutez leur conversation et dites si les affirmations suivantes sont vraies ou fausses. Si elles sont fausses, corrigez-les.

1. Paul pense que la parité existe en France.   V   F

2. Virginie pense que la parité dans la vie professionnelle
   est réelle.   V   F

3. Selon Paul, les choses ont changé depuis le début du
   20ᵉ siècle.   V   F

4. Virginie pense que Paul est pessimiste.   V   F

 ## Remue-méninges

Quelle est votre définition de «féminisme»? Est-ce qu'il y a plusieurs sortes de féminisme? Pensez-vous que vous êtes féministe? Pensez-vous que la parité existe dans votre pays? Pouvez-vous évoquer des domaines où elle existe, ou des domaines où elle n'existe pas? Faites une liste d'événements qui ont favorisé la participation égalitaire de la femme dans la vie sociale, dans les affaires ou dans la vie politique. Vous pouvez mentionner, à titre d'exemples, la Deuxième Guerre mondiale, qui a permis à beaucoup de femmes de travailler en dehors de la maison; le développement des moyens de contraception qui a permis aux femmes de mieux planifier le nombre d'enfants et le moment de les avoir et ainsi de suite.

Lecture

POUR UN NOUVEAU CONTRAT ENTRE LES FEMMES ET LES HOMMES

Dans l'entretien qui suit, un journaliste, Jacques Pêcheur, pose des questions à Françoise Giroud, la rédactrice du magazine Elle, *qui vient de publier en 1999 un livre sur* Les Françaises.

J.P.: 1946: parution° de *Elle.* 1949: parution du *Deuxième Sexe¹.* 1999: parution de votre dernier livre, *Les Françaises,* cinquante ans après. C'est une coïncidence ou une manière de prendre date°?

F.G.: Une pure coïncidence. Mais vous savez, quand il y a cinquante ans est paru *Le Deuxième Sexe,* il n'a pas eu l'audience qu'il devait rencontrer° plus tard. Son importance n'a été perçue que par un tout petit cercle. Quant à *Elle,* c'était un magazine féminin assez audacieux dans son esprit mais pas vraiment féministe.

J.P.: Vous avez toujours pris position et agi quant au sort qui est fait aux femmes°, mais vous récusez° le terme de féministe…

F.G.: Il n'y a, hélas°, qu'un mot pour désigner le fait qu'on s'occupe du° sort et de la condition des femmes… Alors oui, dans ce sens, je suis féministe, mais je ne me reconnais pas du tout dans le féminisme radical. Moi, j'ai toujours pensé aux femmes en général. Et je n'aime pas une certaine attitude des femmes qui ont réussi et qui demandent aux autres de les imiter. Or°, la plupart de ces femmes ont reçu l'éducation qu'il fallait°, bénéficié° des relations de leur milieu et ont démarré° très protégées°. Cette attitude élitiste m'est particulièrement antipathique°.

J.P.: Comment caractériseriez-vous la représentation que les femmes se font aujourd'hui d'elles-mêmes?

F.G.: Elles ont complètement changé: Les femmes ont payé un tribut° épouvantable à la société au XIXᵉ siècle. […] C'est au XIXᵉ siècle que les femmes ont complètement introjecté° une image d'elles-mêmes qu'on leur a donnée ou imposée: fragile, émotive, au bord de l'évanouissement°, irresponsable politique-ment, menteuse, calculatrice… Aujourd'hui, l'image de cette «pseudo-féminité» a complètement disparu. Aujourd'hui, les femmes sont conscientes de leur capa-cité, de leur valeur; elles pensent qu'elles vont pouvoir les développer, qu'elles ont [le] droit d'avoir des ambitions et en ce qui les concerne°, elles sont optimistes sur l'avenir. Les femmes peuvent aujourd'hui avoir de belles situations°, elles peuvent être aidées dans les problèmes domestiques et avoir des enfants en continuant à travailler.

---

¹livre sur la condition féminine de Simone de Beauvoir

Glossary (margin notes)

publication

mark the date

was to have, would have

acted on issues relating to the fate of women / *refusez* / *malheureusement* / takes care of, concerns oneself with

In fact

(that was) necessary / benefited from / *com-mencé* / protected / unpleasant

price

internalized
on the verge of fainting

concerning themselves (women) / good careers

binds

obsolete

c'est ce qu'on essaie de faire

they are not doing too badly

> **J.P.:** Au moment où l'on parle d'inscrire la parité homme[s]-femme[s] dans la loi, comment définiriez-vous le contrat qui lie° aujourd'hui les femmes et les hommes?
>
> **F.G.:** Il n'y a pas de contrat, c'est là le problème! Le contrat très ancien qui liait les hommes et les femmes est aujourd'hui caduc°. Le moment est venu d'en formuler un autre; c'est ce à quoi l'on s'efforce° aujourd'hui. Les femmes et les hommes ont d'ailleurs très bien compris que les choses ont complètement changé et qu'il faut trouver une nouvelle manière d'être ensemble, et ils n'y arrivent pas si mal°. ▪

Avez-vous compris?

Vrai ou faux, d'après le texte? Si la phrase est fausse, corrigez-la.

1. *Le Deuxième Sexe* de Simone de Beauvoir a connu un grand succès dès sa parution en 1949. **V** **F**

2. *Elle* est un magazine féminin sans être très féministe. **V** **F**

3. L'image actuelle de la femme a retenu *(kept)* beaucoup de stéréotypes du XIXᵉ siècle. **V** **F**

4. Aujourd'hui, les femmes se trouvent dans une situation domestique très difficile si elles ont des enfants et qu'elles continuent à travailler. **V** **F**

5. Aujourd'hui, les hommes et les femmes réussissent assez bien à trouver une nouvelle manière d'être ensemble. **V** **F**

6. Françoise Giroud est radicalement féministe. **V** **F**

Qu'en pensez-vous?

1. Selon vous, les images stéréotypées dont Françoise Giroud a parlé existent-elles toujours aujourd'hui? Sont-elles des obstacles au progrès de la parité? Expliquez vos réponses en donnant des exemples.

2. Françoise Giroud semble être très optimiste sur le développement de ce qu'elle identifie comme «le nouveau contrat» entre hommes et femmes. Êtes-vous d'accord avec elle? Expliquez pourquoi ou pourquoi pas.

3. Comment est-ce que Françoise Giroud définit le mot «féministe»? Quelle sorte de féminisme critique-t-elle? Que pensez-vous de cette définition? Expliquez votre réponse.

CONTEXTE SOCIAL

LES CHIFFRES TÉMOIGNENT

Voici les titres de quelques articles parus en 2005 sur le site de *L'Observatoire des inégalités,* un organisme indépendant qui publie des idées ou des données *(data)* sur la parité entre hommes et femmes. Lisez ces titres et les phrases qui suivent.

Hommes–femmes: L'écart des salaires atteint 40%!
En France, l'écart moyen des revenus entre hommes et femmes approche les 40% si l'on intègre les emplois à temps partiel...

Des prix littéraires très masculins
Sur 600 prix littéraires décernés depuis le début du XXe siècle, 15% ont été attribués à des écrivains femmes.

La répartition des tâches domestiques
En moyenne, les femmes consacrent 5 heures par jour aux tâches domestiques contre 2 heures pour les hommes.

Politique: Un monde masculin
Une femme sur 22 présidents de région. Et trois seulement à la tête de l'un des 100 départements.

Le chômage des hommes et des femmes
Le taux de chômage des 15 à 29 ans atteint 17%. Celui des femmes est de 11,2% contre 8,8% chez les hommes.

Les métiers selon le sexe
Les femmes demeurent cantonnées *(trapped)* aux métiers dits «féminins».

Hommes–femmes: Le rattrapage interrompu
Les inégalités salariales entre hommes et femmes ne diminuent plus.

Source: Observatoire des inégalités (http://www.inegalites.org).

1. Quelles conclusions pouvez-vous tirer des titres que vous venez de lire?

2. Quelles sont vos impressions sur l'inégalité entre les sexes en ce qui concerne la politique?

3. Nommez quelques métiers qu'on considère toujours comme féminins dans votre pays. Par ailleurs, existe-t-il des métiers toujours dominés par les hommes? Citez quelques exemples et expliquez pourquoi, à votre avis, les hommes occupent ces métiers plutôt que les femmes.

LA PARITÉ ET LA RELIGION: LE CAS DU MAROC

Depuis quelques années, la condition de la femme marocaine fait l'objet d'un débat entre deux visions. D'un côté, il y a la vision des organisations non-gouvernementales «féministes» appuyée° par la position officielle du ministère des affaires sociales marocain. De l'autre côté, il y a le point de vue opposé, celui des organisations islamiques.

Selon les féministes, la condition de la Marocaine est des plus malheureuses°. Ainsi par exemple, le taux d'analphabétisme° des Marocaines est très élevé, surtout dans le milieu rural qui abrite° près de la moitié° de la population marocaine. Les organisations féministes nous rappellent que si la majorité des femmes marocaines est analphabète, il va de soi° qu'elles seront les plus touchées par le chômage°, et dans la même logique des choses, qu'elles seront les plus touchées par la pauvreté.

De l'autre côté du débat, il y a les islamistes qui estiment que la situation des Marocaines s'est aggravée parce que la foi religieuse des Marocains en général s'est détériorée et que leur style de vie s'est éloigné des préceptes de l'Islam. Ils citent comme exemples l'accroissement des divorces, la délinquence chez les jeunes et la corruption dans les affaires administratives.

Si les deux parties s'accordent quant à la gravité de la situation de la femme marocaine, les moyens proposés pour remédier à la situation sont fondamentalement différents. Quelques féministes estiment que le moyen efficace de revaloriser° la femme au Maroc et de l'inclure dans la vie et le développement du pays est de «renouveler» l'Islam — c'est-à-dire de trouver une nouvelle interprétation des préceptes de l'Islam en fonction de l'ère contemporaine. Elles précisent en particulier que les lois et les réglementations en vigueur° régissant° le mariage, le divorce, l'héritage et d'autres aspects du statut personnel doivent se «moderniser».

Glossary (left margin):
supported

one of the saddest
illiteracy
is home to / half

it goes without
saying /
unemployment

to improve, raise up

current / governing

Ces propositions ont suscité des réactions ardentes de la part des islamistes. Selon eux, l'Islam ne considère pas que la femme soit inférieure à l'homme. Au contraire, le Coran spécifie, comme l'indique le passage suivant, que les seuls critères qui font prévaloir une personne sur une autre sont le comportement et la dévotion aux préceptes de l'Islam.

«Ô vous, les hommes! Nous vous avons créés d'un mâle et d'une femelle. Nous vous avons constitués en peuples et en tribus pour que vous vous connaissiez entre vous. Le plus noble d'entre vous, auprès de Dieu, est le plus pieux d'entre vous. Dieu est celui qui sait et qui est bien informé.»

Le rôle des Marocaines qui ne veulent renoncer ni à l'Islam ni au combat de la parité est loin d'être bien défini. On doit attendre quelques années pour voir comment la parité va se définir dans la société musulmane.

———

Source: Denise Masson, *Essai d'interprétation du Coran Inimitable,* Dar Al-Kitab Allubnani, Beyrouth et Éditions Gallimard, 1967, p. 688.

DISCUSSION

1. Est-ce que vous éprouvez des sentiments de solidarité vis-à-vis des Marocaines qui luttent pour les droits d'égalité? Expliquez vos sentiments.

2. Certaines personnes condamnent les rôles sexuels qu'elles observent dans d'autres cultures. Qu'est-ce qu'il faut faire ou savoir avant d'avoir le droit de critiquer un mode de vie qui n'est pas le sien *(one's own)*?

3. Connaissez-vous une tradition religieuse où le rôle de la femme est différent de celui qu'elle joue dans la culture dominante de votre pays? Expliquez respectueusement les rôles des hommes et des femmes dans cette autre tradition.

Communautés

UNE MANIF

Avez-vous un sujet lié à la parité qui vous tient à cœur *(that's dear to your heart)*? Allez-y, organisez une manifestation *(demonstration)*! Inventez des slogans, faites des posters et préparez un petit discours pour accompagner votre poster. Le jour de la «manif», chaque étudiant(e) va présenter son poster et faire son discours en classe. Bien sûr, les autres vont faire des remarques, applaudir ou même huer *(to boo)* — tout en respectant le droit de chaque personne de s'exprimer! Après la manif, trouvez un endroit où vous pouvez exposer vos posters au public — dans une salle de classe, dans les couloirs d'un bâtiment universitaire, dans le Centre des étudiants de votre campus ou sur un site Internet. ■

Contre-point
La parité, fait à accompli

Les mots pour le dire

noms

charge (f)	*responsibility, charge*
chiffre (m)	*figure, number*
éducation (f)	*upbringing*
niveau (m)	*level*
poste (m)	*position, job*
salaire (m)	*salary*

verbes

bouleverser	*to upset*
demeurer	*to remain*
former	*to train*
pousser	*to push*
promouvoir	*to promote*
soulager	*to relieve*

adjectifs

navrant(e)	*distressing*
subalterne	*inferior, subordinate*

prépositions

dès	*as early as, as soon as*
malgré	*despite*

expressions

aller / partir en congé	*to go / leave on vacation*
exercer de la pression	*to exert pressure, lobby*
prendre des congés	*to take a vacation*

Étude de vocabulaire

A **Synonymes.** Trouvez un synonyme pour chaque mot ou expression de la liste suivante:

le travail   bouleverser   le chiffre
demeurer   navrant   exercer de la pression

1. le numéro   _____

2. pousser   _____

3. très triste   _____

4. mettre en état de désordre   _____

5. rester   _____

6. le poste   _____

B **Définitions.** Lisez les phrases suivantes et choisissez le mot ou l'expression de la colonne de droite qui pourrait remplacer le mot en caractères gras.

1. Non seulement la **charge** [1] de l'éducation des enfants mais aussi la plupart des **tâches ménagères** [2] sont souvent la responsabilité de la femme, même si elle travaille hors de la maison.

[1] a. la responsabilité
     b. la possibilité
[2] a. les activités ménagères
     b. les travaux ménagers

2. Les femmes ont besoin de **congés** [3], payés de préférence, pour **soulager** [4] le «double travail» à l'entreprise et à la maison.

[3] a. positions
     b. vacances
[4] a. diminuer
     b. compenser

3. Bien que les femmes n'aient pas encore beaucoup de **pouvoir** [5] politique, elles ont quand même **gagné** [6] beaucoup de **victoires** [7] dans d'autres domaines depuis le XIXᵉ siècle.

[5] a. autorité
     b. fonction
[6] a. envahi
     b. acquis
[7] a. succès
     b. issues

4. Les féministes ne sont pas encore très **avancées** [8] lorsqu'il s'agit de **promouvoir** [9] le **niveau** [10] des salaires pour les femmes.

[8] a. perfectionnées
     b. payées
[9] a. favoriser
     b. vendre pas cher
[10] a. la situation
     b. le poste

TRACK 8B

De quoi parle-t-on?

À table. Paul et Virginie continuent à se disputer sur le sujet de la parité. Écoutez leur conversation et choisissez la réponse qui vous semble la plus juste.

1. Virginie parle de parité…

   a. politique.

   b. économique.

2. La réaction de Paul à l'argument de Virginie est plutôt…

   a. positive et sympathisante.

   b. négative et blasée.

3. Virginie pense que les femmes doivent…

   a. maintenir l'égalité déjà acquise.

   b. continuer à se battre.

 ## Remue-méninges

Pourquoi les postes les plus importants dans la vie politique, dans les affaires et dans d'autres domaines sont-ils traditionnellement accordés aux hommes? Qu'est-ce qui, selon vous, explique la sous-représentation des femmes? Que faut-il faire pour encourager les femmes à se lancer dans ces domaines?

Lecture

SITUATION DES FEMMES: LE COMBAT CONTINUE

Cinquante ans après sa publication, Le Deuxième Sexe *de Simone de Beauvoir continue, hélas, de soulever des problèmes d'une actualité criante.° Selon les Nations unies, la situation des femmes est inférieure à celle des hommes dans tous les pays du monde.*

En ce qui concerne le niveau des salaires et la participation des femmes à la vie politique et économique, la France se situe au 31e rang mondial, loin derrière les pays scandinaves, les États-Unis (11e rang), l'Irlande, le Portugal, l'Italie et Cuba. Lorsque les femmes politiques scandinaves entendent ces chiffres, elles sont partagées° entre la désolation et l'hilarité. Ces assemblées d'hommes en gris, cramponnés° à leur pouvoir, leur semblent relever d'°un archaïsme à la fois navrant et ridicule. En Scandinavie, et aussi en Irlande, la parité politique est

burning issues

torn

clinging / to stem from

a given / pense

key positions

devenue une évidence° que personne ne songe° à remettre en question. Les Parlements nordiques comptent entre 30 et 50% de femmes. Les gouvernements leur attribuent des postes clés°, [au ministère de la] défense ou [des] affaires étrangères.

Alors que les Françaises ont dû attendre 1945 pour que leur soit accordé le droit de vote[1], les Finlandaises l'exercent depuis 1906, les Norvégiennes, depuis 1915 et les Suédoises, depuis 1920. Contrairement à ce qui se passe dans les pays méditerranéens, les femmes nordiques ont l'habitude, depuis la fin du XIXe siècle, de s'organiser en ligues, en associations, en groupes de pression° très influents.

lobbies

Dès les années 1950, peu après la parution du maître-livre de Simone de Beauvoir, des débats sur les rôles sexuels se multiplient, d'un bout à l'autre° de la péninsule scandinave.

from one end to another

Pour promouvoir l'égalité entre les sexes, les Scandinaves placent le partage des tâches familiales au cœur de leur arsenal législatif. Tout est fait pour soulager les femmes de la charge quasi exclusive de l'éducation des enfants et pour pousser les hommes à y participer. Les pères de famille sont financièrement encouragés à prendre des congés «spécial papa».

Malgré cette politique volontariste, au cœur de l'ambition scandinave de construire une société parfaite, les inégalités professionnelles demeurent. Le pouvoir économique résiste beaucoup plus au changement que le pouvoir politique. En Finlande, par exemple, seuls 3% des postes de haut niveau sont occupés par des femmes tandis que les salaires féminins, malgré toutes les incitations légales, continuent d'être de 25% inférieurs à ceux des hommes.

To put an end to
support networks
petites et moyennes entreprises (small to midsize businesses)

Pour venir à bout° de ces injustices, les Nordiques retrouvent leurs vieilles habitudes, l'organisation en réseaux d'entraide°, le lobbying. [...] Dans des PME° norvégiennes et finlandaises, les femmes bouleversent les structures habituelles du travail. Plus de secrétaire, ni de femmes de ménage. Chacun et chacune participe à des tâches réputées subalternes... et féminines. En Suède, l'ex-députée Mona Sahlin, probablement l'une des femmes les plus populaires du pays, vient de créer un institut de «leadership» visant à° former les jeunes femmes à l'exercice du pouvoir économique. Les bastions° tiennent encore, mais le mouvement pour l'égalité est probablement irréversible. ■

aiming to
(male) strongholds

Source: Élisabeth Alexandre, *Le français dans le monde*, n° 304, 1999.

[1]Note: L'ordonnance du 21 avril 1944 donne le droit de vote aux femmes en France. Elles le feront pour la première fois dans l'histoire lors des élections municipales du 29 avril 1945.

Avez-vous compris?

Vrai ou faux? Si la phrase est fausse, corrigez-la.

1. Les femmes nordiques sont représentées au Parlement presque autant que les hommes. V F

2. La loi dicte que les pères sont obligés de prendre des jours de congé «spécial papa». V F

3. Dans certaines entreprises norvégiennes et finlandaises, il n'y a plus de secrétaires. V F

4. Les jeunes femmes nordiques réussissent dans les affaires en établissant des réseaux de solidarité, entre autres choses. V F

5. La parité dans les pays scandinaves s'étend au domaine économique. V F

Qu'en pensez-vous?

1. Selon Élisabeth Alexandre, la parité est-elle une réalité? Pourquoi ou pourquoi pas? (Donnez des exemples du texte pour justifier votre réponse.)

2. À votre avis, le mouvement pour l'égalité est-il «irréversible», comme le dit Élisabeth Alexandre? Expliquez votre réponse.

3. Est-ce que la parité est bénéfique pour les hommes aussi? Si oui, en quoi? Sinon, pourquoi pas?

LIENS INTERDISCIPLINAIRES

LA PARITÉ EN LITTÉRATURE

Avant de lire

1. Faites une liste des stéréotypes masculins et féminins que vous avez remarqués en ce qui concerne les relations amoureuses (par exemple, comment est-ce qu'on représente les hommes et les femmes dans les contes de fées *(fairy tales)*, au cinéma, dans les publicités à la télévision, etc.)?

2. Faites une liste des compliments que les hommes aiment et n'aiment pas recevoir des femmes et vice-versa.

3. Imaginez une scène entre un petit garçon et une petite fille où la petite fille aime le garçon et veut qu'il l'embrasse, mais le garçon ne s'en rend pas compte. Jouez cette scène pour la classe.

Marcel Pagnol (1895–1974), *romancier, dramaturge, essayiste et cinéaste français, était un fin observateur de la condition humaine, dont il rapporte un exemple dans le passage qui suit avec son humour caractéristique.*

Le Temps des secrets (extrait)

Clémentine, l'amie du petit Marcel, avec qui elle joue dans la cour de l'école où le père de ce dernier est instituteur, dit parfois des choses étranges. Elle grandit bizarrement vite et, de plus en plus, a tendance à se fâcher quand on la complimente…

Un jour, dans un élan° d'amitié, je lui avais dit:

— Tu aurais de beaux yeux, s'ils étaient pareils°.

Sur quoi°, cette idiote a fondu en larmes°, avec des sanglots et des hoquets° déchirants.

Pour la calmer, je lui expliquai que c'était un compliment, et que je trouvais avantageux d'avoir deux œils au lieu de deux yeux°. Avec la rapidité d'un chat, elle me griffa° la joue sous l'oreille, à quoi je répondis par une gifle° absolument réussie. Elle demeura un instant comme stupéfaite, puis elle courut jusqu'au platane° et, le front° sur son avant-bras, elle se mit à ululer° si fort qu'il me parut prudent de rentrer chez moi au pas de course°.

Quand elle atteignit sa douzième année, elle devint encore plus bizarre, et se mit à me faire des confidences mystérieuses.

Assise près de moi sur le banc, sous le préau°, en face de la cour déserte°, elle me dit un jour:

— J'ai un ami qui vient souvent jouer avec moi. Il est gentil, et il est très beau. Seulement, je trouve qu'il est bête°.

— Pourquoi?

— Parce que moi je sais qu'il m'adore, mais il a peur de me le dire, et il n'ose° pas m'embrasser.

— Et toi, il te plaît°?

Elle renversa la tête en arrière, leva au plafond des yeux langoureux°, et soupira:

— Ho oui!

— Comment s'appelle-t-il?

— Marcel, comme toi; et même il a les yeux marron, comme toi. Souvent, j'essaie de lui faire comprendre, mais ça ne réussit pas.

Alors, je fus furieux qu'elle eût donné son cœur à cet individu, qui avait l'audace de me ressembler, et de porter mon prénom.

— Et où est-ce que tu vas jouer avec lui?

— Ici, à l'école.

Je triomphai aussitôt.

— Eh bien, ma fille, tu es une belle menteuse°! S'il venait ici, moi je le verrais, parce que je regarde souvent par la fenêtre de la cuisine! Tu inventes tout ça parce que tu crois que ça va me rendre jaloux. Mais moi je peux te dire que ça m'est bien égal°, et même que je m'en fiche complètement°. Et ce n'est plus la peine que tu m'en parles, parce que je ne t'écouterai même pas!

Alors, elle se leva, les mains jointes, les yeux au ciel, elle cria d'une voix stridente:

— Qu'il est bête! Qu'il est bête!

Et elle s'enfuit.

Source: Marcel Pagnol, *Le Temps des secrets,* Paris: Éditions de Fallois, 1988, pp.55–56

Glossary (left margin):

burst, impulse
similaires
Upon which / burst into tears / sobs and hiccups

the correct plural of **œil** is **yeux** / scratched / slap

plane tree / forehead / to howl, screech / *en courant*

under the (covered) yard / deserted school yard

stupide

dare

you like him

languid

a big liar

I don't care / I couldn't care less

DISCUSSION

1. Ce texte décrit deux rencontres. Dans la première rencontre, il s'agit d'une action suivie d'une série de réactions. Décrivez les réactions de Clémentine.

   action: Marcel adresse un «compliment» à Clémentine.

   réactions:

2. Qu'est-ce que le narrateur veut dire quand il explique à Clémentine qu'elle a deux «œils» plutôt que deux «yeux»? Pourquoi est-ce que cela la fait pleurer?

3. Quels stéréotypes masculins et féminins voit-on à l'œuvre *(at work)* dans cette rencontre?

4. Lors de la deuxième rencontre, Clémentine fait une sorte de déclaration d'amour à Marcel, mais ce dernier ne comprend pas. Pourquoi Clémentine fait-elle cette déclaration? Selon elle, de quoi est-ce que son «amour» a peur? Comment est-ce que Marcel interprète les paroles de Clémentine? Pourquoi est-il certain qu'elle ment?

5. Comment cette rencontre se termine-t-elle?

6. À votre avis, est-ce que Marcel Pagnol pense que les hommes et les femmes sont semblables ou très différents? Expliquez votre réponse.

7. Est-ce que vos interactions sont différentes avec les hommes et avec les femmes? En quoi? À votre avis, qu'est-ce que chaque sexe ne comprend pas chez l'autre? Quels reproches est-ce que les hommes et les femmes se font?

Réplique et synthèse

A Les statistiques parlent!

En l'an 2000, on a posé plusieurs questions à des Français sur le statut de la femme dans la vie politique et dans la vie professionnelle. Nous allons examiner ces sondages en plusieurs étapes: (1) Vous allez lire les questions qu'on a posées aux Français et aux Françaises; (2) vous allez prédire *(predict)* en pourcentages les réponses que les hommes et les femmes ont données à chaque question; (3) vous allez indiquer comment vous auriez répondu (c'est-à-dire, donner votre propre opinion sur la question); (4) votre professeur va vous montrer les vrais résultats (comment les Français et les Françaises ont répondu); et (5) vous allez vous engager dans des discussions avec vos camarades de classe sur les questions, les résultats et vos propres opinions. En voici un modèle:

1. Lisez la question.

   Question 1: Vous savez que les députés *(legislators)* ont adopté un projet de loi *(law)* visant à favoriser l'égal accès des femmes et des hommes aux fonctions électives *(to elective offices)*. Personnellement, diriez-vous que la présence d'une loi est plutôt efficace *(effective)* ou non pour assurer l'égalité hommes–femmes dans la vie politique?

2. Devinez les résultats (en pourcentages).
   Résultats anticipés et votre opinion

	hommes	femmes	votre opinion
	%	%	
plutôt efficace	47	46	
pas vraiment efficace	48	51	√

   Question 2: Qu'est-ce qui, selon vous, explique le mieux la sous-représentation des femmes dans la vie politique? (Vous pouvez donner plus d'une réponse.)

   Résultats anticipés et votre opinion/vos opinions

	hommes	femmes	votre opinion/ vos opinions
	%	%	
la misogynie des hommes politiques			
la difficulté pour les femmes à concilier vie publique et vie familiale			
la dureté de la vie politique			
le manque d'intérêt des femmes pour la politique			

Question 3: Vous-même, êtes-vous tout à fait prêt(e), assez prêt(e), peu prêt(e) ou pas prêt(e) du tout à faire confiance à une femme Président de la République?

Résultats anticipés et votre opinion

	hommes	femmes	votre opinion
	%	%	
tout à fait prêt(e)			
assez prêt(e)			
peu prêt(e)			
pas prêt(e) du tout			

Question 4: Pour chacun des points suivants dans l'entreprise *(in the business world),* pouvez-vous me dire si l'égalité hommes–femmes est assurée ou non?

Résultats anticipés et votre opinion

	hommes	femmes	votre opinion
	%	%	
le respect de la personne			
oui			
non			
l'accès aux postes de responsabilité à niveau de qualification égal quand les hommes et les femmes ont les mêmes qualifications			
oui			
non			
l'égalité des salaires à poste égal et niveau de qualification égal			
oui			
non			

Source: CSA Group, Stéphane Rozes.

Discutons! (après que le professeur vous a montré les vrais résultats):

1. Les Français ne semblent pas très convaincus qu'une loi soit efficace pour assurer l'égalité hommes–femmes dans la vie politique (voir la question modèle). Êtes-vous d'accord avec eux? Pourquoi ou pourquoi pas?

2. Est-ce que les femmes et les hommes partagent les mêmes opinions sur la situation actuelle de la femme dans la politique et dans les affaires *(business)*? Quelle est votre interprétation de cette différence?

3. Êtes-vous surpris(e) par les réponses à la question 2? Comment expliquez-vous ces réponses?

4. Comment expliquez-vous les différences entre les réponses «masculines» et «féminines» aux points de la question 3?

5. Est-ce que vos propres réponses sont différentes de celles des Français? Dans quels cas? Pourquoi, à votre avis?

B   Discussion

1. D'après votre expérience, quels sont les avantages et les inconvénients de votre sexe? Racontez une anecdote qui illustre un avantage dont vous avez bénéficié ou un obstacle que vous avez rencontré à cause de votre sexe.

2. Si vous avez des enfants un jour, comptez-vous les élever de la même façon, que ce soient des garçons ou des filles? Est-ce possible? désirable?

3. Il y a des gens qui préfèrent les établissements scolaires (écoles, lycées, universités) qui ne sont pas mixtes *(co-ed)*. Quels pourraient être les avantages et les inconvénients des établissements scolaires uniquement réservés aux garçons ou aux filles?

4. Est-ce que la biologie aura toujours une influence sur le destin des hommes et des femmes? Expliquez votre réponse.

5. Malgré d'importants changements dans la société, quels emplois semblent être restés «masculins» ou «féminins»? Pourquoi, à votre avis? Dans quels domaines est-ce que la parité semble bien réussie?

6. Presque tout le monde serait de l'avis que le statut de l'homme et de la femme a évolué considérablement. Selon vous, est-ce que ces changements sont positifs ou négatifs? Est-ce que la vie était plus simple quand les deux membres d'un couple (hétérosexuel) avaient des rôles sexuels bien définis?

7. Pensez-vous que les deux membres d'un couple doivent travailler? Pourquoi ou pourquoi pas? Si tous les deux travaillent, y a-t-il des problèmes? Si un membre du couple doit rester à la maison, comment devrait-on décider lequel va rester à la maison et lequel va travailler?

C Comparaisons

1. Interviewez une personne plus âgée que vous sur son opinion personnelle de la parité dans le domaine de son choix: sport, éducation, scolarité, travail, rôles définis en fonction du sexe, vie de couple, vie de famille, politique, situation économique, etc. Demandez-lui de vous raconter des exemples de sa propre expérience qui montrent comment les choses ont (ou n'ont pas) changé. Qu'est-ce qui choque ou surprend cette personne le plus aujourd'hui? Résumez ses commentaires pour la classe.

2. Faites des recherches afin de pouvoir comparer le développement physique, intellectuel et psychologique des garçons et des filles (y compris l'incidence des maladies, les difficultés d'apprentissage, le taux de délinquance juvénile, etc.). Comment expliquez-vous les différences que vous avez rémarquées?

3. Faites des recherches et comparez la santé des hommes et des femmes (en ce qui concerne les maladies, l'espérance de vie, etc.).

4. Faites des recherches et comparez l'emploi du temps *(daily, weekly use of time)* des hommes et des femmes. Qui passe plus de temps au bureau? Qui s'occupe plus des travaux ménagers? Qui dort plus?...

D Conceptions culturelles de l'homme et de la femme

1. Choisissez un sujet lié à votre domaine d'études ou à un de vos intérêts et faites un petit exposé dessus pour vos camarades de classe. (Par exemple sur une femme qui est chef d'orchestre, sur la représentation de la femme dans la Bible ou dans un autre texte religieux, sur les congés payés pour les pères après la naissance d'un enfant, etc.)

2. Cherchez des mots comme «boy» «girl» «man» et «woman» dans un dictionnaire de citations ou de proverbes. Notez quelques citations ou expressions que vous trouvez intéressantes. Préparez une explication que vous pourriez donner à un(e) ami(e) français(e), dans laquelle vous expliquez le sens (et les origines, si possible) de ces expressions. Ensuite, faites des commentaires sur les implications de ces phrases pour l'image de l'homme et de la femme dans la société. Est-ce que les expressions que vous avez choisies sont utilisées couramment aujourd'hui? Expliquez.

Modèle:

«Boys will be boys.»

Cette expression suggère qu'il y a des comportements typiques des hommes (par exemple, le fait de boire beaucoup d'alcool, la promiscuité sexuelle, etc.) et qu'il faut tolérer cela parce que c'est «naturel» ou «normal» pour les hommes. Moi, personellement, je trouve que cette expression cherche à excuser le comportement des hommes et suggère que la «faiblesse des hommes» leur permet de faire des choses qu'on ne pardonnerait pas chez les femmes. On n'utilise pas beaucoup cette phrase aujourd'hui et quand on l'utilise, on le fait plutôt pour critiquer ces attitudes sociales.

Ouvertures créatives

A Lors d'un débat à la télévision, un(e) féministe et le rédacteur / la rédactrice d'un magazine pour femmes se disputent. Le / La féministe se sent insulté(e) par l'image de la femme présentée dans les illustrations et les articles de ce magazine et il/elle montre des exemples; le rédacteur / la rédactrice défend son magazine. L'animateur / L'animatrice de l'émission *(The host)* pose des questions et dirige la discussion.

B Créez une version féministe d'un conte de fées ou d'un film célèbre. Ou bien créez une nouvelle version d'une histoire familière dans laquelle l'héroïne est transformée en héros — ou vice-versa.

C Un grand-père ou une grand-mère très «vieux jeu» *(old-fashioned)* explique comment un garçon / une fille bien élevé(e) doit s'habiller, se comporter,... Son petit-fils / Sa petite-fille n'est pas du tout d'accord.

D Des extra-terrestres venant d'une planète où il y a un seul sexe voyagent vers la Terre, où ils vont essayer de se faire passer pour des êtres humains. Imaginez la séance d'orientation qui a lieu dans la soucoupe volante *(flying saucer)*, pendant laquelle leur chef leur explique comment se comporter comme «un homme» ou «une femme» sur la Terre.

Rédaction guidée

Écrire l'antithèse d'une dissertation dialectique

Système-D

Writing an essay
Asserting and insisting
Comparing and contrasting
Comparing and distinguishing
Weighing alternatives
Weighing the evidence
Linking ideas
Making transitions
Sequencing events
Writing a conclusion

A **Sujet.** Est-ce que la parité entre les hommes et les femmes existe aux États-Unis?

B **Orientation.** Rappelez-vous que le but d'une composition de type dialectique est de vous permettre d'explorer diverses solutions à un problème ou des points de vue multiples sur une question donnée. Il n'est donc pas suffisant que vous développiez une position unique au détriment de l'autre ou que vous ayez une partie plus longue plus et développée que l'autre.

En tant qu'écrivain, vous devez donc définir un problème (dans l'introduction), en explorant les ramifications (dans la thèse) et vous efforçant *(striving)* de considérer un autre point de vue (dans l'antithèse).

C **Avant d'écrire.** Dans ce chapitre, nous allons nous concentrer sur l'écriture de l'antithèse d'une rédaction sur la parité. Pour commencer, complétez les phrases suivantes avec les trois arguments qui vous semblent les plus importants.

THÈSE: La parité entre les hommes et les femmes existe aux États-Unis, si on considère que...

    1.

    2.

    3.

ANTITHÈSE: Cependant, on peut dire que la parité n'existe pas encore aux États-Unis quand on pense que...

    1.

    2.

    3.

Comparez vos idées avec celles d'un(e) partenaire. N'hésitez pas à adopter quelques arguments de votre partenaire. (Ceci n'est généralement pas recommandé puisque ça peut être considéré comme une forme de plagiat *[plagiarism]*, mais pour ce devoir, nous pouvons nous entraider *[help each other out]*! Cependant, il n'est pas conseillé de copier toutes les idées de votre camarade...)

L'antithèse de la dissertation consiste donc à défendre la position selon laquelle «la parité n'existe pas encore» aux États-Unis.

Vous avez déjà le «squelette de votre antithèse». De plus, il vous faut:

   a. une phrase ou deux d'introduction: De quoi parle votre antithèse?

   b. un développement des idées 1, 2 et 3.

   c. quand c'est possible, des exemples qui vont clarifier votre idée.

   d. une mini-conclusion: Comment pouvez-vous résumer et généraliser ce que vous venez d'exposer dans l'antithèse?

N'oubliez pas de marquer le contraste ou la transition par un mot ou une expression appropriée: ***pourtant, par contre, de l'autre côté, toujours est-il que, de plus...***

4 Le bien collectif et la liberté individuelle

Objectifs communicatifs

COMMUNICATION

- **Point** Le devoir de respecter la liberté d'autrui: Le cas du tabagisme
- **Contre-point** Privilèges et responsabilités de la liberté: Le cas du port obligatoire du casque à vélo

COMPARAISONS STRUCTURALES

- Le futur
- Le conditionnel

CONTEXTE SOCIAL

- L'antitabagisme en France: Un mouvement en retard?

COMMUNAUTÉS

- Publicité d'intérêt général

LIENS INTERDISCIPLINAIRES

- Cyclo-tourisme: La Route verte au Québec

---

*C*ontroverse: Selon l'article 3 de la *Déclaration des droits de l'homme et du citoyen* du 26 août 1789, «la liberté consiste à pouvoir faire tout ce qui ne nuit pas à autrui°». En d'autres termes, je suis libre de faire ce que je veux tant que je ne cause pas de problèmes aux autres. Le rôle du gouvernement sera donc de s'assurer que chaque individu ne nuit pas aux autres. Nous allons examiner dans ce chapitre deux situations où la liberté individuelle semble être en conflit avec le bien collectif.

doesn't harm others

En premier lieu, nous allons nous intéresser à la polémique du tabagisme. D'un côté, on trouve des organismes de prévention du tabagisme qui mènent une croisade pour rappeler que le tabac représente un risque important pour la santé du fumeur et de son entourage; de l'autre côté, on trouve l'industrie du tabac qui juge, en France au moins, que les risques attribués au tabagisme sont souvent exagérés. Le premier camp estime que le bien collectif exige qu'on mette en place des lois pour interdire l'usage du tabac dans les lieux publics et collectifs; le deuxième camp propose un «laisser-faire» car la vie, dit-il, a toujours comporté certains risques.

Ensuite, nous allons considérer la législation, qui existe aux États-Unis et qu'on essaie de faire passer en Europe, sur le port obligatoire du casque° pour les cyclistes. Certains prétendent° que le port du casque devrait être obligatoire parce qu'il sauve des vies; d'autres — les associations de cyclisme notamment — estiment que le casque représente une contrainte injustifiée et que le choix de son port devrait être laissé à l'individu.

helmet
claim

À vous de décider de quelle façon la société peut, ou même doit, intervenir dans les décisions personnelles et individuelles.

Premières pensées

Les mots pour le dire

noms

assiette (f)	*plate*
cancer (m) (des poumons)	*(lung) cancer*
casque (m)	*helmet (cf* casquette (f) *baseball cap, hat)*
cigare (m)	*cigar*
cigarette (f)	*cigarette*
consommation (f)	*consumption*
emphysème (m)	*emphysema*
fumée (f) secondaire	*second-hand smoke*
fumeur(-euse)	*smoker*
pipe (f)	*pipe*
poumon (m)	*lung*
produit (m)	*product*
risque (m)	*risk*
tabac (m)	*tobacco*
toux (f)	*cough*
vitesse (f)	*speed*
VTT (vélo tout terrain) (m)	*mountain bike*

verbes

arrêter de fumer	*to stop smoking*
avoir faim	*to be hungry*
causer	*to cause*
couper	*to cut*
faire du vélo	*to bike*
fumer	*to smoke*
gêner	*to bother*
grossir	*to gain weight*
maigrir	*to lose weight*
nuire à	*to harm, injure*
respirer (bien/mal)	*to breathe (well/poorly)*
rouler	*to drive along*
(se) détendre	*to relax*
tousser	*to cough*

adjectifs

cancérigène	*carcinogenic, cancer-producing*
dangereux(-euse)	*dangerous*
malsain(e)	*unhealthy*

nuisible	*harmful*
sain(e)	*healthy*
sociable	*sociable*

adverbes

doucement	*slowly, leisurely*
vite	*fast*

Images. Examinez ces deux images et répondez aux questions qui suivent.

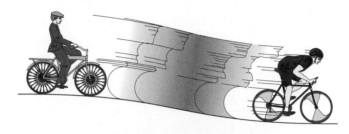

La cigarette coupe-faim

QUESTIONS

1. Regardez l'homme sur le dessin. De quelle façon l'usage du vélo et l'apparence du cycliste ont-ils changé? Selon vous, qu'est-ce qui explique ces changements?

2. Quelle fonction de la cigarette est évoquée sur la photo d'un cendrier *(ashtray)* plein de mégots *(cigarette butts)* dans une assiette?

3. Que veut dire l'expression «coupe-faim»? (Si vous ne savez pas, essayez de deviner.)

4. En général, quels sont les problèmes associés à la cigarette? (Nommez-en deux.)

5. Pour quelles raisons est-ce que certaines personnes fument?

Point

Le devoir de respecter la liberté d'autrui: Le cas du tabagisme

Les mots pour le dire

noms

campagne (publicitaire) (f)	*(publicity) campaign*
chercheur(-euse)	*researcher*
consommateur(-trice)	*consumer*
quotidien (m)	*daily newspaper*
raisonnement (m)	*reasoning*

verbes

avertir (le public)	*to warn (the public)*
interdire	*to prohibit, forbid*
parcourir	*to read or skim through*
soumettre	*to subject*

adjectifs

absurde	*absurd*
douteux(-euse)	*doubtful, flawed, faulty*
enceinte	*pregnant*
faible	*weak*
incapable	*incapable*
nocif(-ive)	*harmful*
renommé(e)	*well-known*

expressions

l'air ambiant	*the surrounding air*
le tabagisme passif	*secondhand smoke*

Étude de vocabulaire

A **Des définitions.** Choisissez l'expression de la colonne B qui correspond à celle de la colonne A.

A	B
1. l'air ambiant	a. le contraire de «fort»
2. douteux	b. ne pas permettre
3. faible	c. de mauvaise qualité, suspect
4. nocif	d. journal
5. interdire	e. l'air que l'on respire dans les lieux publics, par exemple
6. quotidien	f. dangereux

B **Visite médicale.** Jacques rend visite à son médecin. Lisez le dialogue et remplissez les blancs avec les mots ou expressions qui conviennent le mieux au contexte.

arrêter de fumer	incapable	le cancer du poumon
des chercheurs	la fumée secondaire	fumeuse
enceinte	l'emphysème	nocif
renommés	avertir	

LE DOCTEUR: Qu'est-ce qui ne va pas?

JACQUES: Je ne sais pas, mais je suis _____ de respirer.

LE DOCTEUR: Je sais que vous ne fumez pas, mais votre femme est _____, n'est-ce pas?

JACQUES: Oui. En plus elle est _____.

LE DOCTEUR: Vous savez que _____ du tabac peut provoquer _____, n'est-ce pas?

JACQUES: Oui, je savais que l'air ambiant qui est plein de fumée était _____, mais je n'aurais jamais imaginé qu'on puisse avoir si mal!

LE DOCTEUR: Croyez-moi, vos problèmes ne font que commencer. Selon _____ américains très _____, toute la famille risque de développer des maladies douloureuses comme _____.

JACQUES: C'est vrai, mais c'est difficile d'_____ pour ma femme.

LE DOCTEUR: Oui, mais votre devoir, c'est d'_____ votre épouse des dangers du tabac, tous les jours s'il le faut.

JACQUES: C'est exact…

TRACK 10A

De quoi parle-t-on?

Chez le médecin. Monsieur Fontaine parle à son docteur parce qu'il veut arrêter de fumer. Écoutez leur conversation; puis répondez aux questions suivantes d'après ce que vous avez compris. Quand c'est possible, utilisez les expressions présentées dans la section **Les mots pour le dire.**

1. Est-ce que Monsieur Fontaine s'est complètement arrêté de fumer?

2. Selon lui, à quoi sert la cigarette?

3. Qu'est-ce que le médecin lui recommande?

4. Quelles sont les conséquences du tabagisme selon le médecin?

5. Qu'est-ce que le médecin va donner à Monsieur Fontaine? Pourquoi?

Remue-méninges

Marc a déchiré les slogans que son père a découpés dans le journal. Avec un(e) partenaire, rassemblez les parties séparées. Devinez ce que ces slogans veulent dire. À qui s'adressent-ils? Les trouvez-vous convaincants? Imaginez d'autres slogans qui représentent vos convictions vis-à-vis du tabac.

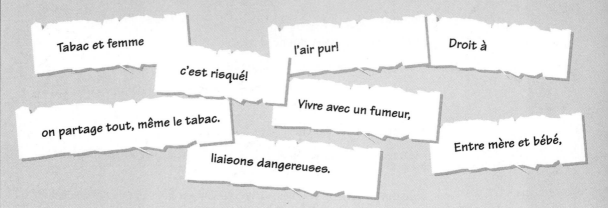

Tabac et femme

l'air pur!

Droit à

c'est risqué!

Vivre avec un fumeur,

on partage tout, même le tabac.

Entre mère et bébé,

liaisons dangereuses.

Lecture

UNE PUBLICITÉ

Dans le quotidien parisien *Le Figaro* du mercredi 5 juin 1996, une compagnie de tabac a publié une page publicitaire intitulée «Tout est-il mauvais pour nous? Ou perdons-nous le sens?». Les auteurs de cette publicité admettent que l'acte de fumer est un facteur de risque pour certaines maladies humaines et que certaines personnes trouvent la présence de la fumée déplaisante et désagréable. De plus, ils reconnaissent que la fumée de tabac dans l'air ambiant représente un risque significatif pour la santé de ceux qui ont choisi de ne pas fumer.

    Mais si l'on considère les résultats de plusieurs enquêtes «scientifiques», disent-ils, il faut conclure que le tabagisme passif ne serait pas plus nocif que la plupart des activités quotidiennes, comme la consommation d'un ou deux verres de lait entier, la consommation d'eau traitée au chlore, la consommation fréquente de poivre° et même l'alimentation riche en légumes ou en fruits. La thèse principale des auteurs de la publicité est tout simplement que «la vie a toujours comporté° certains risques». Et «s'il faut de grandes campagnes pour persuader les gens d'arrêter de fumer», les auteurs de cette publicité disent qu'il faut faire de même avec la consommation du poivre, ce qui ne serait pas raisonnable. Au contraire, cela serait même absurde.

pepper

had, included

Pour défendre leur thèse, les auteurs ont utilisé le concept de *risque de santé relatif* qui, selon eux, mesurerait l'effet de la consommation d'un produit (ou l'exposition à ce produit) sur la santé du consommateur. Et, toujours selon les auteurs de la publicité, des chercheurs renommés auraient déterminé des valeurs numériques de *risque de santé* de plusieurs activités quotidiennes comme l'indique le tableau ci-dessous. Les auteurs de la publicité n'ont pas précisé comment ces valeurs numériques ont été obtenues, mais ils nous assurent que l'alimentation riche en graisses° saturées aurait une valeur de 6,14 et poserait ainsi plus de risque pour la santé que l'exposition à la fumée de tabac dans l'air ambiant qui aurait la valeur plus faible de 1,19.

Parcourez les résultats indiqués dans cette publicité et décidez vous-même si le raisonnement de la publicité vous semble logique ou douteux. ■

fat

oil

whole milk

cookie

vegetables

activités quotidiennes	risque relatif de santé
Alimentation la plus riche en graisses saturées	6,14
Alimentation non-végétarienne par rapport à une alimentation végétarienne	3,08
Utilisation fréquente d'huile° pour cuisiner	2,80
Consommation quotidienne d'un ou deux verres de lait entier°	1,62
Consommation d'un biscuit° par jour	1,49
Consommation d'eau traitée au chlore	1,38
Consommation fréquente de poivre	1,30
Exposition à la fumée de tabac dans l'air ambiant	**1,19**
Alimentation riche en légumes°	0,37
Alimentation riche en fruits	0,31

Basé sur une publicité parue dans le quotidien Le Figaro *(mercredi 5 juin 1996)*

Avez-vous compris?

1. Quelle thèse cette publicité développe-t-elle?

2. Selon les auteurs de cette publicité, quel rapport y a-t-il entre la fumée de cigarette et le poivre?

3. On utilise parfois le conditionnel (ou le passé du conditionnel) pour parler des choses dont on n'est pas sûr ou qu'on n'a pas pu vérifier. Trouvez les verbes au conditionnel dans le texte et dans les sections "Avez-vous compris?" et "Qu'en pensez-vous?" et expliquez leur usage.

Qu'en pensez-vous?

1. Fumez-vous? Pourquoi? ou pourquoi pas? À votre avis, pourquoi les gens de votre âge fument-ils?

2. Êtes-vous d'accord avec les auteurs de la publicité sur le tabac, qui disent que vivre comporte des risques et que fumer ne serait pas plus dangereux que d'autres activités quotidiennes? Justifiez votre réponse.

3. Une étude sur la consommation du tabac en France durant les deux dernières décennies *(decades)* a confirmé les tendances suivantes:

   a. Le tabagisme est en constante diminution chez les hommes.

   b. Le tabagisme est en constante augmentation chez les femmes.

   c. Chez les jeunes, autant de filles que de garçons fument.

   À votre avis, ces tendances sont-elles semblables en Amérique du Nord? Pourquoi? Pourquoi pas?

4. La publication de l'annonce dont nous venons de discuter date de 1996. Est-ce qu'aujourd'hui on aurait proposé le même raisonnement? Pourquoi ou pourquoi pas? Quelles sont les tactiques publicitaires actuelles *(current)* utilisées par les producteurs de tabac pour vendre leurs produits?

5. Soutenez-vous le fait qu'on interdise la publicité du tabac aux États-Unis? Justifiez votre réponse.

6. Le fait de ne pas pouvoir fumer dans un lieu public est-il une atteinte à la liberté individuelle? Expliquez votre réponse.

CONTEXTE SOCIAL

L'ANTITABAGISME EN FRANCE: UN MOUVEMENT EN RETARD?

En France, un projet de loi porte souvent le nom du ministre qui le propose. Ainsi, quand Claude Évin, le ministre des affaires sociales et de la solidarité, propose une loi en 1991, celle-ci devient «la loi Évin». En lisant le texte suivant, trouvez les trois domaines dans lesquels la loi Évin propose quelque chose de nouveau. Les mesures de cette nouvelle loi vous semblent-elles efficaces? Pour répondre à cette question, analysez les statistiques présentées ci-dessous sur la consommation de cigarettes en France.

La loi Évin

La loi du 10 janvier 1991, dite «loi Évin», vise à lutter contre le tabagisme et l'alcoolisme en France. Pour réaliser ce projet, plusieurs dispositions législatives ont été prises. Tout d'abord, à partir du 1er janvier 1992, les médecins scolaires ont commencé à faire de la prévention dans les établissements scolaires et à informer les jeunes des dangers du tabac. La loi Évin touche aussi un domaine important, celui de la publicité. Ainsi, toute propagande ou publicité, directe ou indirecte, en faveur du tabac ou des produits du tabac ainsi que toute distribution gratuite sont désormais interdites. La loi va définir ce qu'elle entend par tabac. Il s'agit de tous les produits

sniffed / chewed

destinés à être fumés, prisés° ou mâchés°. Les producteurs de cigarettes devront informer les consommateurs de la composition du paquet de cigarettes qu'ils

health-related

achètent. Chaque paquet, en outre, portera un message à caractère sanitaire°. Ces mentions sont de l'ordre suivant: «NUIT GRAVEMENT À LA SANTÉ» ou «ABUS

legal action, prosecution / possible, likely

DANGEREUX». En cas d'infraction de cette nouvelle réglementation, des poursuites pénales° sont envisageables°.

La loi Évin est apparemment un succès car, comme l'indique le schéma suivant, depuis 1991 les ventes de tabac sont en baisse régulière en France.

Consommation de cigarettes en France, 1980–2002

Date	Consommation annuelle de cigarettes par habitant	Date	Consommation annuelle de cigarettes par habitant
1980	1 630	1992	1 683
1981	1 610	1993	1 619
1982	1 620	1994	1 553
1983	1 640	1995	1 514
1984*	1 660	1996	1 473
1985*	1 750	1997	1 411
1986	1 710	1998	1 427
1987	1 690	1999	1 424
1988	1 660	2000	1 401
1989	1 690	2001	1 408
1990	1 695	2002	1 351
1991	1 706		

*Le chiffre de 1984 est artificiellement bas et celui de 1985 artificiellement élevé dû au fait du décalage de livraisons *(delays in delivery)* intervenu fin 1984 lors des grèves *(strikes)* de distribution.

Source: Centre de documentation et d'information sur le tabac

DISCUSSION

1. Depuis 1991, date de la loi Évin, l'usage du tabac est en régression régulière. Quelles autres raisons pourraient expliquer cette régression?

2. Quel effet est-ce qu'un message tel que «ABUS DANGEREUX» imprimé sur un paquet de cigarettes a sur un fumeur? Est-ce que ce message incitera les gens à ne plus fumer? Pourquoi ou pourquoi pas?

3. Si on interdit l'usage du tabac en public, devrait-on faire de même pour les boissons alcoolisées? Pourquoi ou pourquoi pas? La consommation d'alcool n'est-elle pas dangereuse pour la société?

Communautés

Public service announcement

PUBLICITÉ D'INTÉRÊT GÉNÉRAL°

Écrivez une publicité qui va passer à la télévision ou à la radio pour promouvoir un mode de vie sain. Voilà une liste de sujets possibles: une publicité antitabagiste, une publicité pour les vaccins contre la grippe, une publicité suggérant des façons de gérer le stress, une publicité pour le port du casque pour les cyclistes ou de la ceinture de sécurité pour les automobilistes, une publicité sur la civilité et le respect de la diversité, etc. Enregistrez votre publicité ou jouez-la devant la classe. Si possible, partagez-la avec d'autres classes de français. ■

Contre-point

Privilèges et responsabilités de la liberté: Le cas du port obligatoire du casque à vélo

Les mots pour le dire

noms

bienfait (m)	*beneficial effect*
coupable (m/f)	*culprit, guilty person*
dépliant (m)	*leaflet*
donnée (f)	*data*
dureté (f)	*harshness, hardness*
partage (m)	*the (fact of) sharing*
parti pris (m)	*bias*
port (m) (du casque)	*the (fact of) wearing (a helmet)*
volant (m)	*(steering) wheel (of a car)*

verbes

culpabiliser	*to make (someone) feel guilty*
inciter	*to prompt, encourage*
lier	*to tie, link*
prévenir	*to warn*
prôner	*to advocate*

adjectifs

compréhensible	*understandable*
courtois(e)	*courteous*

adverbes

carrément	*really, clearly*
proprement	*really, absolutely*
voire	*or even, indeed*

expressions

à contre-courant	*against the tide*
à savoir	*namely*
au lieu de	*instead of*
d'autant plus/moins	*all the more/less*
en l'occurrence	*in this case*
en revanche	*on the other hand*
il convient de (faire)	*one/you should (do)*
qu'il s'agisse de... ou de...	*be it . . . or . . .*

Étude de vocabulaire

A **Chassez l'intrus!** Lisez les mots ou expressions suivantes et entourez celui qui ne va pas avec les autres de la même ligne. Expliquez votre choix.

1. en revanche   dans ce cas   en l'occurrence   si c'est comme ça

2. le bienfait   le livret   la brochure   le dépliant

3. vraiment   carrément   prochainement   proprement

4. le vélo   le volant   le cycliste   le casque

5. inciter   prévenir   prôner   encourager

B **Un courriel *(e-mail).*** Julie passe un semestre à Paris où elle étudie à la Sorbonne. Elle écrit souvent des courriels à ses amis de son cours de français aux États-Unis qui veulent savoir comment se passe son séjour en France. Aujourd'hui, elle décide de leur parler de la circulation à Paris… Remplissez les blancs avec les mots de la liste suivante. Faites les changements nécessaires.

à vélo	carrément	courtois
culpabiliser	cyclable	dépliant
~~en revanche~~	il convient de	volant
port	prôner	voire

Chers amis,

Voici déjà deux mois que je suis à Paris. Je suis toujours aussi impressionnée par la circulation ici. Les Français conduisent comme des fous! Puisque je n'ai pas de voiture, je prends souvent le métro — c'est le moyen le plus pratique de circuler à Paris. <u>En revanche</u>, comme je n'habite pas loin de la Sorbonne, j'y vais aussi souvent

_____. Le _____ du casque n'est pas obligatoire, mais _____ constater qu'il est très utile d'en porter un. Il m'est arrivé plusieurs fois d'être frôlée *(grazed)* par une voiture ou un bus, sans que le chauffeur *(driver)* ne _____ le moins du monde, et continue sa route sans s'arrêter.

À l'aide de _____ et d'affiches publicitaires, les autorités locales _____ l'usage du vélo et présentent Paris comme une ville _____… Euh… je dois avouer que c'est parfois _____ dangereux, _____ suicidaire *(suicidal)* de circuler autrement qu'en métro dans la «ville lumière»! J'aimerais que les Parisiens soient un peu plus _____ quand ils se trouvent au _____ de leur voiture!

Comme vous savez, je rentrerai aux États-Unis en juillet… J'espère que d'ici là, il ne me manquera pas un bras ou une jambe!

À bientôt,

Julie

De quoi parle-t-on?

L'agent de police. Julie a laissé son vélo devant le bâtiment où avait lieu son cours de français. En sortant, elle trouve un agent de police devant son vélo. Écoutez leur conversation et répondez aux questions suivantes. Dites si les affirmations qui suivent sont vraies (V) ou fausses (F). Si elles sont fausses, corrigez-les.

1. La moto de Julie est mal stationnée.   **V**   **F**

2. L'agent de police et Julie ont une conversation sur la sécurité.   **V**   **F**

3. Julie a peur d'avoir un traumatisme crânien.   **V**   **F**

4. L'agent dit que le casque est pratique et léger.   **V**   **F**

5. Le port du casque est obligatoire en France.   **V**   **F**

 ## Remue-méninges

Aux États-Unis, le port du casque à vélo est obligatoire dans certains états et facultatif dans d'autres. Avec un(e) partenaire, faites une liste de trois arguments pour et de trois arguments contre le port du casque. Ensuite, changez de partenaire et comparez vos listes. Trouvez-vous de nouveaux arguments à ajouter à vos listes?

Lecture

PORT DU CASQUE: «UNE CAMPAGNE À CÔTÉ DE LA PLAQUE°!»

Pour François de Rugy, adjoint au maire délégué aux transports et aux déplacements° de la Ville de Nantes et vice-président du Club des villes cyclables, la récente campagne sur le port du casque en ville est proprement choquante et contre-productive. Au lieu de communiquer sur les bienfaits du vélo en termes de santé publique, les responsables de la Caisse nationale d'assurance maladie° (CNAM) [...] ont choisi de faire peur, voire de culpabiliser les cyclistes. Un parti pris qu'il convient de corriger.

V&V: Quel sentiment portez-vous sur la récente campagne d'affichage° de la CNAM incitant au port du casque à vélo?

François de Rugy: C'est une campagne à côté de la plaque et totalement injustifiée! Je vois plusieurs raisons d'être surpris, sinon° carrément choqué. D'abord, je constate qu'il s'agit de la première campagne nationale sur le thème du vélo relayée par les pouvoirs publics°, la CNAM en l'occurrence. Or, elle décourage les gens qui auraient envie de faire du vélo en ville, par un message négatif et d'une rare dureté. En deuxième lieu, il est évident que les messages sur le danger sont en grande partie exagérés. On nous présente une sorte de jungle dans laquelle le cycliste est en position de victime mais aussi de...

coupable! On oppose les différents modes de déplacement° que l'on monte les uns contre les autres.

V&V: Pourquoi dites-vous que le vélo passe du statut de victime à celui de coupable?

François de Rugy: Le message est clair, on dit aux cyclistes «On vous aura prévenus; si jamais vous faites du vélo en ville, regardez tout ce qui peut vous arriver». Je trouve choquant que ce soit la CNAM qui joue ce rôle-là... Alors qu'au même moment, une étude danoise montre que la pratique d'une demi-heure de vélo par jour réduit de moitié les risques cardio-vasculaires! Cette campagne est d'autant moins compréhensible qu'habituellement la CNAM n'est pas un organisme qui verse dans la polémique°, qu'il s'agisse du tabac, de l'alcool ou des accidents de la route.

V&V: Pour vous, l'obligation de porter un casque est donc totalement inadaptée et excessive...

François de Rugy: Le port du casque est inadapté à la pratique du vélo en ville. Son obligation pourrait avoir un effet pratique de repoussoir° pour les cyclistes! En revanche, si on parle de vélo sportif ou de VTT° pratiqués dans certaines conditions, les choses sont différentes. Quand je fais du VTT en montagne, je trouve tout à fait normal de porter un casque. Il serait logique que la CNAM, si elle avait noté une recrudescence° des accidents de ce type, nous sensibilise. Il pourrait en être de même° avec les accidents de ski. Nous ne disposons

---

à côté de la plaque missing the point completely   **adjoint au maire délégué aux transports et aux déplacements** deputy mayor in charge of public transportation and traffic safety   **Caisse nationale d'assurance maladie (CNAM)** national health-care insurance provider   **campagne d'affichage** billboard campaign   **sinon** if not   **pouvoirs publics** authorities   **modes de déplacement** means of transportation   **verser dans la polémique** to polemicize, engage in controversy   **effet pratique de repoussoir** dissuading effect   **VTT** *vélo tout terrain*   **recrudescence** upsurge   **en être de même** to be the same

aujourd'hui d'aucune donnée réelle sur le casque et en tout cas pas d'éléments suffisants pour le rendre obligatoire en ville. Cette campagne est contre-productive et à contre-courant de ce que l'on prône dans nos collectivités° à savoir° le partage de la voirie° ou des comportements plus courtois au volant.

V&V: Vous parliez de première campagne nationale sur le vélo à forte connotation négative. Selon vous, quel type de communication serait utile en termes de sécurité autour de la pratique du vélo?

François de Rugy: On pourrait imaginer que des structures comme le Club des villes cyclables ou «Tous à vélo» se rapprochent de la CNAM pour proposer d'étudier une campagne qui permettrait de lier la pratique du vélo à la santé. Pourquoi pas une information par le biais de dépliants distribués dans les cabinets médicaux° et montrant les bienfaits du vélo pour la santé? Sinon, d'une manière générale, il vaut mieux communiquer sur les pratiques de déplacements°. Il ne s'agit pas pour autant de masquer les dangers du vélo en ville, mais on doit alors plus traiter le sentiment d'insécurité que l'insécurité elle-même, qui n'est pas spécialement forte à vélo en ville. Les aménagements° faits dans les «villes cyclables» contribuent déjà beaucoup à sécuriser° les déplacements à vélo. ■

Propos recueillis par Pierre Deschamps
*Ville & vélo * no. 8–9 décembre 2003*

---

collectivités local governments   **à savoir** namely, such as   **voirie** road, rail and waterways network   **cabinets médicaux** doctors' offices   **pratiques de déplacement** transportation practices   **aménagements** changes   **sécuriser** make safe, secure

Avez-vous compris?

1. Expliquez la campagne publicitaire que la CNAM a menée en France en 2003.

2. Selon François de Rugy, quelles seraient les conséquences de l'obligation de porter le casque à vélo en ville? Pourquoi n'est-il pas d'accord avec la CNAM?

3. Quelles solutions le texte propose-t-il pour régler les problèmes des cyclistes?

Qu'en pensez-vous?

1. Trouvez-vous le point de vue de François de Rugy convaincant? Pourquoi ou pourquoi pas?

2. Quels autres arguments pourriez-vous ajouter à ceux que le texte propose?

3. Dans quelle mesure une loi sur le port obligatoire du casque touche-t-elle à la liberté individuelle? (Pensez à la définition de la liberté proposée par la *Déclaration des droits de l'homme et du citoyen*.)

4. Est-ce que votre ville a assez de pistes cyclables? Que peut-on faire pour encourager les gens à circuler davantage à vélo?

5. Pouvez-vous nommer et expliquer d'autres situations où les lois semblent peut-être excessivement strictes?

LIENS INTERDISCIPLINAIRES

CYCLO-TOURISME: LA ROUTE VERTE AU QUÉBEC

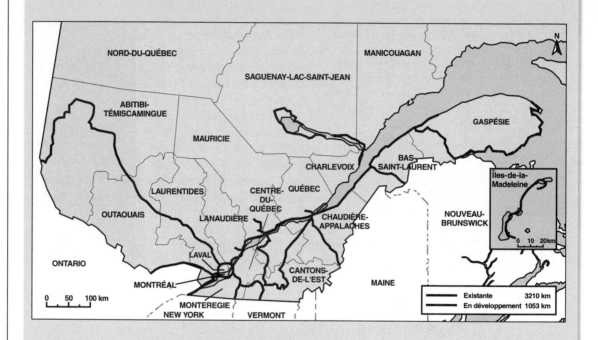

La Route verte est une idée originale de Vélo Québec réalisée avec le gouvernement du Québec et des partenaires régionaux.

Elle consiste en un itinéraire cyclable de 4 300 kilomètres (soit 2 671,9 *miles*) reliant les régions suivantes: d'ouest en est, depuis le Témiscamingue et l'Outaouais (Hull) jusqu'à la Gaspésie (Gaspé), et du nord au sud, depuis l'Abitibi, les Laurentides, le Saguenay-Lac-Saint-Jean vers le Centre-du-Québec et l'Estrie.

Le projet, qui devrait être un catalyseur de développement au Québec, s'inscrit dans la tradition des grands itinéraires cyclables mondiaux, comme, par exemple:

- les Cycloroutes nationales du Danemark;
- les pistes cyclables du Danube et celles du Rhin (traversant cinq pays);
- les réseaux américains qui s'aménagent grâce au travail de Rails-To-Trails Conservancy.

hiking trails   Elle s'inspire aussi des grands sentiers de marche° de l'Amérique:

- le célèbre Appalachian Trail, qui va du Maine à la Géorgie;
- le Pacific Crest Trail qui s'étend de la frontière de la Colombie-Britannique jusqu'au Mexique.

On parcourt la Route verte en partie ou dans son entier. Elle peut offrir un défi personnel que l'on relève seul, en famille ou avec des amis. Des groupes organisés la parcourront chaque année et des agences de voyage en feront une promotion internationale pour attirer des touristes de toutes nationalités.

Les développeurs de la Route verte cherchent à réaliser un projet à la fois unificateur et réaliste sur le plan financier. Pour cette raison, la Route verte peut prendre différentes formes en fonction des opportunités dans chaque région:

public structures / railroad tracks / by paving shoulders

- en utilisant des emprises d'utilité publique° (voies ferrées° abandonnées, etc.);
- en améliorant la sécurité de routes existantes par le pavage d'accotements°;
- en utilisant des routes rurales à faible circulation.

L'idée de base de la Route verte est d'en faire un itinéraire cyclable. Malheureusement, dans de nombreuses régions, l'aménagement de pistes complètement à l'extérieur du réseau routier n'est pas toujours possible. Néanmoins, certaines sections d'un sentier pourraient également être utilisées pour la marche, le ski ou la motoneige°, si tel est le choix du gestionnaire° de cette section.

snowmobile / manager, person responsible / means to be

L'itinéraire cyclable se veut° une véritable «Route verte» — agréable, respectueuse de l'environnement, intéressante et signalée.

Source: Adapté de http://www.routeverte.com/fr (téléchargé le 13 mai 2004).

DISCUSSION

1. Quels sont les avantages de la Route verte que vous appréciez le plus?

2. Si vous étiez passionné(e) de cyclo-tourisme, quelles sortes de choses aimeriez-vous trouver sur les pistes cyclables pour rendre vos randonnées plus agréables?

3. Pensez-vous que les contribuables *(taxpayers)* devraient payer la construction et l'aménagement des pistes cyclables même s'ils ne font pas de sport? Est-ce que cela représente une atteinte aux droits du contribuable individuel? Pourquoi ou pourquoi pas?

Réplique et synthèse

A **Bilan de santé personnel** Voici quelques questions tirées d'un test qui a paru dans le magazine français *Ça m'intéresse*. Les réponses du lecteur ou de la lectrice sont censées indiquer si son espérance de vie *(life expectancy)* sera plus ou moins longue que la norme. Lisez d'abord les questions et faites attention aux coefficients *(weighting)* des réponses. Ensuite, discutez avec des camarades de classe les questions d'analyse qui suivent le test.

LE TEST

Faites la somme des résultats positifs et négatifs obtenus et divisez par 5. Si vous êtes une femme, ajoutez votre résultat à 87, et à 84 si vous êtes un homme. Vous obtiendrez votre capital santé exprimé en années.

1. Fumez-vous ou êtes-vous souvent en compagnie de fumeurs?
OUI ■ NON ■

2. La ville où vous résidez a-t-elle une forte pollution atmosphérique?
OUI ■ NON ■

3. Mangez-vous plus de quatre fois par semaine de la viande rouge, de la viande fumée, de la charcuterie *(pork-based deli meats)* ou du fast-food?
OUI ■ NON ■

4. Mangez-vous des aliments qui contiennent du lait de vache, du sucre et des matières grasses?
OUI ■ NON ■

5. Mangez-vous au moins 4 fruits, 4 légumes, des légumineuses *(dried peas and beans)* et des céréales complètes *(whole grains)* chaque jour?
OUI ■ NON ■

6. Mangez-vous au moins deux fois par semaine du poisson frais non frit *(fried)*?
OUI ■ NON ■

7. Buvez-vous plus de deux boissons alcoolisées par jour?
OUI ■ NON ■

8. Buvez-vous plus d'un demi-litre de café ou plus d'un litre de soda par jour?
OUI ■ NON ■

9. Buvez-vous chaque jour 1,5 litre d'eau en hiver et 2,5 litres d'eau en été?
OUI ■ NON ■

10. Pratiquez-vous un sport provoquant une abondante sudation *(sweating)* deux fois par semaine ou 20 mn de sport par jour?
OUI ■ NON ■

11. Courez-vous le risque d'infection par le virus du sida ou de l'hépatite C en ayant des relations sexuelles non protégées, en changeant souvent de partenaires ou en consommant des drogues?
OUI ■ NON ■

12. Vivez-vous assez près de membres de votre famille afin qu'ils puissent vous rendre visite?
OUI ■ NON ■

13. Parmi ces deux propositions, laquelle s'applique le plus à vous? A: Le stress me ronge *(eats away at me)*. B: Je suis capable de gérer *(to manage)* mon stress par le sport, l'humour, la relaxation ou d'autres choses.
A ■ B ■

14. Recherchez-vous un bronzage intensif *(dark tan)* au soleil ou á l'aide d'une lampe à UV?
OUI ■ NON ■

15. Avez-vous des problèmes de sommeil ou prenez-vous des somnifères ou des antidépresseurs?
OUI ■ NON ■

16. Vos parents, frère(s) ou sœur(s) ont ou avaient-ils du diabète?
OUI ■ NON ■

VOTRE SCORE

Les résultats de ce test essaient de montrer si vous risquez de vivre plus longtemps ou moins longtemps que la moyenne. Faites la somme des résultats positifs et négatifs et divisez par 5. Si le résultat est de −2, par exemple, vous risquez de mourir 2 ans avant la norme. Dans le cas d'un nombre positif, ce résultat est à ajouter à votre espérance de vie.

1. (OUI = −10, NON = +10)	**9.** (OUI = +2, NON = −2)
2. (OUI = −4, NON = +1)	**10.** (OUI = +7, NON = −7)
3. (OUI = −3, NON = 0)	**11.** (OUI = −8, NON = 0)
4. (OUI = −7, NON = +3)	**12.** (OUI = +5, NON = −4)
5. (OUI = +5, NON = −4)	**13.** (A. = −7, B. = +7)
6. (OUI = +3, NON = −3)	**14.** (OUI = −4, NON = +3)
7. (OUI = −6, NON = 0)	**15.** (OUI = −3, NON = +3)
8. (OUI = −3, NON = 0)	**16.** (OUI = −4, NON = 0)

ANALYSE ET DISCUSSION

Avec un(e)/des partenaire(s), choisissez quelques-unes des questions ci-dessous et discutez-en.

1. Que remarquez-vous d'intéressant dans les coefficients des réponses? (Par exemple, il semblerait que fumer serait bien pire pour la santé que résider dans une ville polluée.) Selon les auteurs du test, quels sont les trois risques les plus graves et quels sont les comportements qui sont les plus bénéfiques pour votre santé? À votre avis, est-ce que les auteurs semblent accorder trop d'importance (ou pas assez d'importance) à certains comportements ou à certaines conditions?

2. Relisez les questions et dites quels aspects de notre santé échappent à notre contrôle (la santé de nos parents, par exemple). Est-ce que nos réponses à ces questions-là peuvent nous être utiles quand même? En quoi?

3. Identifiez quelques questions auxquelles vous donneriez la «mauvaise» réponse. Nommez un ou deux changements positifs qui seraient pour vous assez faciles à faire. Discutez vos réponses avec vos camarades de classe. Comment pourriez-vous effectuer ces changements?

4. Les auteurs de la publicité sur le tabac l'ont dit, «la vie a toujours comporté des risques». Quand vous faites des choix qui peuvent nuire à votre santé, êtes-vous la seule personne qui va subir les conséquences de ces choix ou est-ce que d'autres personnes vont en souffrir aussi? Expliquez.

B **Si j'étais ministre...** Imaginez qu'on vient de créer un nouveau poste dans le gouvernement de votre pays — Ministre de la sécurité des enfants. Si vous étiez nommé(e) à ce poste, que feriez-vous? Identifiez les aspects de la sécurité des enfants que vous trouvez les plus importants et dites ce que vous feriez pour améliorer la situation actuelle. Utilisez le conditionnel quand c'est nécessaire.

C **Débats / Jeux de rôles** Préparez un débat sur un des sujets suivants ou sur un autre sujet approuvé par votre professeur de français. Comme toujours, n'oubliez pas de tenir compte du point de vue opposé. Si vous préférez, vous pouvez organiser un jeu de rôles dans lequel différentes personnes discutent de ces sujets et expriment leur point de vue personnel (le groupe pourrait être composé de politiciens, de groupes de pression, de représentants d'organisations «vertes», de citoyens, etc.).

1. Est-ce que l'État doit maintenir de très hauts niveaux de qualité de l'air et de l'eau, même si c'est mauvais pour l'économie, même si ça conduit à la perte d'emplois, même si on finit par perdre des usines au profit de pays étrangers dont les normes sont moins rigoureuses? Est-ce qu'il devrait y avoir des taxes encore plus élevées sur les produits pétroliers et des avantages fiscaux pour les gens qui n'ont pas de voiture (et qui se servent d'un vélo ou des transports en commun pour se déplacer)?

2. Est-ce qu'on devrait avoir le droit de poursuivre en justice *(to sue)* des compagnies qui fabriquent des cigarettes, des vélos, des voitures,... , afin d'être compensé pour les dommages que ces produits causent quelquefois?

3. Est-ce que l'État devrait pouvoir intervenir quand il estime que les parents négligent la santé de leurs enfants (en refusant de les faire vacciner, en refusant une opération chirurgicale ou une transfusion sanguine, en demandant que soit effectuée une procédure traditionnelle d'une autre culture, telle que l'excision *[feminine genital mutilation]*, etc.)?

4. Est-ce qu'on doit exiger un cours ou un permis pour les cyclistes de moins de 18 ou 21 ans?

5. Pensez-vous que les élèves des écoles publiques doivent porter des uniformes *(school uniforms)*?

Ouvertures créatives

A **Cinquain.** En imitant les exemples suivants, rédigez un poème de cinq lignes où vous écrivez sur la première ligne un mot lié à un aspect de la santé (**santé, exercice, vitamine, cancer, pollution, liberté, responsabilité**, etc.) — c'est votre sujet et le titre *(title)* du poème. Sur la deuxième ligne, écrivez deux adjectifs qui expriment vos impressions sur votre sujet, sur la troisième ligne trois verbes, sur la quatrième ligne une phrase de quatre mots et sur la cinquième et dernière ligne un mot récapitulant vos sentiments sur le sujet du poème.

Modèles
La cigarette
Contagieuse, dangereuse
Fume, brûle, tue
Séductrice brune qui empoisonne.
Meurtrière

Le vélo
Salutaire, écologique
Transporte, économise, préserve
Cheval moderne qui respire
Santé

B **Le diseur/La diseuse de bonne aventure *(The fortune teller).***
Avec un(e) partenaire, préparez un sketch dans lequel un(e) enfant vient voir le diseur/la diseuse de bonne aventure et lui pose beaucoup de questions sur son avenir. Le diseur/La diseuse de bonne aventure regarde dans sa boule de cristal et lui répond de façon assez précise. En fait, l'enfant deviendra un(e) adulte célèbre! Les autres étudiants de la classe doivent écouter les questions et les réponses, puis deviner de qui il s'agit *(guess who it is)*.

Modèle
—*Est-ce que j'aurai une enfance heureuse?*
—*Non, tu auras pas mal de problèmes.*
—*Qu'est-ce que je ferai comme profession?*
—*Tu seras une vedette* (star) *de la télévision.*
—*Est-ce que je gagnerai beaucoup d'argent?*
—*Oui, tu seras très riche.*
—*Est-ce que je serai respectée?*
—*En général, oui. Tu encourageras beaucoup de téléspectatrices à lire des livres importants. Mais une autre personnalité de la télévision (qui s'appellera David Letterman) se moquera souvent de toi.*

La réponse: Oprah Winfrey

Rédaction guidée

Système-D

Writing an essay
Asserting and insisting
Comparing and contrasting
Comparing and distinguishing
Weighing alternatives
Weighing the evidence
Linking ideas
Making transitions
Sequencing events
Writing a conclusion

Écrire la synthèse d'une dissertation dialectique

A **Sujet.** «La liberté de chacun s'arrête où celle de l'autre commence.»

B **Orientation.** Dans ce chapitre, vous allez vous concentrer uniquement sur la rédaction de la synthèse. Imaginez que vous avez établi le plan du devoir que vous trouverez plus bas. Comment allez-vous rédiger la synthèse?

C **Avant d'écrire.** Qu'est-ce qu'une synthèse?

Rappelez-vous la description brève de la synthèse que vous avez lue dans le Chapitre Préliminaire. Dans la dialectique hégélienne, chaque thèse engendre une antithèse, et la tension entre ces deux perspectives mène l'écrivain (ou le philosophe) à développer une synthèse qui incorpore certains aspects de la thèse et de l'antithèse, pour dissiper cette tension. La synthèse n'est donc pas simplement un résumé de ces deux arguments opposés, mais plutôt une tentative *(attempt)* de dissoudre l'opposition binaire. Vous avez aussi vu, dans la rédaction modèle du Chapitre Préliminaire, qu'il est possible d'incorporer un élément nouveau pour résoudre cette opposition. La synthèse contient donc:

a. un bref résumé de l'opposition exposée dans la thèse et l'antithèse.

b. une résolution du conflit apparent en introduisant un nouvel élément qui permet d'échapper à la contradiction originale.

c. une solution au conflit.

D **Plan du devoir (introduction, thèse et antithèse)**

1. INTRODUCTION

- Définition du sujet: La liberté individuelle comme complémentaire à la liberté collective semble être raisonnable, mais il arrive souvent qu'un conflit existe entre les intérêts personnels et les intérêts sociaux. (Mentionner la *Déclaration des droits de l'homme et du citoyen.*)

- Question qui va dominer le devoir *(paper)*: Que faire dans ces cas-là? Doit-on sacrifier la liberté individuelle au nom du bien général?

- Focalisation du sujet: Pour répondre à cette question, nous allons prendre le cas particulier du tabagisme.

2. THÈSE: Le tabagisme empiète sur *(infringes upon)* la liberté collective.

- Les non-fumeurs ont «le droit à l'air pur». Si quelqu'un fume, les gens autour fument aussi. On ne devrait pas avoir à subir les incommodités causées par la fumée.

- Le tabagisme passif est dangereux pour la santé des non-fumeurs comme pour celle des fumeurs. (Mentionner quelques exemples.)
- Beaucoup de non-fumeurs se sentent exclus de certains endroits (les bars, les cafés, etc.) parce qu'ils savent qu'il est autorisé d'y fumer et qu'ils ne supportent pas la fumée: Ce n'est pas juste.

3. ANTITHÈSE: Les lois antitabac empiètent sur la liberté individuelle.

- La consommation de tabac est légale et les fumeurs devraient avoir le droit de fumer où ils veulent.
- Les fumeurs paient des impôts indirects quand ils achètent leurs cigarettes. Au lieu de dépenser cet argent dans la réglementation du tabagisme, on ferait mieux de le dépenser pour l'amélioration des infrastructures d'aération, afin de minimiser l'incommodité pour les non-fumeurs.
- Les fumeurs ont déjà été expulsés de beaucoup d'endroits publics (les bâtiments administratifs, les universités, les hôpitaux, etc.). On ne parle pas de l'incommodité pour eux de fumer à l'extérieur, dans la chaleur de l'été comme dans le froid de l'hiver... Cela est-il juste?

4. SYNTHÈSE: À vous! Pour rédiger votre synthèse, posez-vous les questions suivantes:

- «Comment est-ce que je peux résumer les arguments cités ci-dessus sans les répéter?» Pour répondre à cette question, vous devez élever le débat à un plus grand niveau d'abstraction.
- «Comment est-ce que je peux trouver un compromis entre ces deux opinions opposées?» Vous pourriez, d'une part, utiliser et développer l'idée d'une amélioration des infrastructures d'aération ou d'autre part proposer des idées similaires qui visent à *(attempt to)* réconcilier les différences.
- «Comment est-ce que je peux introduire un élément nouveau?» Vous pourriez mentionner que nous vivons dans une période historique de transition entre une société où le tabagisme était tout à fait acceptable, vers une société de moins en moins tolérante. Comment cette nouvelle idée pourrait-elle vous aider dans votre résolution du conflit?

5

La mondialisation: Est-ce une réalité inévitable ou une cause à combattre?

Objectifs communicatifs

COMMUNICATION
- **Point** La mondialisation est un facteur de progrès
- **Contre-point** La mondialisation est un facteur de dégradation

COMPARAISONS STRUCTURALES
- Le présent du subjonctif
- Le passé du subjonctif

CONTEXTE SOCIAL
- La mondialisation et les langues: L'anglicisation du français

COMMUNAUTÉS
- Signes de mondialisation: La présence de la France dans ma communauté

LIENS INTERDISCIPLINAIRES
- La mondialisation de la mode

*C*ontroverse: Au début du nouveau millénaire, le souci de ce qu'on appelle «la mondialisation» est à la une *(on the front page)* de la presse et surtout de la presse européenne. Plusieurs facteurs ont contribué à l'apparition de ce phénomène. On peut citer, par exemple, des transformations politiques comme la fin de la guerre froide, l'apparition de compagnies «multinationales», l'uniformisation du secteur économique, l'expansion des médias de communication et l'explosion de l'Internet. Le terme «mondialisation» et son synonyme «globalisation» (de l'anglais *globalization*) possèdent une forte charge émotive et engendrent un débat animé entre deux camps: D'un côté, il y a les défenseurs de la mondialisation. Pour eux, la libération et l'expansion des marchés permettent des partenariats commerciaux, des alliances politiques et d'autres collaborations globales bénéfiques. De l'autre côté du débat, il y a les «anti-mondialistes» qui éprouvent de l'angoisse devant l'homogénéisation des cultures et des valeurs. Pour eux, la mondialisation est un facteur de dégradation. Elle entraîne, disent-ils, des inégalités entre les peuples et d'autres conséquences catastrophiques pour l'humanité. Et vous? Avez-vous une opinion sur le sujet?

Premières pensées

Les mots pour le dire

noms

accroissement (m)	*increase, growth*
affaiblissement (m)	*weakening*
chômage (m)	*unemployment*
croissance (f)	*growth*
défenseur (m)	*defender*
défi (m)	*challenge*
éloignement (m)	*distancing*
entrave (f)	*hindrance*
épuisement (m)	*exhaustion, the using up of something*
goût (m)	*taste*
libre-échange (m)	*free trade*
menace (f)	*threat*
paix (f)	*peace*
primauté (f)	*primacy, preeminence*
revenu (m)	*profit; revenue*
subvention (f)	*subsidy*

verbes

abaisser	*to lower (something)*
croître	*to grow, increase*
élargir	*to widen*
engendrer	*to generate, cause*
lutter	*to fight, struggle*
préconiser	*to recommend*
traiter	*to treat*

adjectifs

efficace	*efficient*
moyen(ne)	*average*
quotidien(ne)	*daily, everyday*

Des slogans. Lisez chacun des slogans suivants et exprimez son message dans vos propres termes. Quels slogans sont anti-mondialisation et lesquels sont pro-mondialisation? Êtes-vous d'accord avec leurs messages? Pourquoi ou pourquoi pas? Écrivez votre propre slogan sur la mondialisation.

La mondialisation: L'événement du siècle

La terre n'est qu'un seul pays et tous les hommes en sont les citoyens.

Le monde n'est pas une marchandise.

L'Union européenne: Une réponse à la mondialisation

Nos vies valent plus que leurs profits.

Point

La mondialisation est un facteur de progrès

Les mots pour le dire

noms

champ (m)	*field*
décennie (f)	*decade*
différend (m)	*disagreement, dispute*
gamme (f)	*range*
sigle (m)	*set of initials, acronym*
tarif douanier (m)	*customs tariff*

verbes

accroître	*to increase*
souligner	*to underline*

adjectifs

bénéfique	*beneficial*

expressions

avoir les moyens	*to have the means*
le coût (m) de la vie	*cost of living*
davantage	*more*
être dépourvu(e) de quelque chose	*to be lacking something*
mettre à l'abri de	*to shelter from, protect from*
mettre en relief	*to highlight*
une prise de conscience (f)	*realization, awakening*

Étude de vocabulaire

Mettez le mot qui correspond à chaque mot ou expression devant la définition qui convient.

1. élargir   **3.** le sigle   **5.** les subventions   **7.** ~~lutter~~

2. une décennie   **4.** préconiser   **6.** un champ

Modèle:	lutter	a. combattre
		b. les lettres initiales de plusieurs mots
		c. l'argent versé par l'État à une entreprise pour l'aider
		d. une période de dix ans
		e. rendre plus large, étendre
		f. recommander
		g. un espace, un terrain, un domaine

De quoi parle-t-on?

TRACK 12A   **À Carrefour.** Deux amis, Éric et Maxime, se rencontrent par hasard au centre commercial. Écoutez leur conversation et répondez aux questions suivantes.

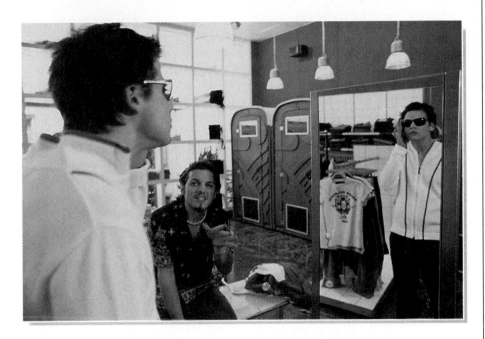

1. Quel est le nom du nouveau magasin dont on parle dans la conversation?

2. Lequel des deux amis aime ce magasin? Expliquez pourquoi.

3. Quelle raison principale l'autre ami donne-t-il de ne pas aimer ce magasin?

4. De quoi a-t-il peur?

Remue-méninges

Selon des résultats recueillis par *Yahoo actualités* (lundi 18 février 2002) auprès d'internautes *(Internet users)* venus s'exprimer volontairement, 50% des internautes trouvent que les mouvements anti-mondialisation sont irréalistes et utopiques. Qu'en pensez-vous? Comment vous seriez-vous exprimé(e) sur cette question?

Lecture

LE MONDE CHANGE, NOUS DEVONS CHANGER

L'Organisation mondiale du commerce, connue sous le sigle OMC,° est une des agences internationales qui encouragent et applaudissent la mondialisation. L'objectif principal de l'OMC est d'aider les producteurs, les exportateurs et les importateurs de marchandises et de services à élargir leur marché en éliminant toutes barrières au commerce (les quotas, les tarifs douaniers, les subventions, etc.). L'OMC veut voir le rythme de la mondialisation accélérer davantage dans les décennies à venir car «la libération et l'expansion du commerce global» offrent plus de choix aux consommateurs et ainsi élargissent la gamme des qualités disponibles°. Selon l'OMC et d'autres défenseurs de la mondialisation, la libération du commerce suscite des discussions et des négociations qui mènent à des prises de conscience° et à des accords bénéfiques° pour le bien commun de tous les peuples. Les enthousiastes mentionnent les avantages suivants de la mondialisation du commerce.

- La mondialisation du commerce ouvre de nouveaux horizons en mettant en relief les avantages des coopérations globales.
- La mondialisation du commerce stimule la croissance économique, accroît les revenus et abaisse le coût de la vie.
- La mondialisation facilite la coopération multilatérale pour lutter contre le terrorisme et contre la drogue.
- La mondialisation contribue à maintenir la paix.

Un autre organisme international, le Fonds monétaire international, ou FMI,° affirme qu'il faut encourager et non ralentir la mondialisation des marchés car c'est le meilleur moyen de stimuler la croissance, le développement et la lutte contre la pauvreté. Pour le FMI, cela est possible parce que l'ouverture et la libération du commerce favorisent l'efficacité grâce à° la concurrence° et à la division du travail: Chaque pays peut se spécialiser et se consacrer aux travaux et aux tâches qu'il fait le mieux.

Pour les défenseurs de la mondialisation, ouvrir les économies nationales au jeu de la concurrence et de la compétition ne peut que stimuler l'économie mondiale, assurer l'égalité des chances de chaque pays de développer ses propres marchés à l'échelle planétaire° et offrir les meilleurs produits aux prix les plus concurrentiels aux consommateurs. Ils nous demandent: Qu'avons-nous à perdre? ■

Marges:

World Trade Organization (WTO)

available

lead to an awareness / profitable, beneficial

International Monetary Fund (IMF)

because of, thanks to / competition

on a planetary level, worldwide scale

Avez-vous compris?

1. Qu'est-ce que c'est que l'OMC? Quel est son but principal?

2. Vrai ou faux? Selon les défenseurs de la mondialisation, la libération du commerce global contribue à la croissance économique et donc au bien-être des pays qui y participent.

3. Vrai ou faux? Le Fonds monétaire international (FMI) veut inverser la mondialisation.

Qu'en pensez-vous?

1. Quels sont, selon vous, les avantages de la mondialisation?

2. Qui bénéficie le plus de la mondialisation, à votre avis? Les institutions financières? les entreprises transnationales? les salariés *(workers)*? les gouvernements? les pays puissants? les petits pays? Expliquez votre réponse.

3. Est-ce que le système du libre-échange que l'OMC favorise bénéficie au consommateur? En quoi? Pouvez-vous penser à des inconvénients ou à des problèmes qui ne sont pas mentionnés dans l'article?

4. Certains disent que la mondialisation du commerce s'accompagne d'une consommation de ressources plus forte et donc d'un bouleversement écologique plus rapide. Citez des exemples qui soutiennent ce point de vue.

CONTEXTE SOCIAL

LA MONDIALISATION ET LES LANGUES: L'ANGLICISATION DU FRANÇAIS

L'Académie française

Au dix-septième siècle le Cardinal de Richelieu, célèbre ministre de Louis XIII, était soucieux de l'effet négatif du multilinguisme et des variations dialectales qui existaient au sein du royaume de France. Il s'était déjà rendu compte que le pays serait bien plus unifié si tous ses habitants parlaient la même langue. En 1635, il a créé l'Académie française, une institution qui se composait de 40 membres élus par leurs pairs *(peers)*. Parmi ces «immortels», on trouvait des poètes, des romanciers, des philosophes, des médecins, des critiques d'art, des militaires, des hommes de théâtre, des hommes de science, des hommes politiques et des hommes d'Église.

Au dix-septième siècle, la mission principale de l'Académie était de répandre *(to spread)* l'usage de la langue française à travers l'Hexagone, de composer des dictionnaires normatifs et de standardiser la grammaire de la langue. Les travaux de l'Académie ont contribué en grande partie à l'homogénéité de la langue française et dans une certaine mesure, à son image «raffinée». Avec l'essor *(growth)* de la France sous le règne de Louis XIV et plus tard sous le régime de Napoléon, la langue française est devenue, selon Voltaire, la langue «qui exprime avec le plus de facilité, de netteté, de délicatesse, tous les objets de la conversation des honnêtes gens».

Cette vénérable institution — qui existe toujours, mais qui comprend maintenant des membres femmes — est le résultat d'un des premiers efforts d'établir et de préserver la pureté de la langue française. Aujourd'hui, elle continue de maintenir les qualités de la langue française en définissant «le bon usage» et en défendant ce patrimoine contre les assauts *(assaults)* d'autres langues, en particulier de l'anglais.

De l'anglais à gogo!°

galore

De nous jours, les Français utilisent un nombre considérable de mots d'origine anglo-américaine. En voici quelques exemples. Avez-vous rencontré d'autres exemples d'anglicismes dans la langue française? Lesquels?

le parking	le jogging	le fun	la star
le software	le fast food	le zipper	le look
le chewing-gum	le cash	le jean	le tee-shirt

La loi Toubon

En 1993, Jacques Toubon, à l'époque ministre de la Culture et de la Francophonie, a annoncé un nouveau projet de loi pour réglementer l'utilisation du français dans les commerces, le travail, l'enseignement, les médias, les lieux publics, etc. Selon cette loi, votée le 4 août 1994 et appelée loi Toubon, la valeur et le prestige de la langue française, «un élément fondamental de la personnalité et du patrimoine *(heritage)* de la France, sont menacés aujourd'hui par la domination et la globalisation de l'anglais et par ce que l'écrivain et journaliste René Étiemble a baptisé le ‹franglais›. Les défenseurs de la loi Toubon insistent qu'il faut défendre le français contre les assauts de l'anglo-américain. Il faut, disent-ils, préserver la pureté du français en faisant la chasse aux mots étrangers°. Les détracteurs de la loi Toubon soulignent que l'emprunt *(borrowing)* et l'usage d'un mot ou structure d'origine anglaise sont des choses normales. Ils précisent qu'il y a toujours eu de nombreux termes étrangers dans la langue française et qu'en grande partie, la majorité de ces termes a été assimilée sans menacer en rien l'intégrité de la langue française.

by hunting down words of foreign origin

Classement des langues les plus parlées dans le monde (en millions)

1. chinois 1.000
2. anglais 350
3. espagnol 250
4. hindi 200
5. arabe 150
6. bengali 150
7. russe 150
8. portugais 135
9. japonais 120
10. allemand 100
11. français 70
12. panjabi 70

Source: David Crystal, *The Cambridge Encyclopedia of Language,* Second Edition, Cambridge University Press, 1997, page 289.

Le français: plus important qu'on ne pense

Comme l'indique le classement des langues maternelles ci-dessous, le chinois est la langue la plus parlée dans le monde; l'anglais occupe la deuxième place et le français n'arrive qu'à la onzième position. Mais si on considère d'autres critères, tels que l'usage de la langue dans les domaines scientifiques et diplomatiques, le pouvoir économique des nations où l'on parle la langue et le prestige socio-littéraire de la langue, l'ordre des langues les plus répandues du monde change. Le français se classe second après l'anglais. Il est parlé sur les cinq continents et il est très souvent choisi comme langue véhiculaire dans les organismes internationaux et dans les relations commerciales, diplomatiques et médiatiques.

DISCUSSION

1. Faut-il contester l'anglicisation du français ou faut-il l'accepter comme une conséquence inévitable de la mondialisation? Est-ce que vous êtes de l'avis des Français qui veulent protéger la langue française? Pensez-vous que l'emprunt des mots est une chose normale dans l'évolution d'une langue? Connaissez-vous des mots étrangers qui sont utilisés couramment dans l'anglais américain? Lesquels?

2. Pensez à la loi Toubon dont vous venez de lire une petite description. Accepteriez-vous des lois de ce genre? À votre avis, sont-elles efficaces? Est-ce que les États-Unis font un effort pour protéger la langue anglaise contre l'assaut de l'espagnol, surtout en Floride et en Californie? Si oui, que font-ils?

3. Est-ce que, selon vous, il est souhaitable d'avoir aux États-Unis une organisation comme l'Académie française? Pourquoi ou pourquoi pas? Selon vous, quel rôle le gouvernement devrait-il tenir dans la «promotion» de la langue?

4. Quelles sont vos réactions au classement des langues? Vous attendiez-vous à cet ordre? Quelles langues auriez-vous placées comme plus importantes? Justifiez votre classement.

5. Expliquez les sentiments évoqués dans ces déclarations:
   a. «La lutte contre ce qu'Étiemble a appelé ‹franglais› ne doit pas devenir une forme de xénophobie.» Picoche et Marchello-Nizia, *Histoire de la langue française.*
   b. «Oui, j'ai une patrie: la langue française.» Albert Camus, *Carnets.*

Communautés

SIGNES DE MONDIALISATION: LA PRÉSENCE DE LA FRANCE DANS MA COMMUNAUTÉ

Dans cette activité, vous allez travailler en dehors *(outside)* de la classe et vous allez préparer un rapport *(report)* sur la présence de la France dans votre communauté. Déterminez si, d'après vos recherches, la France contribue à la mondialisation. Voilà quelques questions pour vous guider dans la préparation de votre rapport.

1. Y a-t-il des entreprises françaises dans votre communauté? Est-ce qu'elles fournissent des produits ou des services?

2. Quels sont les «produits de France» que vous achetez parfois au supermarché?

3. Où est-ce que vous pouvez voir ou obtenir des films français, écouter de la musique française, voir une pièce de théâtre française, ... dans votre communauté?

4. Dans quels domaines l'influence de la France se fait-elle le plus sentir *(is felt the most)* aux États-Unis? ■

Contre-point

La mondialisation est un facteur de dégradation

Les mots pour le dire

noms

déracinement (m)	*uprooting*
écart (m)	*gap*
milliard (m)	*billion*
syndicat (m)	*(labor) union*

verbes

affaiblir	*to weaken*
découler	*to ensue, follow*
entraîner	*to lead, bring about*
répertorier	*to list*

adjectif

solvable	*solvent*

expressions

en voie de	*in the process of*
savoir-faire (m)	*know-how*

Étude de vocabulaire

Choisissez le mot ou l'expression de la colonne B qui correspond à celui/celle de la colonne A.

A	**B**
1. quotidien	a. le déplacement de l'endroit d'origine
2. affaiblir	b. l'habilité acquise par l'expérience
3. répertorier	c. rendre faible
4. l'accroissement	d. faire une liste
5. entraîner	e. quand on n'a pas de travail
6. le déracinement	f. engendrer
7. le savoir-faire	g. journalier; qui se fait tous les jours
8. le chômage	h. l'augmentation, l'élévation

TRACK 12B

De quoi parle-t-on?

Dans un tramway. Monsieur et Madame Garnier prennent le tram pour se rendre au centre-ville. Écoutez leur conversation et répondez aux questions suivantes.

1. Pourquoi les Garnier prennent-ils le tramway?

2. Pourquoi les agriculteurs manifestent-ils?

3. Quelle est l'attitude de Monsieur Garnier vis-à-vis de la mondialisation?

4. Qu'est-ce que Madame Garnier pense de la position de son mari?

Remue-méninges

La mondialisation se manifeste aussi sur le plan culturel. Aujourd'hui, partout dans le monde, les gens regardent les mêmes films, (en particulier les films d'Hollywood), écoutent les mêmes chansons, dansent sur les mêmes rythmes et portent les mêmes styles de vêtements et les mêmes marques de chaussures. Cette homogénéisation, ce qu'on appelle parfois la «macdonalisation» des modes de vie, est un souci majeur chez les anti-mondialistes. Est-ce un souci pour vous aussi? Donnez des arguments pour ou contre cette tendance.

Lecture

LA MONDIALISATION: UNE TENDANCE À INVERSER

La mondialisation est l'objet de critiques très diverses: Les syndicats, les écologistes, quelques partis politiques et d'autres entités voient dans l'influence mondialiste une menace à l'équilibre de la planète. Le danger de la mondialisation, disent-ils, est très concret, très quotidien, que ce soit la pollution de l'air par les transports, la destruction de la nature par les grandes concentrations commerciales, le passage de la pauvreté à la misère pour certains peuples et certaines nations, ou d'autres conséquences désastreuses. Voici une liste des effets négatifs de la mondialisation, d'après ceux qui s'y opposent.

predominance

1. La primauté° absolue de l'économie affaiblit la démocratie.

2. L'éloignement entre lieu de production et lieu de consommation accroît les transports, la consommation d'énergie et la pollution.

3. La mondialisation profite surtout aux nations riches et par cela, elle contribue au développement de l'écart entre les pays industrialisés et les pays en voie de développement.

4. L'accélération des concentrations démographiques entraîne une grande mobilité et par conséquent le déracinement et la perte des identités régionales et ethniques.

tastes
ways, manners

5. La mondialisation des marchés impose aux pays du Sud de produire selon les goûts° et les habitudes des consommateurs du Nord. Cela élimine des milliers de façons° de produire des produits qui utilisent les ressources et les savoir-faire locaux.

6. Par l'uniformisation, la mondialisation menace la diversité des cultures.

to apply, implement

7. À cause du privilège accordé à la lutte contre l'inflation au détriment de la lutte anti-chômage, les mécanismes et les politiques anti-chômage sont devenus quasi impossibles à mettre en vigueur°. Depuis 25 ans, le chômage n'a cessé de croître vers des niveaux de plus en plus intolérables.

Down with

get something out of it

Le message des anti-mondialistes est clair: À bas° la mondialisation! Car sous couvert d'améliorer la situation du consommateur, les organismes en faveur de la mondialisation ne font que détruire l'environnement à un rythme supérieur à celui de l'accroissement auquel on pourrait s'attendre, appauvrir les pays en voie de développement et provoquer des crises d'identité culturelle sans précédent. Seules les compagnies multinationales y trouvent leur compte°. ∎

Source: Extrait tiré de l'article «Desserrer l'étau de la mondialisation économique» de la Confédération des écologistes indépendants.

Avez-vous compris?

1. Selon l'article, en quoi est-ce que la mondialisation contribue à la perte des identités culturelles?

2. Expliquez en quoi la mondialisation peut contribuer au chômage et à la pollution.

3. Pourquoi est-ce que le fait de privilégier l'économie affaiblirait la démocratie?

4. Donnez des exemples de produits qui se fabriquaient autrefois aux États-Unis mais qui se fabriquent aujourd'hui à l'étranger.

5. Est-ce que la mondialisation est uniquement d'ordre économique ou est-elle également d'ordre politique, idéologique et culturel?

Qu'en pensez-vous?

1. Que veut dire le mot «mondialisation» pour vous? Qu'est-ce qu'on mondialise? Pour qui mondialise-t-on?

2. L'article parle «des consommateurs du Nord» et «des pays du Sud». Nommez quelques consommateurs (pays) du Nord et quelques pays du Sud. Autrefois, on parlait de la distinction Est/Ouest. Pourquoi parle-t-on aujourd'hui de la distinction Nord/Sud?

3. Des conséquences négatives de la mondialisation mentionnées dans le texte précédent, quelle est la plus dangereuse à votre avis? Expliquez votre choix.

4. Faut-il contrôler ou inverser la mondialisation? Comment? Par quels moyens?

5. Y a-t-il des discussions anti-mondialistes sur votre campus? Lesquelles?

6. Pourrait-on attribuer l'écart entre les riches et les pauvres aux États-Unis à la mondialisation du commerce?

LIENS INTERDISCIPLINAIRES

LA MONDIALISATION DE LA MODE

Déjà en 1999, le magazine *In style* parlait de la mondialisation des styles de vie et sélectionnait dix articles vestimentaires qui étaient «mondialisés». En voici quatre.

le jean

- né dans les années 1870
- a connu ses premières applications en tant que vêtement de travail
- indispensable aujourd'hui

le tee-shirt

- adopté par la marine américaine dans les années 30
- est devenu populaire chez les femmes dans les années 60
- peut être porté un peu partout

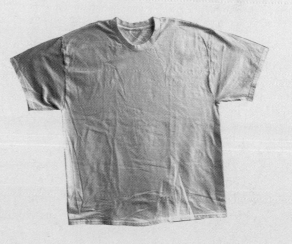

LIENS INTERDISCIPLINAIRES (Suite)

les baskets

- ont pour qualités le confort et la facilité de mouvement
- leur usage dépasse la pratique du sport au cours des années 50 et 60
- sont aujourd'hui les chaussures préférées des étudiants partout dans le monde

la montre-bracelet

- a été créée durant la Première Guerre mondiale afin de permettre aux soldats de consulter l'heure d'un coup d'œil
- est l'accessoire le plus porté au monde
- est devenue un instrument populaire dans les années 50

Source: In Style magazine (octobre 1999).

DISCUSSION

1. Des quatre articles mentionnés ci-dessus, lequel est le plus important pour vous? Pourquoi?

2. Ajoutez d'autres articles vestimentaires à la liste ci-dessus et expliquez pourquoi vous les avez ajoutés.

3. Quels sont les facteurs qui contribuent à l'universalité des quatre articles mentionnés ci-dessus?

Réplique et synthèse

A **Si le monde est représenté par un village de cent habitants...**

Le professeur Donella Meadows a eu l'idée de représenter la population du monde comme un village de cent personnes. Cela rend les statistiques démographiques plus faciles à comprendre. Pour mieux apprécier les tendances d'ordre global, nous allons regarder notre planète de 6 200 000 000 habitants comme si elle était un petit village de cent personnes. Dans un premier groupe d'exercices (***Testez-vous***), vous allez deviner (*to guess*) quelques chiffres et quelques dates; et dans un deuxième groupe d'exercices (***Discussion***), vous comparerez vos réponses aux réponses correctes que vous donnera votre professeur.

TESTEZ-VOUS

1. **Population**

   Modèle:

   a. **La répartition de la population du village.** Quel serait le nombre d'habitants provenant des régions suivantes? Distribuez les chiffres suivants selon le cas: 1, 5, 8, 12, 13, 61.

      <u>13</u> d'Afrique
      <u>61</u> d'Asie
      <u>8</u> d'Amérique du Sud, d'Amérique centrale et des Caraïbes
      <u>5</u> des États-Unis et du Canada
      <u>12</u> d' Europe
      <u>1</u> d'Océanie

   b. **La croissance de la population.** Si aujourd'hui notre «village global» a une population de 100 personnes, quelle était la population... ?

      ____ en l'an 1000 avant J.C.
      ____ en l'an 1 après J.C.
      ____ en l'an 1000 après J.C.
      ____ en l'an 2000 après J.C.

   c. **La population maximale du village.** Certains scientifiques estiment que le nombre maximal d'êtres humains qui peuvent cohabiter dans notre «village global» est de 250. En quelle année atteindrons-nous ce chiffre, à votre avis?

2. **Niveau de vie** (Rappelez-vous que vous imaginez un village de 100 habitants.)

   a. Dans notre monde, _____ personnes doivent passer la plus grande partie de chaque journée à aller chercher de l'eau potable pour leur famille. _____ n'ont pas de système sanitaire suffisant et _____ doivent respirer de l'air qui est très pollué.

b. Actuellement, chaque personne dans le village a besoin de \$4.000–\$5.000 par an pour mener une vie correcte (pour avoir les nécessités de base). Si tout l'argent du monde était réparti *(shared)* également, chaque personne aurait \$6.200, mais ce n'est pas le cas. Actuellement, les _____ personnes les plus riches ont \$9.000 par an et les _____ personnes les plus pauvres ont moins de \$1 par jour (soit moins de \$365 par an).

c. Si toute la nourriture de la planète était partagée également, tout le monde aurait assez à manger. Mais aujourd'hui, seulement _____ personnes ont toujours assez à manger. _____ ont faim de temps en temps ou tout le temps et _____ souffrent de malnutrition grave.

3. Alphabétisation

a. Le taux d'alphabétisation *(literacy rate)* de notre «village global» est en train de monter. Des 38 habitants du village âgés entre 5 et 24 ans, _____ vont à l'école et il y a _____ enseignant(e)(s) *(teacher[s])* pour ce nombre d'élèves.

b. Des 88 adultes qui sont assez âgés pour savoir lire, _____ ne savent pas du tout lire. Il y a plus de femmes et de filles qui ne savent pas lire que d'hommes et de garçons.

Exercice inspiré de: *If the World Were a Village: A Book about the World's People,* 2002.

DISCUSSION

1. Quelles réponses avez-vous devinées correctement? Qu'est-ce qui vous a permis de deviner les bonnes réponses?

2. Quelles réponses est-ce que vous n'avez pas correctement devinées? Est-ce que vos réponses étaient trop optimistes ou trop pessimistes?

3. Quelles réponses sont pour vous les plus surprenantes ou choquantes?

4. Selon vous, quel est le problème global le plus grave qui mérite une intervention immédiate? La surpopulation? la pollution? la destruction de l'environnement? l'analphabétisation? la redistribution des richesses?

5. Quelles sont les causes et les conséquences du problème que vous avez identifié?

6. À votre avis, quel organisme mondial (l'Unesco, le Corps de la paix, etc.) peut le mieux améliorer le problème que vous avez mentionné? Que peuvent faire les individus pour améliorer la situation?

Si cela vous intéresse de découvrir votre propre empreinte écologique, vous pouvez visiter le site Web, http://www. myfootprint.org. Cliquez sur la langue française et répondez à leur questionnaire. Vous y trouverez aussi d'autres idées pour réduire votre empreinte écologique.

B **Notre empreinte écologique.** *(Our ecological footprint.)* Beaucoup d'écologistes s'inquiètent au sujet de l'avenir de notre planète. Ils disent que certains d'entre nous consomment trop — et trop vite — les ressources de la Terre. Ils ont créé des questionnaires pour mesurer «la quantité de terre et d'eau qui vous sont nécessaires pour produire ce que vous consommez et pour absorber ce que vous jetez».

1. Si vous mangez des produits d'origine animale (de la viande, du poisson, des œufs, des produits laitiers), vous consommez plus de ressources que si vous étiez végétarien(ne). Pourquoi est-ce que c'est le cas, d'après vous ?

2. Quel pourcentage de la nourriture que vous mangez a été traité *(processed)*, emballé *(packaged)* ou importé *(not locally produced)*? Quelle différence est-ce que cela fait pour la survie de la planète ?

3. Bien sûr, plus vous jetez, plus vous polluez la Terre. Par rapport à vos voisins, combien de déchets générez-vous, vous et votre famille? (Plus? la même quantité? moins?) Que pourriez-vous faire pour réduire cette quantité? (Y a-t-il des objets «jetables» dont vous pourriez vous passer? des objets qui ont trop d'emballages et que vous pourriez refuser d'acheter? Lesquels?) Y a-t-il des objets que vous n'avez pas vraiment besoin d'acheter ou d'utiliser? Qu'est-ce que vous pourriez réutiliser ou recycler? Qu'est-ce que vous pourriez emprunter ou louer? Qu'est-ce que vous pourriez prêter à d'autres personnes?

4. Si on vit à plusieurs dans une petite maison sans électricité et sans eau courante, on a une assez petite empreinte écologique. La majorité d'entre nous n'accepterait pas de vivre dans ces conditions-là, mais comment pourrions-nous vivre pour être moins «gaspilleurs» en ce qui concerne le logement? Qu'est-ce que nous pourrions faire pour économiser l'eau et l'électricité, par exemple? Quelles autres suggestions pourriez-vous donner pour réduire le gaspillage?

5. Mettez les moyens de transport ci-dessous dans les différentes catégories, pré-établies selon la consommation de pétrole par personne par kilomètre qu'ils exigent. Notez qu'une partie du pétrole est utilisée dans la fabrication de produits finis.
   a = aucun pétrole ou très peu de pétrole par personne (il y en a 4 dans cette catégorie)
   b = relativement peu de pétrole par personne (il y en a 2 dans cette catégorie)
   c = un peu plus de pétrole par personne (il y en a 1 dans cette catégorie)
   d = plus de pétrole par personne (il y en a 1 dans cette catégorie)
   e = le plus de pétrole par personne (il y en a 1 dans cette catégorie)

   Si on vit à New York, par exemple, et si on se déplace...

   en voiture _____   à vélo _____

   à pied _____   en métro _____

   en bus _____   en roller° _____

   en trotinette *(scooter)* _____   en train _____

   en avion _____

on rollerskates

Qu'est-ce qu'on peut faire pour réduire les dépenses consacrées au transport des êtres humains? Y a-t-il des moyens de transport que vous devriez utiliser plus souvent? Pourquoi ne le faites-vous pas?

Exercice inspiré de: *Ecological Footprint Quiz*, 2004 (http://www.myfootprint.org).

C Sujets de discussion

1. **Le changement des habitudes alimentaires.** La nourriture est un phénomène que la mondialisation a beaucoup influencé: La prolifération des chaînes de restaurants (Macdo, Starbucks, KFC, Hippopotamus [chaîne française], etc.), la possibilité d'obtenir certains légumes et fruits «hors saison», l'arrivée sur le marché de produits génétiquement modifiés et la disparition des plats traditionnels nationaux et régionaux sont quelques exemples. À votre avis, est-ce que ces conséquences de la mondialisation sont positives ou négatives? Pourquoi? Sont-elles inévitables?

2. **La collaboration entre pays.** Les pays du monde ont maintenant la capacité de partager des informations sur les progrès technologiques et scientifiques, sur la progression des maladies transmissibles, sur les activités financières des individus et des compagnies et sur les poursuites des criminels et des terroristes. Quels sont les avantages et les aspects négatifs de ces échanges?

3. **Les médias.** Les médias et surtout la télévision et l'Internet exercent aujourd'hui beaucoup d'influence sur nos pensées, nos habitudes et nos comportements. Entre autres, nous avons maintenant la possibilité de voir comment vivent les gens dans d'autres pays. En quoi est-ce une bonne chose? En quoi est-ce que cela pourrait avoir des effets négatifs? Quel est le rôle de la publicité dans le monde moderne? À votre avis, quelle devrait être la responsabilité morale des médias?

4. **Une langue internationale?** L'espéranto, du verbe «espérer» est une langue universelle artificielle qui a été créée en 1887 par le Polonais Ludwik Zamenhof pour promouvoir la paix par la compréhension mutuelle. Malgré sa simplicité, l'espéranto n'a jamais atteint un statut universel et très peu de gens l'utilisent aujourd'hui. Pourquoi, à votre avis, la mondialisation de l'espéranto n'a-t-elle pas réussi? À votre avis, est-ce que la domination mondiale de l'anglais est inévitable? Est-ce que nous allons voir diminuer le statut et le prestige des langues nationales en général et du français en particulier?

D Influences globales

Apportez en classe un exemple d'une œuvre d'art d'un certain pays du monde (une photo d'un tableau français, le CD d'une chanson rap ou hip-hop américaine, une vidéo d'une danse irlandaise, un film japonais, etc.). Montrez en quoi votre exemple reflète la culture qui l'a produite et en quoi elle montre l'influence d'une ou de plusieurs autre(s) culture(s). Par exemple, vous pourriez apporter une reproduction d'un tableau de Claude Monet et montrer que c'est un bon exemple du mouvement impressionniste qui est né en France, mais que cela montre aussi l'influence de l'art japonais. Ou vous pourriez montrer en quoi le film *Roxanne* (avec Steve Martin) est une version américaine de la pièce de théâtre français, *Cyrano de Bergerac*, ...). Quelles conclusions vos exemples vous font-ils tirer sur la nature de l'art et de la culture?

Ouvertures créatives

Les effets du tourisme sur la culture et l'environnement (jeu de rôles)

L'action se passe sur une île tropicale d'une beauté sans pareille. Un vrai paradis, elle a beaucoup d'animaux, d'oiseaux et de plantes exotiques, des plages magnifiques, des fruits, des légumes et des poissons délicieux. Colonisée il y a longtemps par les Français, cette île a été très peu visitée par les étrangers depuis le départ des colons, mais ses habitants parlent français.

Les ressources de l'île sont très limitées et ses habitants sont très pauvres. Une agence de voyage française veut amener de grands groupes de touristes sur l'île. Elle est sûre que ces touristes vont dépenser beaucoup d'argent pendant leur visite. Malgré cela, il y a des gens qui s'opposent à cette proposition.

LES ACTEURS: (Il faut avoir le même nombre de personnes dans le groupe «pour» et le groupe «contre».)
Ceux qui sont POUR le tourisme:

- des représentants de l'agence de tourisme
- le Ministre des Finances de l'île
- quelques-uns des professeurs et des étudiants de l'île
- certains habitants de l'île
- la Chambre de Commerce de l'île

Ceux qui sont CONTRE le tourisme:

- des organisations environnementales internationales et locales
- quelques-uns des professeurs et des étudiants de l'île
- les citoyens les plus âgés de l'île
- les personnalités religieuses de la communauté
- les artistes expatriés qui se sont installés sur l'île

N.B.: Le gouverneur de l'île n'a pas encore pris de décision. Au début du débat, il est plutôt neutre.

Votre professeur va distribuer des rôles à tous les membres de la classe. Ensuite, vous allez préparer votre rôle en faisant quelques recherches sur l'Internet à propos de l'impact du tourisme sur la culture et l'environnement en pensant à ce que votre personnage dirait probablement pour justifier sa position. Un jour, tous les acteurs vont se réunir (en classe) pour discuter de ce sujet. Chaque personne doit expliquer ou défendre son point de vue et le groupe doit ensuite discuter afin de trouver une solution qui soit acceptable à tous. Si vous n'en trouvez pas, il faut voter — quel point de vue gagnera? Le gouverneur décidera en cas d'un vote *ex æquo(tie)*.

Utilisez le subjonctif pendant votre débat dans le cas:

- des expressions impersonnelles comme: **Il est essentiel que, Il est dommage que, Il est inadmissible que...**

- des expressions d'émotion comme: **Je suis choqué(e) que, Je regrette que, J'ai peur que...**

- des expressions de volonté et de préférence comme: **J'exige que, Je ne veux pas que, Je préférerais que...**

- des expressions de doute comme: **Je doute que, Je ne crois pas que, Il n'est pas du tout sûr que...**

- des phrases contenant des conjonctions comme: **Il faut [+ infinitif] afin que, Je m'oppose à cette idée bien que..., Il faut protéger notre île avant que...**

- des phrases contenant des propositions relatives comme: **C'est la pire décision que..., Il faut absolument développer des structures qui...**

Rédaction guidée

Conclure une composition hégélienne

A **Sujet.** La mondialisation: Pour ou contre?

B **Orientation.** Cette fois-ci, c'est à la rédaction de la conclusion que nous allons nous intéresser. Encore une fois, imaginez que le plan qui suit est celui que vous avez établi pour votre rédaction sur les bienfaits et les méfaits de la mondialisation. En quoi va consister votre conclusion?

C **Avant d'écrire.** La difficulté de conclure…

Ce qui rend la conclusion difficile à écrire est le fait qu'elle doit constituer un des sommets de la rédaction. Il est d'autant plus important que le lecteur ou la lectrice de cette rédaction finit par la conclusion qui mérite donc d'être particulièrement soignée. De plus, une autre difficulté de la conclusion tient au fait que l'étudiant(e) est tenté(e) de reproduire la synthèse dans la conclusion ou de faire de la synthèse la conclusion du devoir. Pour éviter ce problème, il faut s'assurer que le contenu de la conclusion ne répète pas celui de la synthèse.

La conclusion contient les éléments suivants:

- un résumé du contenu de la rédaction, **si la synthèse ne propose pas de résumé;** si votre synthèse en contient un, il est alors impératif de ne pas le répéter. Vous pouvez soit résumer votre devoir très brièvement (en ajoutant, par exemple, l'acquis de la synthèse), soit transposer le résumé de la synthèse à la conclusion.

- au moins un élément de réponse à la question qui dirige votre rédaction, qu'elle soit explicite ou non

- votre opinion personnelle sur le sujet (opinion que vous avez jusqu'à présent évité de mentionner, à cause de votre souci d'objectivité)

- Il est aussi possible d'ajouter une autre question, qui pointe dans la direction de nouvelles recherches qui restent à faire. Cet élément de la conclusion est efficace et esthétique, mais il n'est pas obligatoire.

D Plan du devoir (introduction, thèse, antithèse, synthèse)

Introduction

- Définition du sujet. La maison d'édition Grasset a publié un livre intitulé *Pour ou contre la mondialisation libérale* dans lequel les auteurs, Susan George et Martin Wolf, débattent des bienfaits de la mondialisation. Pour Susan George, «la mondialisation est une machine à concentrer la richesse et le pouvoir en haut de l'échelle sociale», alors que pour Martin Wolf, c'est «un processus d'intégration des marchés pour les biens, les services, les capitaux et peut-être même la main d'œuvre».

- Focalisation du sujet: La question essentielle à se poser est la suivante: «Qui bénéficie de la mondialisation?»

THÈSE: Les sociétés capitalistes et hautement industrialisées bénéficient le plus de la mondialisation. (Pouvez-vous trouver, dans ce chapitre et sur le Net, trois arguments en faveur de la thèse?) Résumez-les ci-dessous:

_____

_____

_____

ANTITHÈSE: La mondialisation bénéficie aussi aux pays en voie de développement. Résumez vos trois arguments ci-dessous:

_____

_____

_____

SYNTHÈSE: En quoi la mondialisation est-elle inéluctable *(unavoidable)*? Est-il possible de retourner à un monde pré-mondialiste, compte-tenu de l'explosion des technologies de communication, par exemple?

CONCLUSION: À vous! Pour rédiger votre conclusion, vous devez vous poser les questions suivantes:

- Avez-vous choisi de résumer l'opposition «pour» et «contre» dans votre synthèse? Si oui, ne la résumez pas dans la conclusion. Si non, résumez les deux positions ici, ainsi que la synthèse (le dépassement des deux positions: A-t-on le choix?).

- Pouvez-vous répondre à la question posée dans l'introduction: «Qui bénéficie de la mondialisation libérale?» À votre avis, cette réponse est-elle claire et nette? (Ajoutez votre point de vue personnel dans la discussion.)

- Maintenant que vous êtes arrivé(e) à une conclusion (peut-être provisoire) sur le sujet, pouvez-vous ouvrir le débat sur une question différente (plus abstraite que celle du point de départ et à laquelle vous n'allez pas essayer de répondre)?

Au travail! Vous êtes maintenant prêt(e) à vous attaquer à la dernière partie d'une rédaction hégélienne.

6 L'immigration: enrichissement ou perte d'identité culturelle?

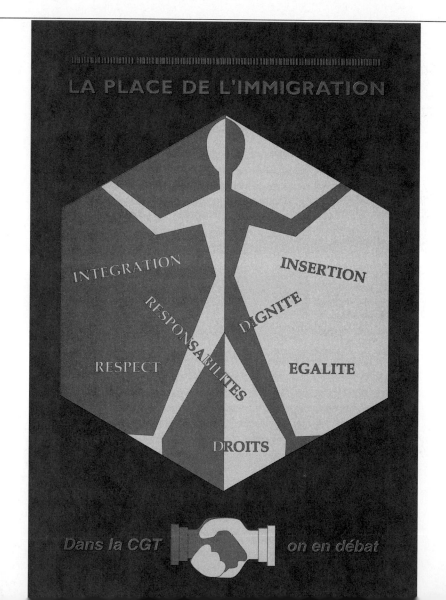

LA PLACE DE L'IMMIGRATION

INTEGRATION
INSERTION
RESPONSABILITES
DIGNITE
RESPECT
EGALITE
DROITS

Dans la CGT *on en débat*

Objectifs communicatifs

COMMUNICATION

- **Point** L'immigration met en péril l'identité nationale
- **Contre-point** L'immigration joue un rôle important dans la richesse économique et culturelle du pays

COMPARAISONS STRUCTURALES

- Les déterminants; les pronoms démonstratifs et possessifs

CONTEXTE SOCIAL

- Soixante ans de dispositifs législatifs sur l'immigration
- Les Maghrébins

COMMUNAUTÉS

- La vie, le défi et les sentiments d'un immigré de ma communauté

LIENS INTERDISCIPLINAIRES

- Didier Van Cauwelaert: *Un aller simple* (extrait)

*C*ontroverse: À l'aube du nouveau millénaire, les problèmes liés à l'immigration préoccupent le monde. Environ 150 millions de personnes vivent dans un pays autre que leur pays d'origine, et leurs origines géographiques sont de plus en plus lointaines. En France, la question de l'immigration a déclenché un débat idéologique qui se poursuit entre deux camps: ceux qui disent que la présence sur le territoire national de nombreuses communautés étrangères, notamment d'une origine culturelle et religieuse différente, met en péril l'identité française; et ceux qui estiment que l'immigration et la diversité jouent un rôle important dans la création de la richesse économique et culturelle du pays. Ces derniers ajoutent souvent que sous la prétention de protéger l'identité de la France se cachent le racisme, la xénophobie et la discrimination.

Premières pensées

Les mots pour le dire

noms

carte (f) de résident	resident (identification) card
citoyen(ne)	citizen
clandestin(e)	illegal immigrant
défi (m)	challenge
étranger(-ère)	foreigner, stranger
immigré(e)	immigrant
irrégulier(-ière)	irregular (here: person whose immigration status is irregular)
Maghrébin(e)	resident of either Morocco, Algeria, or Tunisia
menace (f)	threat
parti politique (m)	political party
péril (m)	danger
prestation sociale (f)	social welfare (aid)
racisme (m)	racism
ressortissant(e)	national, citizen of a country
séjour (m)	stay

verbes

accueillir	to welcome; to receive
expulser	to expel
héberger	to host, house
intégrer	to integrate
rapatrier	to repatriate (to send back to country of origin)
résoudre	to solve

A **Des sentiments.** Lisez les citations suivantes et remplissez le tableau. Attention! Certaines catégories peuvent s'appliquer deux fois…

1. Selon le *Dictionnaire des Symboles*, «Le terme *étranger* symbolise la situation de l'Homme. Adam et Ève, chassés du Paradis, quittent leur patrie et possèdent dès lors *(since then)* un statut d'étranger, d'émigré.»

2. «La France, terre d'accueil? Ce qui fut vrai pendant des siècles ne l'est plus aujourd'hui.» *L'Humanité*, le 20 février 1997

3. «Attention à l'abandon de la tolérance, du respect de l'étranger, de l'élémentaire fraternité.» Isabelle Adjani (actrice française)

4. «La France doit aimer toutes les couleurs qui la composent.» Gaspart-Hubert Lonsi-Koko, président de *Club Afrique*, une association franco-africaine de coopération

5. «Une société peut vivre sans difficulté avec 10% d'étrangers. Au-delà, on entre dans une zone dangereuse.» Pierre Chaunu, historien

Dans cette citation, il est question de…	1	2	3	4	5
…valoriser la diversité culturelle.					
…reconnaître un statut d'étranger à tout le monde *(acknowledge that everyone is in some sense a foreigner)*…					
…rectifier un stéréotype.					
…mettre en garde contre une menace.					
…se montrer ouvert(e) à la diversité culturelle de la France.					

B **Deux perspectives sur l'immigration en France.** Depuis toujours, la France attire des citoyens de divers pays qui, pour une raison ou pour une autre, ont choisi d'y vivre. Après la Deuxième Guerre mondiale, l'essor économique a incité le gouvernement français à créer l'Office national de l'immigration pour recruter de la main-d'œuvre dans les colonies françaises en Afrique noire, en Asie, et surtout au Maghreb. L'immigration constante se fait maintenant l'objet de tensions politiques importantes. Deux hommes politiques proposent des mesures différentes pour résoudre ces problèmes.

Jacques Chirac
Marié (2 enfants)
Président de la République
Chirac propose de…

- combattre fermement l'immigration clandestine.

- intégrer ceux qui ont choisi de devenir citoyens français.

- assurer que les lois de la République s'appliquent uniformément aux immigrés et aux nationaux.

- établir un «contrat d'intégration» pour assurer l'égalité des chances et l'égalité des immigrants indépendamment de leur origine ethnique.

Jean-Marie Le Pen
Marié (3 enfants, 3 petits-enfants)
Président du Front national, un parti politique français d'extrême droite
Le Pen soutient…

- le rapatriement progressif des immigrés réguliers.

- la réforme du Code de la nationalité pour rendre plus difficile l'obtention de la citoyenneté française.

- la révocation de la carte de résident qui serait remplacée par un permis de séjour temporaire d'un an.

- l'interdiction du *regroupement familial*° des immigrés.

- la restriction du droit d'asile.

- l'expulsion immédiate des immigrés clandestins.

allowing other immigrants to join a family member already residing in a certain country

DISCUSSION

1. Quelle est la situation de l'immigration dans votre communauté? Y a-t-il beaucoup d'immigrants? De quelle(s) nationalité(s)? Où vivent-ils? Quels types d'emplois occupent-ils? …

2. Quelles sont les attitudes dominantes dans votre groupe social ou dans votre communauté en ce qui concerne les questions d'immigration?

3. Pourquoi, selon vous, y a-t-il des problèmes associés à l'immigration?

4. Connaissez-vous des hommes ou des femmes politiques dans votre pays qui ont les mêmes idées que Chirac ou les mêmes idées que Le Pen?

Point

L'immigration met en péril l'identité nationale

Les mots pour le dire

noms

aide social(e) (m/f)	*social worker*
aide sociale (f)	*social welfare (help provided by the state)*
dirigeant(e)	*leader*
durée (f)	*duration*
emploi (m)	*work*
logement (m)	*housing*
tiers-monde (m)	*third world*

verbes

(s')accrocher	*to hang on to*
estimer	*to estimate; to believe*
établir	*to establish*
ressortir	*to stand out*

adjectif

pénal(e)	*penal*

expression

des poursuites pénales	*punitive action, prosecution*

Étude de vocabulaire

Synonymes. Choisissez le mot de la colonne B qui correspond à celui de la colonne A.

A	B
1. le péril	a. le chef
2. le séjour	b. croire
3. la durée	c. le danger
4. l'emploi	d. l'habitation
5. estimer	e. punitif
6. le logement	f. le temps
7. expulser	g. renvoyer
8. le ressortissant	h. le citoyen
9. pénal	i. le travail
10. le dirigeant	j. la visite

De quoi parle-t-on?

TRACK 14A

À la fac. Deux étudiants boivent un café à la suite d'un cours d'histoire contemporaine du professeur Jacquart qui portait aujourd'hui sur l'immigration. Écoutez ce qu'ils disent et dites si les phrases suivantes sont vraies ou fausses. Si les déclarations sont fausses, corrigez-les.

1. Le taux d'immigration augmente en France depuis vingt ans.   V   F

2. Monsieur Jacquart est un professeur très objectif.   V   F

3. La proportion d'Européens qui immigrent en France est en baisse.   V   F

4. Gilbert est membre du Front national.   V   F

Remue-méninges

Que veulent dire les slogans suivants du Front national? Que pensez-vous de leur message?

1. «Réussir la renaissance d'une France française dans une Europe européenne.»

2. «Les étrangers prennent le travail des Français et sont la cause du taux élevé du chômage.»

3. «Quand nous arriverons [au pouvoir], ils partiront.»

Lecture

«SERONS-NOUS ENCORE FRANÇAIS DANS 30 ANS?»

an imaginary woman, symbol of the French republic (like Uncle Sam for the U.S.)

En 1985, *Le Figaro-Magazine* a publié un article célèbre intitulé «Serons-nous encore français dans 30 ans?» avec en couverture la photo de Marianne° voilée en musulmane. L'article, rédigé par Gérard-François Dumont, président de l'Association pour la recherche et l'information démographiques, et par Jean Raspail, auteur de plusieurs romans apocalyptiques, porte sur «l'invasion» des immigrés du tiers-monde. Les auteurs de cet article prédisent, avec inquiétude, qu'en 2015 il y aura 12 780 000 étrangers en France, dont 90% seront de culture et de religion islamiques. Ils suggèrent aussi que l'immigration menace l'identité nationale et ajoutent que c'est un acte «d'honneur et de courage» de «vouloir rester Français, en France».

Jean-Marie Le Pen a fait de la menace à l'identité française soulignée par l'article du *Figaro Magazine* la cause célèbre du Front national. Depuis des années, il avertit le public que la France ne restera plus elle-même si elle continue «de se couvrir de mosquées» et si les enfants français «sont élevés au sein des mélopées arabes ou africaines°». Selon les dirigeants du Front national, «un rempart°» doit s'établir pour défendre la France, *la francité* et la culture nationale «face à la vision mondialiste et aux projets cosmopolites de mélange° des peuples et des cultures». Ce rempart proposé par le Front national a pour fondation la plateforme électorale suivante:

surrounded by Arab or African chants, melodies

fortified wall, rampart

mixing

- Accélérer le retour des immigrés dans leur pays d'origine.

- Favoriser, dans tous les domaines (logement, emploi, aide sociale), les Français et les Européens.

- Expulser immédiatement tous les immigrés en situation irrégulière.

- Contrôler° les filières° des réfugiés politiques.

- Réduire la durée du permis de séjour à un an.

- Supprimer toute possibilité d'acquisition de la nationalité française.

- Réformer le code de la nationalité selon le «droit du sang».

- Initier des poursuites pénales sévères contre les organisateurs et les utilisateurs de filières de travailleurs clandestins.

- Réserver les allocations familiales et les aides sociales aux Français.

surveiller / networks

La préservation des valeurs traditionnelles et l'hostilité vis-à-vis des immigrés ne sont pas les seules préoccupations du Front national qui voit aussi dans la mondialisation et dans l'Union européenne des raisons de s'alarmer. L'Europe, disent les dirigeants du Front national, ne doit pas se construire à Bruxelles «selon les schémas° utopistes des Eurocrates qui rêvent d'un super État européen s'occupant de tout, détruisant les nations et ouvrant l'Europe aux immigrés du tiers-monde et aux produits américains et japonais». Une grande partie des Français est de plus en plus sensible aux propositions politiques du Front national et selon un sondage de *L'Express* du 27 février 1997, la proportion des Français qui considèrent l'immigration comme excessive n'a pas cessé d'augmenter depuis l'arrivée de Le Pen sur la scène politique. «Je suis au FN», a dit Claude Autant-Lara, député européen du Front national, «car c'est malheureusement le seul parti qui fasse un peu de travail de défense de la France, de la francité, de la culture nationale». En juin 1999, Charles de Gaulle, le petit-fils du célèbre général, s'est présenté à la tête du Front national pour les élections municipales de Paris, «un geste emblématique», a déclaré Le Pen. ■

plans, models, conceptions

Avez-vous compris?

1. Combien d'étrangers a-t-on estimé qu'il y aurait en France en 2015 selon l'article du *Figaro-Magazine*?

2. Qui est Jean-Marie Le Pen? Quel est son parti politique et en quoi consiste son programme électoral? (Résumez-le.)

3. Selon le texte, quelle sera la religion principale des émigrés en 2015?

4. Un grand souci du Front national est l'immigration. Est-ce que ce parti politique a d'autres soucis? Lesquels?

Qu'en pensez-vous?

1. Selon vous, d'après le contenu de l'article, quelle est la tendance politique du *Figaro-Magazine*?

2. À votre avis, pour quelles raisons le Front national veut-il renvoyer les étrangers dans leur pays d'origine?

3. Que démontrent le sondage de *L'Express*, les succès électoraux des candidats du FN et la candidature de Charles de Gaulle, le petit-fils du célèbre général, aux élections municipales de Paris?

4. Êtes-vous d'accord avec les propositions de Jean-Marie Le Pen? Autrement dit, pensez-vous que l'immigration en masse d'un pays vers un autre doive être interdite? Si oui, comment? Sinon, que proposeriez-vous comme politique d'immigration idéale?

CONTEXTE SOCIAL

SOIXANTE ANS DE DISPOSITIFS LÉGISLATIFS SUR L'IMMIGRATION

Depuis 1945, la France a adopté, en fonction des différents gouvernements de droite ou de gauche qui étaient au pouvoir, diverses lois pour améliorer les procédures de contrôle, régulariser les conditions des étrangers déjà installés en France, identifier les étrangers clandestins et mieux contrôler les frontières. Voici un court résumé de ces mesures.

1945 Après les pertes en hommes causées par les deux Guerres mondiales et en conséquence de l'essor économique qui a suivi la fin de la Deuxième Guerre mondiale, le gouvernement français crée l'Office national de l'immigration pour recruter de la main-d'œuvre dans les colonies françaises en Afrique noire, en Asie et surtout au Maghreb.

1974 Suivant l'exemple d'autres pays européens, le gouvernement français met officiellement fin à sa politique d'immigration pour obtenir de la main-d'œuvre des anciennes colonies. La loi punit plus sévèrement les employeurs d'immigrants illégaux. Malgré tout, l'immigration s'intensifie et se diversifie dans les décennies suivantes.

1977   Certains hommes politiques déclarent que la proportion d'immigrants en France est devenue inacceptable. On offre dix mille francs à tout étranger qui désire retourner dans son pays natal.

1981   Pour favoriser l'intégration des étrangers déjà en France, l'autorisation administrative jusqu'alors *(until then)* nécessaire au mariage mixte est supprimée.

1982   Instauration du Certificat d'hébergement pour accueillir un étranger. Ce certificat qu'il faut obtenir de la mairie de son domicile rend l'immigration plus difficile.

1989   À la suite d'une augmentation des votes pour Jean-Marie Le Pen et son parti d'extrême droite opposé à l'immigration, le ministre de l'Intérieur, Charles Pasqua, propose une politique de refus total à l'immigration clandestine.

1993   Les «lois Pasqua» rendent plus strictes les conditions de régularisation, réduisent les possibilités de regroupement familial et accroissent les durées de détention pour les immigrants clandestins.

1997   Les socialistes reprennent le contrôle de l'Assemblée nationale. Le rapport Weil, demandé par le gouvernement, affirme que les lois Pasqua ont privé la France de son capital humain en empêchant les étudiants étrangers et les professionnels hautement qualifiés de s'installer en France. Ce rapport sert de base à la législation des années qui suivent. Les nouvelles mesures donnent aux immigrants hautement qualifiés, aux intellectuels et aux scientifiques, un statut spécial d'immigration, au nom de l'intérêt national, tout en continuant à combattre l'immigration clandestine.

1998   Environ 87.000 clandestins voient aussi leur statut régularisé parmi 150.000 demandes. Les enfants nés en France de parents étrangers deviennent légalement français à l'âge de 18 ans, statut que les lois Pasqua avaient aboli.

2005   Établissement de la *Cité nationale de l'histoire de l'immigration* à Paris. En établissant ce centre d'études et d'éducation sur l'immigration, le gouvernement français reconnaît officiellement pour la première fois que l'immigration fait depuis longtemps partie de l'héritage national.

LES MAGHRÉBINS

La situation des immigrés maghrébins est l'une des plus visibles en raison de leur nombre mais aussi de leur langue, de leur religion, de leurs coutumes vestimentaires et d'autres habitudes culturelles. Cette situation se complique pour la deuxième génération, ceux qui sont nés en France et qu'on appelle parfois des «Beurs»: Français, parce que nés en France, ils font partie du système scolaire et ils s'intègrent généralement mieux dans la société que leurs parents. Cependant, ils sont souvent victimes d'un malaise social souvent présent chez les individus situés à mi-chemin entre deux cultures différentes. L'identité beure se définit ainsi par le négatif «ni... ni...». Ni français, ni arabes, parce qu'à force de chevaucher *(to straddle)* les deux cultures, ils ne sont intégrés à aucune. Certains sociologues

CONTEXTE SOCIAL (Suite)

L'equipe de football de France en 1998.

pensent que ce malaise aura toujours tendance à créer une opposition défiante à l'intégration. Pour d'autres, la situation représente un défi. C'est le cas de Zinedine Zidane qui est né en France de parents algériens. Ce héros de la Coupe du Monde de football est devenu une véritable idole en France. En effet, l'équipe multiethnique de France, championne du monde de foot en 1998, est quelquefois surnommée «Black, Blanc, Beur» à cause de sa composition ethnique: Plusieurs joueurs sont nés à l'étranger ou de parents étrangers. Cette équipe, source de fierté nationale, sert aujourd'hui comme modèle de la diversité et de l'unité.

DISCUSSION

1. Selon vous, comment peut-on dire que l'immigration joue un rôle important dans la richesse économique et culturelle d'un pays?

2. Êtes-vous pour ou contre le droit de vote des immigrés dans votre pays? Si vous êtes pour, dans quelles conditions? Si vous êtes contre, pourquoi?

3. Estimez-vous qu'on peut préserver à la fois l'identité culturelle des immigrés et l'identité nationale de la France? Expliquez votre réponse.

4. Comparez la diversité ethnique en France à celle de votre pays. Y a-t-il des ressemblances? Y a-t-il des différences? Lesquelles?

Communautés

LA VIE, LE DÉFI ET LES SENTIMENTS D'UN IMMIGRÉ DE MA COMMUNAUTÉ

Interviewez un immigré ou une immigrée dans votre communauté. De préférence, cherchez quelqu'un qui parle français. Discutez avec lui/elle de ses impressions et de ses difficultés à s'adapter à une nouvelle culture. Partagez ce que vous avez appris sur cet(te) immigré(e) avec la classe: Fournissez une brève biographie de lui/elle et de sa famille, expliquez la raison pour laquelle il/elle est venu(e) s'installer dans votre communauté, expliquez quels sont ses rêves et ses ambitions ainsi que les difficultés et les défis qu'il/elle rencontre, et ainsi de suite. ▪
(De préférence, cherchez quelqu'un qui parle français.)

Contre-point

L'immigration joue un rôle important dans la richesse économique et culturelle du pays

Les mots pour le dire

noms

centre (m)	*center (political)*
chômage (m)	*unemployment*
droit d'asile (m)	*right of asylum*
droite (f)	*right (political)*
droits (m pl) de l'homme	*human rights*
frontière (f)	*border*
gauche (f)	*left (political)*
haine (f)	*hatred*
lutte (f)	*struggle*
permis (m) de séjour	*permanent resident card*
sans-papiers (m pl)	*illegal immigrants "without [proper] papers"*

verbes

désobéir	*to disobey*
fuir	*to escape*
refouler	*to send back; to keep out*
résoudre	*to solve*
séjourner	*to stay, sojourn*

adjectif

multiethnique	*multiracial*

Étude de vocabulaire

Mots-clés (Keywords). Complétez les phrases suivantes avec les mots de la liste suivante. Faites les accords nécessaires.

clandestin	l'expulsion
des papiers	multiethnique
la xénophobie	problème
l'économie	visa de visiteur
l'homme politique	

1. Le visage de la France est aujourd'hui _____ et multi-confessionnel, ce qui veut dire que la France est composée de diverses races qui pratiquent diverses religions.

2. Dans les années 40, ce sont les besoins de _____ qui ont déclenché l'immigration en France.

3. L'immigration est un des thèmes autour desquels _____ définissent leur position politique.

4. Pour Le Pen, le rapatriement et _____ redeviennent les seules règles en matière de politique migratoire.

5. Aujourd'hui un immigré peut être expulsé avec _____ en règle et sans avoir commis de délit (*crime*).

6 _____ des Français vis-à-vis des immigrants est motivée par leur peur de perdre leur identité nationale.

7. Les immigrés ne sont pas à l'origine de tous nos _____.

8. De plus en plus d'immigrés _____ africains tentent de rejoindre en bateau, au péril de leur vie, les côtes espagnoles ou italiennes.

9. Les personnes qui veulent faire une demande de _____ sont priées de s'adresser aux ambassades.

TRACK 14B

De quoi parle-t-on?

Dans le cours du professeur Jacquart. Alain veut s'assurer qu'il a bien compris ce que son professeur d'histoire contemporaine, Monsieur Jacquart, a dit lors du cours de la semaine précédente. Il décide de lui poser une question au début du cours. Écoutez la conversation entre Alain et son professeur et dites si les phrases suivantes sont vraies ou fausses. Si les affirmations sont fausses, corrigez-les.

1. Le professeur Jacquart ne veut pas répondre à la question d'Alain. **V F**

2. M. Jacquart pense que l'intégration des minorités en France n'a pas réussi. **V F**

3. M. Jacquart pense que le modèle républicain est en train d'être remplacé par un autre modèle. **V F**

4. Alain a besoin d'un exemple pour comprendre M. Jacquart. **V F**

5. Aujourd'hui, les minorités sont plus reconnues. **V F**

Remue-méninges

Selon une enquête réalisée par la Sofres en mars 1997, 1 Français sur 4 approuve les prises de position du Front national sur l'immigration; 1 Français sur 2 considère que les positions de Le Pen sont inacceptables; et 3 Français sur 4 estiment que le Front national est dangereux pour la démocratie. Comment interprétez-vous ces résultats?

Lecture

«VOULOIR VIVRE ENSEMBLE»

En 1985, *Paris-Match* et Europe 1 ont organisé un débat sur le thème de l'immigration et de l'identité nationale entre un auteur et ancien ministre, Alain Peyrefitte, qui déclarait que «le racisme est la conséquence de l'immigration incontrôlée», et Harlem Désir, fondateur° de S.O.S. Racisme, une association antiraciste. Fils d'un Antillais° et d'une Française, Désir déclare que «le problème n'est pas l'immigration, mais le racisme». Ces deux perspectives illustrent la lutte sérieuse qui se joue depuis des années sur le terrain° de l'immigration entre les propositions d'expulsion de l'extrême droite et la volonté d'intégration de la gauche. Ce débat, basé en partie sur le devoir de la République d'assurer «l'égalité devant la loi de tous les citoyens sans distinction d'origine, de race ou de religion», se poursuit dans la presse, à l'université, dans les cafés et aux élections régionales et nationales. Par exemple, chercheurs, intellectuels, artistes et dirigeants politiques ont dénoncé le caractère xénophobe et fasciste de l'article du *Figaro-Magazine*, «Serons-nous encore français dans 30 ans?» Certains ont accusé les auteurs de l'article de vouloir inciter° les gens à la xénophobie et à la haine raciale. Selon l'ancien Premier ministre, Laurent Fabius, l'article est «une très sévère mise en garde contre ceux qui, parlant prétendument° au nom des valeurs françaises, prônent° aujourd'hui l'exclusion, l'égoïsme, le racisme et finalement la haine». D'autres ont souligné que sous l'action qu'anime Jean-Marie Le Pen se cache une discrimination envers° ceux qui ne parlent pas la langue et ne connaissent pas les pratiques de la société française. D'autres critiques ont signalé que les Français n'ont jamais oublié les atrocités de la guerre d'Algérie et par conséquent s'accrochent à l'hostilité contre les immigrés de cette ancienne colonie en particulier.

Dans son livre intitulé *Touche pas à mon pote*°, Harlem Désir déplore le fait que la discrimination fondée sur l'origine ethnique ou raciale soit répandue° en France et le fait qu'en grande partie les immigrés ne s'intègrent pas parce qu'ils n'en ont pas eu la possibilité. De même, en 1991, une commission nationale sur les droits de l'homme a publié un rapport sur les sentiments xénophobes en France et a signalé que le racisme provoqué par les partis politiques est en hausse°, surtout contre les Maghrébins. Le Parlement européen, pour sa part, a adopté une résolution condamnant ceux qui «assimilent l'immigration à une invasion, une inondation ou une occupation sournoise°» et qui «attisent° les sentiments xénophobes de la société». La Commission européenne contre le racisme et l'intolérance (ECRI) a engagé en particulier la France à réviser «sa philosophie égalitaire», précisant qu'un «nombre considérable de professions sont actuellement inaccessibles à des personnes non-citoyennes de l'Union européenne». ∎

Glossary (margin notes):

founder
someone from the West Indies

terrain, field

to incite

supposedly
recommend

toward

buddy
widespread

on the increase

underhanded, sneaky, sly /
encourage

Avez-vous compris?

Dites si les phrases sont vraies ou fausses, et corrigez les affirmations si vous pensez qu'elles sont fausses.

1. Le désir d'intégrer les immigrés en France est un programme des partis politiques de droite.　　　　　　　　　　　　　　V　　F

2. Selon Harlem Désir et l'association SOS Racisme, le racisme est un problème causé par l'immigration.　　　　　　　　　　V　　F

3. Le problème de l'immigration en France ne concerne que les partis politiques et les étrangers.　　　　　　　　　　　　　V　　F

4. Harlem Désir et son association luttent seuls contre la xénophobie en France.　　　　　　　　　　　　　　　　　　　　V　　F

Qu'en pensez-vous?

1. Êtes-vous d'accord avec Alain Peyrefitte que «le racisme est la conséquence de l'immigration incontrôlée»? Expliquez votre réponse.

2. Pensez-vous que l'immigration puisse changer l'identité nationale d'un pays en 30 ans?

3. Doit-on limiter l'immigration en France comme chez vous? Pourquoi ou pourquoi pas?

4. Trouvez-vous que les partis politiques de votre pays incitent les gens à la xénophobie? Expliquez votre réponse.

5. Pensez-vous que les immigrants doivent s'intégrer à leur pays d'accueil en apprenant et en parlant la langue de ce pays?

LIENS INTERDISCIPLINAIRES

Avant de lire

Imaginez que vous êtes un «sans-papiers». Comment vivez-vous votre vie? Qui sont vos amis? De quoi avez-vous peur?

Un aller simple (extrait).

Gypsies

Aziz est un jeune délinquant sans famille, trouvé dans une voiture abandonnée quand il était enfant et recueilli par des Tsiganes°. Né en France mais incapable de prouver son identité, il s'est procuré de faux papiers marocains, parce que les papiers français coûtaient beaucoup plus cher sur le marché noir. Dans l'extrait qui suit, Aziz vient de se faire arrêter par la police sans raison valable. Pignol, agent de police et ami d'enfance d'Aziz, lui annonce une étrange nouvelle…

— On va te ramener chez toi, Aziz.

J'ai remercié, mais ce n'était pas la peine°: je n'avais plus de «chez moi»° [...]; autant laisser la justice suivre son cours°.

— Tu n'as pas compris, Aziz. Te ramener chez toi, ça veut dire: dans ton pays.

— Mon pays?

— Le Maroc.

J'ai mis un temps à comprendre, et puis je me suis souvenu que sur mes papiers, en effet, j'étais marocain, mais comme ils auraient marqué° tunisien, algérien ou syrien; ça n'était pas une preuve.

— Ils veulent faire un exemple, Aziz. Ils sont obligés de te renvoyer d'où tu viens.

Alors là, j'ai dit: pardon. Je veux bien être un exemple, mais j'ai fait ma vie comme étranger en France; je ne vais pas la recommencer comme étranger dans un pays où je serai le seul à savoir que je ne suis pas chez moi. J'ai déjà eu assez de mal avec les Tsiganes. Je suis Aziz, fils d'Ami 6 de chez Citroën°, et je suis de Marseille comme toi, enfin, Pignol, quoi, merde! Ça se voit, ça s'entend°!

Mais je sentais bien que je n'avais pas d'arguments; même ma tête se retournait contre moi, j'étais le trahi complet. Pour ne pas pleurer devant lui, je lui ai dit de remercier le préfet° pour moi.

— Ça vient de plus haut, Aziz. Le gouvernement a pris des mesures contre les clandestins. Enfin... *pour* les clandestins. C'est une opération conjointe° avec les Droits de l'homme et l'OMI, l'Office des migrations internationales.

Et il m'a expliqué en gros que pour lutter contre le racisme en France, il fallait renvoyer les immigrés chez eux. J'ai continué à me taire, mais ça me paraissait bizarre de lutter contre une idée en la mettant en pratique°. Il a ajouté que je prenais l'avion demain matin à Marignane°, et qu'un fonctionnaire spécialement affrété pour moi°, un «attaché humanitaire» ça s'appelait, allait m'accompagner au Maroc pour vérifier que tout se passait bien, me réinsérer, me trouver un travail, un logement, et, comme disait la circulaire du ministère°, «pouvoir donner à la France de bonnes nouvelles de ses amis retournés dans leur pays».

Il a conclu que l'attaché humanitaire aurait dû être là ce matin, mais il avait raté le TGV° et il prenait le suivant. J'ai dit que ça commençait bien, mais c'était pour faire le type dégagé°, qui prend la vie avec humour. En réalité j'étais complètement effondré°, Pignol aussi.

[...]

À cinq heures moins vingt, Pignol est revenu. Il évitait mon regard, mais j'avais eu le temps de réfléchir et je m'étais rassuré. Il a laissé tomber d'une voix molle°:

— Ton attaché est arrivé.

J'ai demandé, les jambes croisées, l'air de rien°:

— On lui a donné mes papiers?

— Oui.

— Bon, ben ça va, alors: il a vu que c'étaient des faux.

— Non.

J'ai arrêté de regarder mes ongles.

— Tout ce qu'il a vu, c'est que ton permis de séjour est périmé°.

LIENS INTERDISCIPLINAIRES (Suite)

worry

whether we like it
or not

he grimaced to
make me stop
talking / our squad /
guys (here: from the
ministry) / They're
all worked up about
this / we can't take it
anymore

Il s'est assis près de moi sur le matelas, les mains entre les genoux, la tête basse. Mon inquiétude° est revenue d'un coup.

— Mais vous le lui avez dit, que c'était un faux?

Il n'a pas répondu tout de suite. Il a sorti son chewing-gum de sa bouche, s'est mis à le rouler entre son pouce et son index. Quand la boule a été bien lisse, il a déclaré que, de toute manière, qu'on le veuille ou non°, j'étais en situation irrégulière. J'ai protesté:

— Mais, Pignol, je le suis depuis que je suis né!

Il a crispé son visage pour me faire taire°.

— Il faut que tu comprennes une chose, Aziz: ça fait trois jours que la Brigade° a ces types° sur le dos, qu'ils réclament des clandestins, des clandestins, des clandestins! Ils sont dans un état°; on n'en peut plus°…

Source: Didier Van Cauwelaert, _Un aller simple._ Paris: Albin Michel, 1994, pp. 25–27.

DISCUSSION

1. Pourquoi Aziz ne comprend-il pas l'expression «chez toi»?

2. Comment réagit-il à la nouvelle de son départ imminent pour le Maroc? Pourquoi?

3. Qu'est-ce qui fait comprendre au lecteur ou à la lectrice que Pignol est embarrassé par cette situation?

4. Selon Aziz, quelle est la position de la France vis-à-vis du racisme? Expliquez pourquoi cette position est paradoxale.

5. Quelle est la fonction de «l'attaché humanitaire» d'Aziz?

6. Quelle est la nationalité officielle d'Aziz? Pourquoi?

7. Pourquoi est-ce que l'attaché humanitaire ne voit pas que les papiers d'Aziz sont faux?

8. Pignol déclare : «On n'en peut plus…». À quoi fait-il référence?

9. Relisez soigneusement _(carefully)_ le texte et notez tous les endroits où il y a un écart ironique _(discrepancy)_ entre la réalité et l'apparence. Quel effet cet écart a-t-il sur vous?

10. En quoi ce texte est-il une critique sociale?

Réplique et synthèse

A **Questions de discussion**

1. Quand on pense au mot «xénophobie», on l'associe à d'autres mots, comme «mépris», «haine», etc., mais, en fait, «xénophobie» (du grec, *xenos* = étranger) veut dire «*peur* de l'étranger». Réfléchissez un peu aux origines de ce mot — quand on rencontre un étranger ou une étrangère, de quoi est-ce qu'on pourrait avoir peur?

2. Comment est-ce que les malaises vis-à-vis de l'immigration se manifestent dans votre ville ou dans votre pays natal? Y a-t-il certains groupes ethniques qui sont visés par la discrimination ou qui font l'objet de tensions? Y en a-t-il qui semblent être mieux acceptés? Avez-vous entendu parler de crimes racistes, de brutalité policière, ... dans votre communauté? Existe-t-il des ghettos chez vous? Y a-t-il eu des manifestations violentes?

3. Dans beaucoup de villes et de pays, les jeunes forment des «gangs». Essayez d'expliquer pourquoi les gangs existent et comment on peut identifier les membres d'un gang. Quelles sont les activités d'un gang? Est-ce qu'il y a des dangers associés à la présence de gangs?

4. Nous avons beaucoup parlé de la discrimination contre les gens d'ethnicité différente dans ce chapitre, mais il existe d'autres sortes de «racisme» ou d'autres formes de discrimination basée sur des idées préconçues. Quels autres groupes sont aujourd'hui victimes de ce genre de «racisme»? Quelle est la nature de la discrimination qu'ils rencontrent? Est-ce qu'elle est comme le racisme «pur et dur» ou est-ce qu'il y a des différences? Pensez aux personnes âgées, par exemple. Dans quelle mesure sont-elles victimes de discrimination? À quelles autres situations semblables pouvez-vous penser?

5. On peut considérer l'adoption d'enfants étrangers comme une autre forme d'«immigration». Pourquoi les Américains adoptent-ils beaucoup d'enfants étrangers? Pensez aux pays qui semblent avoir beaucoup d'enfants à adopter et faites une liste des différentes raisons qui expliquent ce phénomène. À votre avis, est-ce que tous ces pays sont reconnaissants (*grateful*) envers les pays développés qui adoptent leurs enfants? Pourquoi ou pourquoi pas? Au lieu d'adopter leurs enfants, quelles autres sortes d'«aide» pourrions-nous apporter à ces pays?

6. Quelle est votre définition du mot «citoyen»? À quoi est-ce que la citoyenneté vous donne droit? À votre avis, quelles sont les responsabilités et les obligations d'un(e) citoyen(ne)?

B **Exposés**

1. Choisissez un groupe ethnique qui n'est pas le vôtre. Expliquez à quelle époque et pourquoi ces gens sont venus dans votre pays ou votre région, où ils se sont installés, comment la société les perçoit, dans quelles sortes de professions ils

travaillent, s'ils sont venus dans votre région avec ou sans l'intention de s'intégrer à la société…

2. Choisissez une organisation ou une personne qui lutte (ou qui a lutté) contre la discrimination, l'intolérance ou l'injustice, et décrivez-la pour vos camarades de classe. (Exemples: Amnesty International, Nelson Mandela, Rosa Parks, Harlem Désir, etc.)

3. Comment et dans quelles circonstances est-ce que les immigrés sont admis dans votre pays? Existe-t-il un système de «quotas»? Si oui, comment est-ce que les quotas sont déterminés? Quelles démarches faut-il suivre pour obtenir la permission d'immigrer?

4. La «fuite des cerveaux» *(brain drain)*. Aux États-Unis, on donne la priorité pour l'immigration à des gens qui exercent des professions dont le pays a besoin (des ingénieurs et des infirmières, par exemple). Puisque les salaires sont plus élevés aux États-Unis, l'exode d'étrangers vers les États-Unis laisse leur pays d'origine sans travailleurs qualifiés. Pensez-vous que cette fuite des cerveaux soit injuste ou est-ce une simple réalité de la mondialisation?

C **Qui veut devenir millionnaire?** Chaque équipe d'étudiants doit écrire dix questions qui contiennent chacune une des structures de la liste ci-dessous. Ensuite, vous allez jouer le jeu! Quelle équipe va gagner? Attention! Les questions peuvent être difficiles, mais elles ne doivent pas être impossibles, et vous devez savoir la réponse correcte à vos propres questions!

Questions utilisant:

1. un article défini (**le, la, les**)
Exemple: Quel fleuve est plus long, **la** Seine ou **le** Nil?

2. un article indéfini (**un, une, des**) ou un article partitif (**du, de la, de l'**)
Exemple: Nommez un poète anglais qui a écrit **des** sonnets.

3. une expression de quantité (**beaucoup de, 50 gr. de, un bouquet de,** etc.)
Exemple: Combien coûte **100 gr. d'**or aujourd'hui?

4. un chiffre (**505, 2003,** etc.)
Exemple: Vrai ou faux? Il y a **435** représentants à «l'Assemblée nationale» *(House of Representatives)* américaine.

5. un adjectif ou un pronom possessif (**mon, le mien,** etc.)
Exemple: Dans l'histoire des «Trois petits cochons», les deux premiers cochons ont construit **leurs** maisons en paille et en bois — en quoi est-ce que le troisième petit cochon a construit **la sienne**?

6. un adjectif ou un pronom démonstratif (**ce, celui,** etc.)
Exemple: Dans *Le Seigneur des anneaux* l'épée de Frodon s'appelait «Dard» *(Sting)*. Comment s'appelait **celle** du roi Arthur?

Ouvertures créatives

1. Créez et «jouez» un message publicitaire pour encourager la tolérance. Si possible, faites une vidéo de votre présentation.

2. En petits groupes, créez des partis politiques dont le programme électoral vise la lutte contre la discrimination. Présentez des posters, des slogans, des discours politiques… à la classe. Ensuite, organisez des élections!

3. Jeu de rôles: Certains habitants d'une petite ville veulent construire une crèche sur la place publique avant Noël et afficher les Dix Commandements à la mairie *(City Hall)*. D'autres résidents protestent contre ce projet et insistent sur la séparation entre l'Église et l'État. Le maire doit résoudre ce conflit.

Rédaction guidée

Système-D

Writing an essay
Asserting and insisting
Comparing and contrasting
Comparing and distinguishing
Weighing alternatives
Weighing the evidence
Linking ideas
Making transitions
Sequencing events
Writing a conclusion

A **Sujet** «Le multiculturalisme: Enrichissement ou perte *(loss)* d'identité nationale?»

B **Orientation**

Dans ce chapitre, nous allons nous intéresser au plan de votre devoir. Un plan *(detailed outline)*, c'est l'organisation soignée de vos idées avant que vous commenciez à écrire. Jusqu'à maintenant, nous avons vu que la dialectique hégélienne présentait les idées de façon très structurée — introduction, thèse, antithèse, synthèse, conclusion. Afin de bien préparer cette structure, il est nécessaire de faire un plan de votre devoir.

C **Avant d'écrire**

Pour vous remettre en tête les différentes parties d'une composition hégélienne, il est important de réviser les diverses parties du devoir. Commencez par relire le devoir modèle du chapitre préliminaire. Ensuite, avant de vous attaquer à chaque partie, relisez aussi les instructions pertinentes dans les chapitres 1 à 6 (chapitre 1 pour l'introduction, chapitre 2 pour la thèse, etc.). Pour rédiger le plan que vous allez écrire maintenant, prenez comme thèse et antithèse les deux affirmations qui sont exprimées dans les points 2 et 3 ci-dessous.

En groupes de deux à trois étudiants, discutez les points suivants:

1. Comment comprenez-vous le sujet? Quel aspect de ce vaste sujet allez-vous traiter?

   Cette discussion va vous aider à limiter votre sujet et à préparer votre introduction, mais il ne faut pas l'écrire tout de suite! L'introduction est la dernière partie que vous rédigerez, pour vous assurer qu'elle prépare bien au contenu de votre texte.

2. **LA THÈSE:** Le multiculturalisme est un enrichissement parce que… Écrivez une phrase qui résume cette position. Ensuite, écrivez trois points qui l'étayent *(support it)*.

   ▪

   ▪

   ▪

3. **L'ANTITHÈSE:** Le multiculturalisme mène à une perte de l'identité nationale parce que…

   Même travail que pour la thèse. Essayez de présenter la position de quelqu'un qui a un point de vue différent du vôtre. Mettez en avant *(Bring forth)* les éléments de la façon de penser de cette personne qui vous semblent convaincants.

   -
   -
   -

4. **LA SYNTHÈSE:** Réfléchissez à la façon dont les deux points de vue opposés peuvent être dépassés. Écrivez une phrase ou deux qui expliquent votre synthèse.

5. **LA CONCLUSION:** Notez brièvement les points essentiels de votre devoir (essayez de ne pas répéter les mêmes mots, mais de résumer vos idées). Indiquez la conclusion que vous pouvez tirer de ce travail. Votre conclusion peut-elle vous amener à répondre à la question de votre introduction? Mentionnez ici votre opinion personnelle sur le sujet.

6. **L'INTRODUCTION:** Pensez à la façon dont vous allez poser la question principale de votre devoir. N'oubliez pas de donner un contexte à votre travail et d'expliquer pourquoi la question que vous allez aborder est importante. Quelle image illustrative pouvez-vous utiliser pour attirer l'attention de votre lecteur ou de votre lectrice? Pour donner vie à cette image, pensez à la façon dont elle va mener à votre thèse.

Au travail! Vous êtes maintenant prêt(e) à développer toutes les parties d'une rédaction dialectique!

7

Langue et société: Le cas du bilinguisme

Objectifs communicatifs

COMMUNICATION
- **Point** Le bilinguisme constitue un cauchemar politique
- **Contre-point** Le bilinguisme est une bénédiction économique et culturelle

COMPARAISONS STRUCTURALES
- Les pronoms relatifs

CONTEXTE SOCIAL
- Le Québec: Une province divisée
- Le français «québécois»

- La Belgique: «L'union fait la force»
- La francophonie

COMMUNAUTÉS
- Un entretien sur le bilinguisme

LIENS INTERDISCIPLINAIRES
- «Oui or No» (extrait)

*C*ontroverse: Ce chapitre examine le lien entre langue et société, à partir du fait que la langue qui est beaucoup plus qu'un système de signes, véhicule la voix propre à une communauté. En effet, elle joue d'autres rôles importants dans la société. Elle reflète une culture et une manière de penser et de voir le monde. Une langue se manifeste toujours comme un élément fondamental du patrimoine du peuple utilisateur, une source de fierté nationale, un indice de divisions sociales, ainsi que comme un instrument de pouvoir politique. Le principe «une nation, une langue» indique très clairement cette relation particulière entre une langue et sa culture. Ces manifestations de la langue se voient aussi dans les pays bilingues où l'on reconnaît deux langues officielles. Dans ce chapitre, nous allons considérer en premier lieu la situation du bilinguisme en Belgique et au Luxembourg. Nous examinerons ensuite la situation au Québec, où le français est menacé par l'hégémonie anglophone et où certains citoyens québécois veulent affirmer et préserver avant tout leur identité culturelle et linguistique en proclamant la souveraineté de la langue française. En troisième lieu, nous allons étudier la situation plurilinguistique en Afrique noire où la coexistence du français et des langues autochtones engendre d'autres débats linguistiques. La présence continue du français dans la majorité des anciennes colonies de l'Afrique francophone est-elle un signe de néocolonialisme ou un fait justifié par l'universalité et l'utilité de cet outil?

Premières pensées

Les mots pour le dire

noms

anglophone (m/f)	*someone who speaks the English language*
cauchemar (m)	*nightmare; serious problem*
compétence (f)	*competence*
dialecte (m)	*dialect*
ethnie (f)	*ethnic group*
francophile (m/f)	*someone who loves the French language and culture*
francophone (m/f)	*someone who speaks the French language*
francophonie (f)	*areas of the world where French is spoken by a significant part of the population*
hégémonie (f)	*hegemony, influence, dominance*
idiome (m)	*language, dialect, idiom*
interlocuteur(-trice)	*speaker*
locuteur(-trice) (m)	*speaker*
monolingue (m/f)	*monolingual person*
plurilinguisme (m)	*use or coexistence of many languages within a single community, country, etc.*
seconde langue (f)	*second language*
trilinguisme (m)	*use of three languages*

adjectifs

anglophone	*English-speaking*
autonome	*autonomous*
francophone	*French-speaking*

A **Une définition du bilinguisme** Chez un individu, le bilinguisme consiste en la maîtrise de deux langues. En Afrique noire, par exemple, une même personne utilise souvent deux langues quotidiennement: celle de son ethnie, dans des situations sociales, et une langue officielle (français, anglais...), pour certains échanges plus formels.

Dans le cadre de la société, le bilinguisme se définit comme la pratique de deux langues différentes dans un même pays ou dans une même région. La Belgique, le Luxembourg et le Canada constituent des cas exemplaires de ce phénomène.

Pensez-vous que les États-Unis sont un pays bilingue (anglais/ espagnol)? Expliquez votre réponse.

B **Quelques exemples de sociétés bilingues**

1. La Belgique: Deux identités culturelles

La Belgique est devenue un état fédéral aux pouvoirs fortement décentralisés après une réforme importante de la constitution belge en 1993. Composée de dix provinces, la Belgique se divise actuellement en trois communautés linguistiques (francophone, flamande et germanophone) et en trois régions politiquement autonomes qui possèdent chacune son propre gouvernement: la région wallonne (française), la région flamande et la région bilingue Bruxelles-Capitale. La création d'un état fédéral est le résultat de dizaines d'années de conflits linguistiques entre Wallons et Flamands.

Repères
Capitale politique: Bruxelles
Superficie: 30 500 km^2
Population: 10 348 277 habitants (juillet 2004)
Administration: trois régions autonomes (la Flandre, la Wallonie et Bruxelles-Capitale)
Langues officielles: allemand, français et flamand

Les trois emblèmes de la Belgique

Le coq wallon

Le lion des Flandres

L'iris de Bruxelles

2. Le trilinguisme au Luxembourg

Au Grand-Duché de Luxembourg, la coutume veut que l'on s'exprime en français dans l'administration, en allemand dans la presse et en luxembourgeois, un idiome germanique, en famille. L'amalgame *(mixture)* du français et de l'allemand a formé une identité nationale qui s'est forgée par la coexistence de la culture romane et de la culture germanique. Puisque le luxembourgeois n'est parlé que par quelques centaines de milliers de personnes, une loi a été votée le 24 février 1984 pour réaffirmer le trilinguisme du pays et pour valoriser en particulier le luxembourgeois, qui est aujourd'hui enseigné à l'école.

Repères
Capitale politique: Luxembourg
Administration: monarchie constitutionnelle
Chef d'État: le prince Jean (depuis 1964)
Superficie: 2 586 km^2
Population: 462 690 habitants (estimation, juillet 2004)
Langues officielles: français, allemand et dialecte luxembourgeois

3. Le Québec: Une province menacée
En visite officielle au Canada le 24 juillet 1967, le général de Gaulle, alors Président de la République française, termine un discours prononcé du balcon de l'hôtel de ville de Montréal par les phrases suivantes: «Vive *(Long live)* Montréal! Vive le Québec! Vive le Québec libre! Vive le Canada français! Et vive la France!» Ces proclamations ont ressuscité le désir de la part de certains Canadiens francophones de voir un Québec souverain et politiquement indépendant. Ce désir est motivé par le principe suivant: Si on veut préserver l'identité française en Amérique du Nord et si on veut que le Québec prospère dans sa culture et dans sa langue, la «Belle Province» doit sortir de la Confédération canadienne.

Au début des années soixante-dix, les Canadiens français se considéraient moins comme des membres minoritaires de la confédération canadienne que comme la majorité francophone de la province du Québec. Cette situation a abouti au passage de la Charte de la langue française en 1977, qui donnait au français le statut de la seule langue officielle dans la province du Québec, dans le but «d'assurer la qualité et le rayonnement de la langue française» dans la civilisation nord-américaine. La charte voulait aussi «faire du français la langue de l'État et de la loi aussi bien que la langue normale et habituelle du travail et de l'enseignement, des communications, du commerce et des affaires».

Repères
Population: 7 542 760 habitants (1er janvier 2004)
Capitale: Québec
Superficie: 1 700 000 km^2
Administration: province du Canada
Climat: continental humide et arctique
Religion: 86% de Catholiques
Langue officielle: français

DISCUSSION   Répondez aux questions suivantes.

1. Quelles sont les trois communautés linguistiques en Belgique?

2. Quelle est la région bilingue en Belgique?

3. Le Luxembourg est-il un état, une province ou un pays? Expliquez.

4. Où se trouve le Québec? Quelles sont ses provinces voisines?

5. Pouvez-vous nommer d'autres régions bilingues dans le monde?

Point

Le bilinguisme constitue un cauchemar politique

Les mots pour le dire

noms

droit (m)	*right*
langue autochtone (f)	*indigenous language*
langue dominante (f)	*language most used in the area*
langue minoritaire (f)	*minority language*
langue véhiculaire (f)	*language used for daily communication*
référendum (m)	*election, referendum*
souci (m)	*worry*
souveraineté (f)	*sovereignty, independence*

verbes

craindre	*to worry*
être favorable	*to favor*
instaurer	*to establish*
maintenir	*to maintain*

adjectif

fier (fière)	*proud*

expressions utiles

la lingua franca (f)	*lingua franca* (expression latine qui veut dire: langue véhiculaire utilisée dans le commerce, en politique, dans l'éducation et dans les fonctions publiques)

Étude de vocabulaire

Définitions et synonymes. Choisissez l'expression de la colonne B qui correspond à celle de la colonne A.

A	B
1. le locuteur	a. préserver
2. instaurer	b. avoir peur de
3. la souveraineté	c. la préoccupation
4. maintenir	d. la personne qui parle
5. être favorable à	e. natif
6. fier	f. le désastre
7. craindre	g. mettre en place
8. autochtone	h. noble, arrogant
9. le cauchemar	i. l'indépendance
10. le souci	j. trouver bon

De quoi parle-t-on?

TRACK 16A

Aline, immigrante. Aline est une Française qui a émigré au Québec. Elle parle avec Monique, une de ses nouvelles amies québécoises, de la situation linguistique de la «Belle Province». Écoutez leur conversation et dites si les phrases suivantes sont vraies ou fausses.

1. Aline a du mal à s'adapter au climat du Québec. V F

2. Selon Aline, les Français sont bilingues. V F

3. Aline pense qu'elle parle bien anglais. V F

4. Dans le contexte québécois, Aline est loin d'être bilingue. V F

Remue-méninges

Le Québec: Une province divisée. Regardez le résultat du référendum de 1995 durant lequel les Québécois se sont exprimés sur la question de la souveraineté du Québec: Oui ou non à la séparation du Québec? Qu'est-ce que ce résultat indique pour vous?

oui *49,42%*   NON *50,58%*

Lecture

En 1999, dans un éditorial du *Devoir* (journal quotidien québécois de langue française) Yves Beauchemin affirme que, pour conserver la langue française au Québec, les Canadiens français sont obligés de choisir la souveraineté.

PARLER FRANÇAIS, POUR COMBIEN DE TEMPS?

Parler une langue peut être vu comme un acte strictement individuel. Les mots qui se forment dans notre tête et la coloration que nous leur donnons dans notre voix ou nos écrits dépendent, après tout, de notre seule volonté. Mais parler une langue, c'est aussi un geste politique. Parler anglais à New York, n'est-ce pas, d'une certaine façon, afficher son appartenance au bloc culturel américain? Parler kurde en Irak, catalan en Espagne, acadien au Nouveau-Brunswick, c'est affirmer un choix, exprimer une opinion, parfois prendre des risques. Les langues ne flottent° pas dans une sorte d'abstrait culturel. Elles reposent sur des bases économiques et sociopolitiques. La force d'une langue — et son avenir — dépendent donc de la force collective de ceux qui la parlent. Se questionner sur le français au Québec, c'est se questionner sur nous-mêmes.

Quelle est la situation des Québécois au Canada? Leur poids démographique y fond à vue d'œil°. En 1995, la part du Québec dans la population canadienne passait sous le seuil des 25%. Plus tu es petit, moins tu es important. Le Canada anglais en a pris bonne note° et, de plus en plus, décide sans nous consulter de choses nous concernant.

Comment se porte le français dans les neuf provinces anglaises? Il disparaît. À l'extérieur du Québec, moins de 3% des Canadiens le parlent encore à la maison. Nos arrière-grands-parents rêvaient d'un Canada biculturel. Leur rêve est bien mort…

Les problèmes démographiques qui fragilisent la position du Québec dans le Canada ont commencé, sous une autre forme, à miner les bases du français au Québec même. De 62,7% en 1961, la proportion des personnes de langue maternelle française dans l'île de Montréal était tombée à 53,4% en 1996 et ce déclin continue. On prévoit° qu'au niveau de la langue d'usage cette proportion passera sous les 50% peu après 2006. Les causes? Baisse de la natalité°, exode des francophones vers la banlieue, attraction encore très forte de l'anglais sur les immigrants, sentiment chez plusieurs d'entre eux, lorsqu'ils arrivent au Québec, de s'établir non pas chez un peuple majoritairement français mais dans la province minoritaire d'un pays anglophone. À l'intérieur de la région métropolitaine, notre majorité reste plus nette, mais là aussi nous perdons du terrain. Déjà difficile, la francisation des immigrants le deviendra encore davantage, car, pour franciser, il faut des francophones! Le centre nerveux° du Québec parlera de plus en plus anglais ou, en tout cas, de moins en moins français. Qu'arrivera-t-il alors? Rien de bon pour notre langue.

float, hang

before your very eyes

took notice of it

predicts
birthrate

nerve center

Parti libéral du Québec (political party)

Signe des temps, les journaux nous apprenaient récemment que trois municipalités de l'ouest de Montréal, appuyées par le PLQ°, exigeaient du gouvernement québécois un statut d'organisme bilingue pour la Communauté urbaine de Montréal…

Qu'a donc de si nocif le bilinguisme? Ne représente-t-il pas une richesse? Au plan individuel, oui, bien sûr. Parler deux langues — ou trois ou quatre — c'est un atout. Mais appliqué de façon collective et institutionnelle, le bilinguisme au Québec ne peut que menacer le français.

extinct, archaic

En effet, dans une Amérique massivement anglaise, [le bilinguisme] fera peu à peu de l'anglais le dénominateur commun et la langue passe-partout sur le continent et finira, tôt ou tard, par rendre le français désuet° au Québec. Pourquoi parler ou apprendre une langue qui ne serait pas utile en toutes circonstances, alors que sa rivale le serait?

latent
quiet periods

unheard of / sweaty

Nos difficultés sont aggravées par la guerre impitoyable que mène désormais Ottawa contre le Québec. Oh! cette guerre est bien ancienne (1759, 1837, 1917–18, 1970, 1982, et cetera); elle a souvent été larvée°, elle a parfois connu des accalmies°, mais elle n'a jamais cessé. La quasi-victoire du Oui au référendum de 1995, paniquant le Canada anglais, a porté [cette guerre] à une intensité inouïe°, car les partisans d'un pays unitaire, encore tout suants° de peur, ont décidé d'écraser une fois pour toutes le mouvement d'émancipation nationale québécois…

tough, strong

Si nous refusons de voir les conséquences pourtant si prévisibles de la présente situation; si nous hésitons à nous montrer au moins aussi habiles, audacieux et coriaces° que nos adversaires, il nous faudra alors accepter l'idée d'une disparition inévitable du français au Québec, dernier carré de résistance après tant de batailles perdues à travers le continent.

abundance

Il suffirait pourtant de nous élever à la hauteur des circonstances pour obtenir cette chose qui, de tout temps, nous a appartenu mais qui nous a toujours si cruellement manqué: la liberté, dans toute sa plénitude° et sa magnifique concrétisation: le premier État français d'Amérique. ■

Source: Yves Beauchemin, *Le Devoir,* mardi 9 mars 1999.

Avez-vous compris?

Lisez les déclarations qui suivent et décidez si elles sont vraies ou fausses. Si vous les trouvez fausses, corrigez-les.

1. L'auteur de l'article veut voir un Québec indépendant.   **V**   **F**

2. Le français est en train de disparaître au Québec.   **V**   **F**

3. Au niveau de l'individu, le bilinguisme est négatif.   **V**   **F**

4. L'importance du français va augmenter dans les centres métropolitains du Québec.   **V**   **F**

5. La population du Québec diminue.   **V**   **F**

Qu'en pensez-vous?

1. Craignant un désastre économique si le Québec devenait indépendant du reste du Canada, 50,58% des Québécois ont voté «non» à la séparation. Comprenez-vous cette inquiétude? Expliquez votre réponse.

2. Pensez-vous que la mondialisation incite les Québécois à apprendre l'anglais?

3. Puisque l'anglais devient de plus en plus la *lingua franca* de l'économie mondiale, quels arguments pour apprendre le français présenteriez-vous à un ami Canadien anglophone?

4. Y a-t-il des débats linguistiques dans votre pays? Comparez la situation dans votre pays à celle du Québec. Dans quelle mesure les deux situations sont-elles parallèles et dans quelle mesure ne le sont-elles pas?

5. Parler une langue: qu'est-ce que cela symbolise pour vous? Est-ce simplement un outil de communication? un acte politique? une source de fierté culturelle? Expliquez votre réponse.

CONTEXTE SOCIAL

LE QUÉBEC: UNE PROVINCE DIVISÉE

Le Québec est la plus vaste province canadienne et compte 7,54 millions d'habitants dont 95% sont francophones (avec 60% de francophones monolingues et 35% qui sont bilingues). De plus, environ 83% de la population est d'origine française, alors que 10% seulement est d'origine britannique. Le reste de la population est composé d'Amérindiens, d'Inuits et d'émigrés d'origines variées mais venant en particulier de pays francophones. Depuis toujours, les Québécois, fiers de leur culture, désirent affirmer leur identité nationale, un désir qui s'est manifesté en 1985 et en 1995 par la revendication de leur indépendance politique.

struggle
linked to / dates back

    La lutte° pour l'indépendance et la souveraineté du Québec est fortement liée à° des questions sociales, économiques et politiques, et remonte à 1763, date à laquelle la colonie de la Nouvelle-France est devenue une possession anglaise. Même si l'Acte de Québec de 1774 a garanti aux Canadiens français leurs droits religieux et civiques, ces derniers se sentaient moins privilégiés que leurs compatriotes anglophones, même dans leur propre province. Dans les années soixante°,

the sixties

une «révolution tranquille» a eu lieu. Les Canadiens français se sont de plus en plus opposés à la domination anglaise dans tous les aspects de leur vie et ont rejeté la

supervision

tutelle° catholique (par exemple, en sécularisant leurs écoles). Un grand nombre de «séparatistes», représentés par le Parti québécois, n'étaient plus favorables au bilinguisme car, selon eux, il représentait un risque, vu que le Québec est entouré

surrounded by

de° neuf provinces anglophones et vu que le français, bien que majoritaire au Québec, n'était pas la langue dominante de l'économie.

despite

    En effet, malgré° l'adoption d'une politique linguistique monolingue qui protège les droits collectifs de la majorité francophone, le Québec n'est pas devenu une société

CONTEXTE SOCIAL (Suite)

exclusivement francophone. Dans le monde des affaires par exemple ou dans les relations internationales, on utilise le français ou l'anglais, selon les besoins du moment.

    Comme l'indique le résultat du référendum de 1995 où les résultats étaient serrés°, les «fédéralistes» représentés par le Parti libéral du Québec ont réussi à maintenir la paix constitutionnelle avec la Confédération canadienne qu'ils estiment essentielle à la croissance et au développement économique de la «Belle Province». D'où, cependant, le sentiment partagé par beaucoup de Québécois que ce problème est encore loin d'être réglé°.

tight   (marginal gloss for *serrés*)

resolved   (marginal gloss for *réglé*)

LE FRANÇAIS «QUÉBÉCOIS»

Si, en vacances au Québec, vous entendez des expressions que vous n'avez jamais étudiées, ne paniquez pas! Le français parlé au Québec possède des expressions bien particulières à la région et qui diffèrent de la «langue-mère» de la même façon que l'anglais parlé aux États-Unis diffère de l'anglais britannique. La liste de vocabulaire suivante vous aidera à apprendre quelques expressions québécoises.

Au Québec, on dit...

un char	*car*
un chien chaud	*hot dog*
jaser	*to talk, chat*
un melon d'eau	*watermelon*
les lumières	*traffic lights*
la crème glacèe	*ice cream*
avoir du fun	*to have fun*
la poudrerie	*blizzard; powdery snow*
ça mouille	*it is raining*
il fait méchant	*it is nasty (of the weather)*
la noirceur	*the dark*
la vente de trottoir	*sidewalk sale*

LA BELGIQUE: «L'UNION FAIT LA FORCE»

La situation d'inéquilibre social, économique et politique qui existe en Belgique représente une source de tension et de mésentente° entre deux communautés ethniques et linguistiques, les Flamands et les Wallons. Après plus de 160 ans d'histoire commune, et au lendemain de l'Union européenne, la question de séparation politique de ces deux groupes s'ajoute à la situation déjà complexe du pays. Certaines organisations flamandes, et en particulier le parti politique Het Vlaams Blok (le Bloc Flamand), demandent le démantèlement° de l'état belge et

misunderstanding   (marginal gloss for *mésentente*)

dissolution   (marginal gloss for *démantèlement*)

🖱 CONTEXTE SOCIAL (Suite)

l'indépendance de la Flandre avec une union possible avec les Pays-Bas, afin de préserver l'identité culturelle flamande. En outre, le Vlaams Blok convoite la région Bruxelles-Capitale et veut l'annexer à la Flandre en cas de séparation de l'état belge. La question qui se pose face à la menace de séparatisme est celle de l'avenir de la région Bruxelles-Capitale et de la Wallonie. Une sécession serait désastreuse économiquement si ces deux régions devenaient indépendantes et leur seul espoir de survie serait de former une coalition entre elles ou de s'unir à la France dont elles se sentent très proches au point de vue culturel. Cependant, pour les Belges opposés au «divorce» des communautés, Bruxelles, une des capitales de l'Union européenne et le siège de l'OTAN° ainsi que de nombreuses compagnies étrangères, demeure une source d'espoir et de stabilité au sein° de l'état fédéral.

«Séparatisme? Fédéralisme? Unitarisme°? Lequel de ces trois systèmes politiques préférez-vous?» C'est la question posée à des citoyens belges durant un sondage effectué en 1996 dans les trois régions de la Belgique: la Flandre, la Wallonie et Bruxelles-Capitale. La Flandre favorise le plus le séparatisme (34,5%). Cependant, c'est le fédéralisme, le système politique belge actuel, qui reçoit le soutien majoritaire dans chaque région, et donc dans l'ensemble du pays. Le sondage indique aussi qu'un pourcentage très faible de Flamands (moins de 6%) voudrait que l'ancien système unitaire soit réinstauré, alors que plus de 20% des Wallons et presque 15% des Bruxellois favorisent un retour à ce système.

NATO

inside

système politique qui favorise la création d'un gouvernement central et dominateur. L'ancienne U.R.S.S. pratiquait l'unitarisme.

	Flandre	**Wallonie**	**Bruxelles-Capitale**	**ensemble de la Belgique**
séparatisme	34,5%	22,4%	24,5%	29, 4%
fédéralisme	59,6%	54,7%	47,1%	56,2%
unitarisme	5,9%	22,9%	28,4%	14,4%

LA FRANCOPHONIE

À la recherche d'espace supplémentaire, de matières premières et de nouveaux marchés commerciaux, le gouvernement français a pris possession, au dix-neuvième siècle, de plusieurs pays. Après une occupation française d'un siècle, ces pays ont regagné leur souveraineté et sont aujourd'hui politiquement détachés de la France. Mais la langue française s'était enracinée° d'une façon permanente dans la majorité des anciennes colonies et de ce fait, la langue française est aujourd'hui parlée sur tous les continents du globe.

had taken root

Le terme «francophonie» a été inventé par le géographe Onésime Reclus en 1880 pour décrire l'ensemble des pays et des communautés où une grande partie de la population s'exprime en français. En 1970, l'Agence de la Francophonie a été créée avec l'objectif d'utiliser l'universalité de la langue française au service de la paix et pour promouvoir la coopération économique et culturelle entre les pays francophones. À ce jour, l'agence comporte 50 états et concentre ses efforts sur la promotion de la langue française. Elle parraine° une station de télévision en langue française, TV5, que les Américains peuvent recevoir par le biais du câble°. Elle a également fondé une univer-

sponsors

by cable

CONTEXTE SOCIAL (Suite)

sité francophone — l'université Senghor à Alexandrie en Égypte. Le tableau suivant indique la répartition des pays francophones.

Europe

1. **Pays où le français est langue officielle:**
   la France
   Monaco

2. **Pays où le français est langue co-officielle:**
   la Belgique
   le Luxembourg
   la Suisse

3. **Régions où le français est langue co-officielle:**
   le Val d'Aoste (Italie)

Afrique

1. **Pays où le français est langue officielle:**
   le Bénin
   le Burkina-Faso
   le Congo
   la Côte d'Ivoire
   le Gabon
   le Mali
   le Sénégal
   le Togo
   la République démocratique du Congo

2. **Pays où le français est langue co-officielle:**
   le Burundi
   le Cameroun
   les Comores
   Djibouti
   les Seychelles

3. **Pays où le français est langue partiellement co-officielle:**
   l'Île Maurice

4. **Pays où le français est langue administrative:**
   l'Algérie
   Madagascar
   le Maroc
   la Mauritanie
   la Tunisie

5. **Régions où le français est langue officielle:**
   Mayotte
   la Réunion

Amérique

1. **Pays où le français est langue officielle:**
   Haïti

2. **Pays où le français est langue co-officielle:**
   le Canada

3. **Régions où le français est langue officielle:**
   la Guadeloupe
   la Guyane
   la Martinique
   le Québec
   St. Pierre-et-Miquelon

4. **Régions où le français est langue co-officielle:**
   le Nouveau-Brunswick
   les Territoires du Nord-Ouest
   le Yukon

5. **Régions où le français est langue partiellement co-officielle:**
   le Manitoba

Asie et Proche-Orient

1. **Pays où l'on trouve des populations francophones:**
   le Liban
   la Syrie
   la Turquie
   le Laos
   le Viêt-Nam
   le Cambodge

2. **Régions francophones:**
   Pondichéry (Inde)

Océanie

1. **Régions où le français est langue officielle:**
   la Nouvelle-Calédonie
   la Polynésie française
   Wallis-et-Futuna

2. **Pays où le français est langue co-officielle:**
   Vanuatu

DISCUSSION Répondez aux questions suivantes.

1. Dans un sondage de 1998, la majorité des Québécois ne voulait pas d'un autre référendum sur la souveraineté avant plusieurs années. Pourquoi, à votre avis?

2. Pourquoi les fédéralistes pensent-ils que l'économie d'un Québec indépendant serait plus forte?

3. Combien d'expressions québécoises de la page 176 pouvez-vous traduire en français métropolitain?

4. Quelle région de la Belgique favorise le plus le séparatisme?

5. Quel système politique de la Belgique reçoit un soutien majoritaire dans chaque région et donc dans l'ensemble du pays?

6. En Belgique, qui veut un retour à l'ancien système unitaire? Qui s'y oppose? Comment pouvez-vous expliquer pourquoi cette différence existe?

7. Dans combien de pays africains parle-t-on français?

Communautés

UN ENTRETIEN SUR LE BILINGUISME

Cherchez, dans votre communauté, une personne bilingue, de préférence francophone, et interviewez-la sur des questions de bilinguisme. Avant de commencer l'interview, préparez des questions (Quelles langues parlez-vous? À quel âge avez-vous commencer à étudier une deuxième langue? Est-ce qu'il y a des débats linguistiques dans votre pays? etc.). Ensuite, imprimez votre interview et comparez-la avec les interviews d'autres camarades de classe. Y a-t-il des points similaires? Lesquels? Y a-t-il des différences? Lesquelles? ▪

Contre-point

Le bilinguisme est une bénédiction économique et culturelle

Les mots pour le dire

noms

acquisition (f)	*acquisition*
apprentissage (m)	*learning*
bénéfice (m)	*benefit*
lexique (m)	*vocabulary, glossary*
linguiste (m/f)	*linguist*
modernité (f)	*modernism*

verbes

nier	*to deny*
planifier	*to plan*
résoudre	*to solve, resolve*

adjectifs

disponible	*available*
monolingue	*monolingual*
précoce	*early*

expressions utiles

à cause de	*because of*
langue maternelle (f)	*native language*
la résolution des conflits	*conflict resolution*

Étude de vocabulaire

Trouvez un synonyme pour chaque mot ou expression de la liste suivante.

à cause de	planifier	bénéfice	apprentissage
nier	résoudre	lexique	précoce

1. ensemble de mots   _____

2. en avance   _____

3. parce que   _____

4. avantage   _____

5. trouver une solution   _____

6. contredire   _____

7. organiser   _____

8. le fait d'apprendre   _____

De quoi parle-t-on?

Au resto-U à l'université.   Marielle Kervégan et Jacquie Le Guélec, deux étudiantes à l'université de Bretagne Occidentale, discutent la situation du breton, une langue celtique parlée en Bretagne. Écoutez leur conversation et dites si les phrases suivantes sont vraies ou fausses. Si elles sont fausses, corrigez-les.

Vrai ou faux?

1. Jacquie préfère manger seule.   V   F

2. Selon le texte de Tri Yann, on est breton avant d'être français.   V   F

3. Selon Marielle, il faut enseigner toutes les matières en breton.   V   F

4. Jacquie préfère apprendre le breton et l'anglais plutôt que
   le breton et le français.   V   F

Remue-méninges

Bilinguisme ou diglossie?   En matière de bilinguisme, chaque pays présente une situation particulière. En Afrique, on parle souvent de *diglossie,* un bilinguisme inégal de deux langues: une langue prestigieuse qu'on utilise dans des fonctions officielles, la presse, la littérature, et qui est enseignée à l'école; une autre langue utilisée plutôt dans des fonctions sociales. Souvent, l'inégalité entre les deux langues est mise en cause dans des protestations politiques. Pouvez-vous nommer d'autres situations linguistiques dans le monde où on peut parler de diglossie et où l'inégalité entre les deux langues fait l'objet de débats politiques?

Lecture

On pose souvent aux écrivains africains la question suivante: «Pourquoi écrivez-vous en français, la langue du colonisateur?» Dans le texte suivant, nous allons lire quelques réponses.

LE FRANÇAIS EN AFRIQUE: UN OUTIL DE MODERNITÉ ET DE PROGRÈS

a carryover

subtractive, negative

Pour quelques intellectuels africains, la présence continue du français sur leur continent est un vestige° du colonialisme qui dévalorise les langues maternelles et qui isole les écrivains africains de leur peuple. La cohabitation du français et des langues autochtones en Afrique, nous rappellent-ils, représente un bilinguisme «soustractif°» car la grande majorité des Africains se sentent obligés

feel they have to
causées

to make it his own
handicapé, faible

while

a staunch supporter of keeping French in Africa

cultural hybrids

ruins

weaves itself

Front de Libération Nationale (a political movement [1954–1962] that freed Algeria from the French colonial power)
La France métropolitaine, dont la forme ressemble à un hexagone
se voit bien / honnête

branches

propagée

d'°apprendre le français. Le Tunisien Albert Memmi résume dans son *Portrait du colonisé* (1957) quelques conséquences engendrées° par le bilinguisme «soustractif» ou «colonial»:

«Dans le conflit linguistique qui habite le colonisé, sa langue maternelle est l'humiliée, l'écrasée. Et ce mépris, objectivement fondé, il finit par le faire sien°. De lui-même, il se met à écarter cette langue infirme°, à la cacher aux yeux des étrangers, à ne paraître à l'aise que dans la langue du colonisateur.»

Le conflit linguistique qu'Albert Memmi souligne est accompagné en Afrique de tensions relatives à la préservation d'anciennes traditions dans un monde qui devient de plus en plus uniforme. Comment rester africain tout en° parlant la langue française et tout en adoptant un style de vie urbain et moderne? Pour Léopold Sédar Senghor, un grand défenseur du maintien du français en Afrique°, la réponse est évidente:

«Il n'est pas question de nier les langues africaines […]. Elles seront encore parlées en exprimant les immensités abyssales de la Négritude. Il est question d'exprimer notre authenticité de métis culturels°, d'hommes du XXᵉ siècle. Au moment que, par totalisation et socialisation, se construit la Civilisation de l'Universel, il est, en un mot, question de nous servir de ce merveilleux outil, trouvé dans les décombres° du Régime colonial. De cet outil qu'est la langue française.

La Francophonie, c'est cet Humanisme intégral, qui se tisse° autour de la terre: cette symbiose des «énergies dormantes» de tous les continents, de toutes les races, qui se réveillent à leur chaleur complémentaire. «La France, me disait un délégué du F.L.N.°, c'est vous, c'est moi: c'est la Culture française.» Renversons la proposition pour être complets: la Négritude, l'Arabisme, c'est aussi vous, Français de l'Hexagone. Nos valeurs font battre, maintenant, les livres que vous lisez, la langue que vous parlez, le français, Soleil qui brille hors de l'Hexagone°.[1]

La question de la présence continue de la France en Afrique soulève une autre interrogation: Quel intérêt a la France à voir ses anciennes colonies parler français? L'intérêt est en général d'ordre économique, commercial, industriel et financier. Cet intérêt se traduit bien° dans la proclamation franche° du Général de Gaulle quand il dit que les états n'ont pas d'amis, ils n'ont que des intérêts. En effet, la France fait toujours du commerce avec la majorité de ses anciennes colonies où l'on note la présence constante d'un grand nombre d'entreprises françaises ou de succursales° de sociétés françaises. S'agit-il d'une relation économique équitable? S'agit-il d'une réelle parité commerciale? Difficile à dire mais une chose est sûre, il paraît évident que la présence de la langue française, perpétuée° et célébrée par la grande institution de la francophonie, favoriserait des intérêts mutuels entre l'Afrique et la France. De plus, aujourd'hui, qui dit France dit Union européenne…

Comme l'a souligné Senghor, il ne s'agit pas de nier les langues africaines. Il est très important de valoriser les langues maternelles et de les utiliser effectivement et concrètement dans tous les secteurs de la vie; mais pour le moment, le français, une langue internationale de communication, doit être maintenu et utilisé au service du développement économique, social et culturel du continent. ∎

[1]Léopold Sédar Senghor, «Le français, langue de culture». *Esprit*, n°311, novembre 1962, p. 844 (extrait).

Avez-vous compris?

1. Pourquoi est-ce que certains écrivains africains ont des sentiments négatifs vis-à-vis de la langue française?

2. Quelle est l'attitude d'Albert Memmi vis-à-vis de la langue française?

3. Quelles différences et ressemblances voyez-vous entre les deux positions?

4. Selon certains Africains, est-ce que c'est seulement la langue française qui menace les cultures africaines?

5. Quels avantages les Africains ont-ils, eux aussi, à continuer à apprendre le français?

6. Pourquoi est-ce que Senghor n'est pas contre l'emploi du français par les Africains? Essayez de reformuler ses idées en utilisant vos propres mots.

7. Selon le texte, quel avantage la France a-t-elle à cultiver la francophonie en Afrique?

Qu'en pensez-vous?

1. Dans le contexte africain, qui de l'ancien colonisateur ou de l'ancien colonisé gagne le plus à maintenir l'apprentissage de la langue du colonisateur (qu'il s'agisse du français, de l'anglais ou du portugais)?

2. On dit de plus en plus que l'espagnol est la deuxième langue nationale américaine, à cause de l'immigration intense qui a lieu des pays hispanophones vers les États-Unis. Qu'en pensez-vous? Considérez-vous les États-Unis comme un pays bilingue (anglais et espagnol)? Pourquoi ou pourquoi pas?

3. Vous avez probablement entendu parler des «English-only rules» qui forcent les employés d'une compagnie américaine à s'exprimer en anglais au lieu de travail. Qu'en pensez-vous? Cette loi vous semble-t-elle juste? Expliquez votre réponse.

4. Quels seraient les avantages et les inconvénients pour un écrivain africain d'écrire dans sa langue maternelle?

5. Albert Memmi a écrit son *Portrait du colonisé* en 1957. Pensez-vous que les attitudes qu'il décrit aient changé depuis cette époque-là? Pourquoi ou pourquoi pas?

6. Quels aspects d'une culture sont menacés par la globalisation, à votre avis?

7. Comment imaginez-vous les rapports économiques entre la France et les pays africains? Ont-ils tous les mêmes attentes, les mêmes intérêts, les mêmes besoins, la même influence les uns sur les autres, etc.?

8. Quand deux cultures ont beaucoup d'interactions, est-ce que chacune perd un peu de sa qualité unique? Expliquez.

LIENS INTERDISCIPLINAIRES

«OUI OR NO»

new historicism

Contrairement à l'histoire qui se concentre sur les guerres, les batailles, les rois, etc., la nouvelle histoire° ne s'intéresse que très peu aux événements, au profit de l'analyse des raisons, des causes et des effets, de la vie comme elle était vécue à l'époque que l'historien étudie. L'émotion, les sentiments, le vécu profond des gens, ce qui fait de nous des humains, ont ainsi pu éclairer l'histoire d'une nouvelle lumière. Cette nouvelle histoire n'hésite pas non plus à s'inspirer de la littérature pour comprendre les faits historiques de la façon dont ils ont été vécus par les gens. Grâce aux romans et textes de romanciers comme Marguerite Duras, par example, l'histoire de la Deuxième Guerre mondiale s'est trouvée éclairée par les récits personnels des événements traumatiques de cette époque.

De même, l'extrait de la nouvelle que vous allez lire, tiré des Aurores montréales de Monique Proulx et intitulé «Oui or No», nous offre une perspective intéressante sur les événements et les émotions qui ont été vécus par les Québécois au moment du référendum de 1995 sur la souveraineté. Bien qu'il soit clair que l'impact du texte est dû essentiellement à l'art de son auteur, nous vous engageons ici à le considérer plus comme un document historique que comme une œuvre littéraire.

Dans «Oui or No», Éliane, la protagoniste québécoise et francophone, vit une relation amoureuse avec Nick Rosenfeld, qui vit à Toronto, au Canada anglophone, au moment du référendum. En utilisant la métaphore du lit comme fil conducteur des deux trames° de l'histoire, l'auteur nous invite à considérer l'aventure vécue par le couple Éliane/Nick comme parallèle et liée à celle de la relation Québec francophone/Canada anglophone.

the unifying thread between the two lines

C'est l'histoire d'une femme qui rencontre un homme sans le rencontrer vraiment. Il y a beaucoup d'histoires de femmes qui rencontrent des hommes sans les rencontrer vraiment, beaucoup trop je sais bien…

boxed in / soft, lacking in moral convictions

C'est l'histoire aussi d'un petit pays confus encastré° dans un grand pays mou°. Le petit pays n'a pas de papiers officiels attestant qu'il est bien un pays. Il a toutes les autres choses qui font un pays, mais les papiers, ça, il n'a pas. Parfois, il s'assoupit° paisiblement° dans le lit du grand pays mou en rêvant qu'il est chez lui. Parfois, il rêve que le grand pays mou l'enserre° et l'engloutit° dans ses draps marécageux° et il se réveille avant de disparaître.

falls asleep / peacefully / strangles / swallows up / marshy

remote control
slept with
sinks, sags

La femme de l'histoire habite ce petit pays. Elle s'appelle Éliane. Elle vit depuis des années avec Philippe, qu'elle appelle affectueusement Filippo pour des raisons oubliées. Lorsque l'histoire commence, elle est allongée sur un sofa tandis que Filippo pianote sur la télécommande° du téléviseur. Elle regarde Filippo mais elle pense à Nick Rosenfeld, avec qui elle a couché° la semaine dernière. C'est l'heure où la journée s'affaisse° sur elle-même, immatérielle et épuisée. C'est l'heure aussi où le petit pays parle, à la télévision.

LIENS INTERDISCIPLINAIRES (Suite)

suffocating embraces

Il s'agit d'un moment historique, peut-être. Le petit pays se trouve dans une période de réveil et d'asphyxie, il réclame un lit à lui pour fuir les étreintes suffocantes°.

[…] *(Éliane pense ensuite à la conversation téléphonique qu'elle vient de tenir avec Nick…)*

shoal / on the other end of the line

Ils se parlent toujours dans sa langue à lui, même s'il dit qu'il comprend sa langue à elle. La conversation est périlleuse, bien sûr, puisqu'elle doit naviguer entre l'écueil° de l'émotion et l'écueil des mots étrangers. Chaque fois qu'au bout du fil° Nick Rosenfeld raccroche, elle cherche et trouve trop tard dans le dictionnaire ce qu'il aurait fallu lui dire, elle prépare des phrases terriblement efficaces qui s'évanouissent au moment de les prononcer. *(Your accent is adorable.)* La conversation est

twisted efforts

upheaval / anxiety, concern / knocks her over

concise

périlleuse et inégale. Quand enfin elle parvient, après de laborieux entortillements° à lui exprimer le bouleversement° que lui cause sa voix au téléphone et la frayeur° surtout que lui cause ce bouleversement, sa réponse à lui la foudroie°. *(Same here.)* Oh cette langue lapidaire° qu'il a, cette langue en coups de poing. Comment résister à une langue qui va droit au but et qui persiste si longtemps dans la mémoire? *(Oh Éliane. My dear. Oh you. You.)*

expectations

Les attentes° sont sources de palpitations et de souffrances, mais l'humanité n'a rien trouvé de mieux pour rester éveillée. Le petit pays, par exemple, s'attend à ce que sa population accepte avec exaltation les sacrifices qui mènent au lit neuf,

benevolence

vague desires

asking

s'attend à ce que le grand pays accueille avec bienveillance° les vélléités° d'indépendance et lui prête même des oreillers. Éliane s'attend à un bouleversement fondamental si elle obéit à la voix de sirène de Nick Rosenfeld l'intimant° sans relâche de revenir vers lui. *(Are we going to let this die?)* Que se passera-t-il s'il dit «*I love you*», mots terrifiants et cinématographiques qui débouchent sur un

abyss

abîme°? Que se passera-t-il s'il ne les dit pas? Qu'arrivera-t-il au petit pays s'il ne parvient à convaincre personne? Il faut cesser d'avoir peur. Il faut aller voir. […]

Éliane décide d'écrire à Nick Rosenfeld. Elle veut savoir quelle était cette chose essentielle exigeant sous peine d'être compromise qu'elle retourne près de lui *(Are*

bloom, open up

we going to let this die?) et qui s'est terminée là avant qu'elle la voie éclore°. Ce n'est pas facile à formuler. Il faut se battre encore une fois sur son terrain à lui,

to palpate, touch

palper° sous tous leurs angles les mots étrangers pour en pressurer l'âme. Éliane traduit mentalement dans la langue de Nick Rosenfeld tout ce qu'elle entend, en

as an exercise

manière d'exercice°. *Pass me the butter. Give me a break. Do you agree with the law voted by the National Assembly and proclaiming a new bed? Yes or No.* Elle

not live, recorded

traduit les consultations télédiffusées en différé° le soir. Parfois, elle n'a pas besoin de traduire, parce que les interventions sont déjà dans sa langue à lui: par exemple, celles des chefs de nations anciennes, drapés dignement dans leur propre extinction tragique, qui viennent s'opposer à la survie du petit pays. Il ne reste alors que Filippo à traduire, les questions imperturbables de Filippo: «*What do you mean when you say that we are not a nation?*» Mais traduire mentalement Filippo est une expérience difficile, qui la laisse terriblement honteuse. C'est à ce moment-là qu'elle sent qu'elle le trahit vraiment, qu'elle le trahit plus qu'avec Nick Rosenfeld…

Source: Monique Proulx, *Les Aurores montréales*, «Oui or no», (extrait).

DISCUSSION

1. Expliquez le titre de la nouvelle de Monique Proulx, «Oui or no». Pensez-vous que ce titre soit bien choisi?

2. Quel est le sujet du premier paragraphe du texte? du deuxième paragraphe? Quel mot Monique Proulx utilise-t-elle pour noter le rapport entre les deux paragraphes?

3. Pouvez-vous nommer «le petit pays» et «le grand pays mou»? Pourquoi pensez-vous que l'auteur ne les a pas mentionnés directement? Le texte mentionne aussi que «le petit pays» a tout ce qu'il faut pour être un pays sauf les papiers. Quels sont ces papiers, selon vous?

4. Dans quelle langue Nick s'exprime-t-il? Comment le savez-vous? Quel impact sur le lecteur a l'intervention de cette langue dans un texte en français?

5. Comment Éliane parle-t-elle la langue de Nick? Quelles émotions le fait de parler cette langue suscite-il chez Éliane?

6. En quoi la relation entre Éliane et Nick éclaire-t-elle la relation entre le Québec et le reste du Canada? Pourquoi est-ce que l'écrivain dit au début qu'Éliane rencontre Nick «sans le rencontrer»?

7. Comment ce texte exemplifie-t-il la notion de bilinguisme? Comment doit-on comprendre le bilinguisme dans ce texte? Qu'est-ce qu'il suggère à propos des rapports entre Éliane et Nick? entre le Québec et le reste du Canada?

8. Pourrait-on adapter cette histoire pour montrer les positions relatives des États-Unis (le grand pays mou) et du reste du monde (les petits pays) aujourd'hui?

Réplique et synthèse

A Discussion

1. Quels problèmes est-ce que le bilinguisme peut causer dans un pays?

2. Est-ce désirable d'encourager et de protéger les cultures minoritaires aux États-Unis? Pourquoi ou pourquoi pas? Si oui, comment y parvenir?

3. Quels sont les avantages et les inconvénients pour les anglophones de la domination de la langue anglaise/américaine dans le monde d'aujourd'hui? Quels sont les bénéfices (personnels, professionnels, économiques, politiques) de parler une ou plusieurs langue(s) étrangère(s)? Devrions-nous encourager l'apprentissage des langues étrangères aux États-Unis? Si oui, comment?

4. Pensez à une famille dont les ancêtres ont émigré en Amérique du Nord (la vôtre ou une autre que vous connaissez bien). Jusqu'à quelle génération faut-il remonter pour trouver des gens dans cette famille dont la langue maternelle n'était pas l'anglais?

5. Dans certains cas, les nouveaux émigrés semblent «oublier» leur langue maternelle assez vite, mais dans d'autres, leurs enfants, leurs petits-enfants, et cetera, continuent à apprendre et à utiliser cette langue. Comment expliquez-vous cette différence?

6. Parmi les gens que vous connaissez personnellement, comment savez-vous qu'ils sont fiers de leur héritage d'immigrés (utilisation d'une autre langue, observance des fêtes d'une autre culture, objets dans leur maison, etc.)?

7. Que savez-vous de l'éducation bilingue/biculturelle dans les écoles publiques et privées aux États-Unis? (Comment est-ce que cela marche? Quels en sont les résultats?)

8. Comment est-ce que les minorités culturelles américaines ou les familles étrangères qui séjournent pendant un temps limité aux États-Unis (les diplomates ou les hommes/femmes d'affaires, par exemple) arrivent à influencer leurs enfants pour qu'ils continuent à utiliser leur langue maternelle?

9. Dans quelle mesure est-ce que la façon de parler sa langue maternelle (vocabulaire, accent, diction, grammaire, etc.) présente un avantage ou inconvénient dans la vie personnelle et professionnelle?

B Débats

1. Est-ce que nous devrions avoir une charte aux États-Unis — pour déclarer, par exemple, que l'anglais est la seule langue officielle du pays ou pour reconnaître l'importance croissante de l'espagnol? Pourquoi ou pourquoi pas?

2. Est-ce possible d'être un(e) véritable citoyen(ne) d'un pays sans parler la langue (une des langues officielles) de ce pays? Expliquez.

3. Pensez-vous qu'une culture puisse survivre même si on ne parle plus la langue qui la véhicule? Expliquez.

C Recherches

1. Choisissez un endroit dans le monde où on parle (ou a parlé) plus d'une langue et préparez un exposé à présenter à vos camarades de classe. Utilisez

comme modèle les premières lectures du Chapitre 7 (sur la Belgique, le Luxembourg et le Canada). Présentez les raisons historiques, géographiques, politiques (ou autres) qui expliquent la présence de plus d'une langue, parlez de la situation actuelle (Est-ce que les deux langues fleurissent? Est-ce que l'une d'entre elles est en déclin? Est-ce qu'elle a carrément disparu?), ... Vous pouvez parler des pays francophones, ou d'autres cas intéressants (par exemple, à une certaine époque aux États-Unis, la plupart des habitants de Martha's Vineyard parlaient anglais et la langue des signes — pourquoi?).

2. Faites des recherches sur une langue que vous ne connaissez pas, mais qui vous intéresse — apprenez quelque chose sur sa structure, sa grammaire, ses liens avec d'autres langues, les endroits où elle est parlée, et cetera. Enseignez quelques mots ou expressions dans cette langue à vos camarades de classe.

3. Trouvez l'exemple d'un gouvernement qui a essayé de faire disparaître une langue minoritaire dans son pays (e.g., la langue bretonne en France, les langues indigènes des Amérindiens aux États-Unis, etc.). Comment et pour quelles raisons a-t-on essayé d'éliminer cette langue? A-t-on réussi?

4. **L'histoire des mots.**   Cherchez les origines des mots suivants ou d'autres mots qui vous intéressent:
   français: anorak, assassin, barbare, bureau, bistro, café, canif, capitaine, choucroute, Louisiane, redingote, tête, transat, travail, vasistas, xénophobe, zéro
   anglais: buckaroo, entrée, goblin, gumbo, love (en tennis), mascara, Michigan, moose, parka, patio, sauna, sherry, taxi, thug, Timbuktu (as in "from here to Timbuktu"), toboggan, toodleoo, tote

5. **Les langues de la France.**   Bien que le français soit la seule langue officielle de la France, ce n'est pas la seule langue qu'un visiteur risque de rencontrer en visitant le pays. Malgré son unité linguistique relative, la France demeure une nation plurilingue, avec sept langues (en plus du français) parlées à l'intérieur de ses frontières. Cherchez à la bibliothèque ou sur des sites Internet pour trouver les autres langues qui sont parlées en France.

6. Trouvez le nom d'un auteur qui n'écrit pas dans sa langue maternelle, (Casanova, Andreï Makine, Ying Chen, Da Sijie, Joseph Conrad, Anna Moï, Léopold Sédar Senghor, Tahar Ben Jelloun, Julien Green, Samuel Beckett, Vladimir Nabokov, Julia Kristeva, Brunetto Latini, Nancy Huston, Eugène Ionesco, Erasmus, etc.) et faites des recherches à son sujet. Pourquoi est-ce que cette personne a choisi d'écrire dans une langue qui n'est ou n'était pas «la sienne»?

7. Trouvez quelles études il faut faire aujourd'hui pour devenir traducteur (-trice) ou interprète. Où est-ce que ces gens travaillent et que font-ils, exactement? Il y a un proverbe italien qui dit «Traduttore, tradittore» («Le traducteur est un traître.») — êtes-vous d'accord avec ce proverbe?

D **Tout le monde n'est pas bilingue!** Tout le monde n'est pas bilingue et ceux d'entre nous qui ne le sont pas doivent apprendre à faire des circonlocutions quand nous avons besoin d'un mot que nous ne connaissons pas. Ce qui suit est un jeu qui va vous aider à pratiquer la circonlocution.

Avant le jour où le jeu va avoir lieu, divisez la classe en deux équipes. Chaque membre de chaque équipe doit trouver trois ou quatre objets que ses camarades pourraient vouloir acheter pendant un voyage dans un pays francophone. Il s'agit d'objets qu'ils ne savent probablement pas nommer en français. Écrivez le nom anglais de chaque objet sur un morceau de papier et ajoutez les initiales de votre nom et prénom. Le jour du jeu, tous les mot de l'équipe A vont dans un sac et ceux de l'équipe B dans un autre. Un membre de l'équipe A tire un mot du sac de l'équipe B et, sans gestes ou autres moyens visuels, explique le mot à son équipe. Si les membres de son équipe devinent le mot dans les limites de temps indiquées par le professeur, cette équipe marque un point. S'ils échouent, l'étudiant(e) dont les initiales sont marquées sur le papier doit expliquer le sens du mot au professeur, de façon satisfaisante, sans lire la définition dans ses notes. Si l'étudiant(e) est incapable de le faire, son équipe perd un point. Avant de passer au mot suivant, enseignez à vos camarades de classe le vrai mot français pour cet objet.

quelque chose, un objet, une
   chose, un truc (*thing*)
un médicament
un produit
un appareil
un outil
une sorte de _____
…

pour (+ infinitif)
qui est utilisé(e) pour (+ infinitif)
qu'on utilise pour (+ infinitif)
dont on se sert pour (+ infinitif)
avec (dans, sur, sous, etc.) lequel/laquelle
   (etc.) on… (+ verbe conjugé)

Modèle: (clothes hanger JS) *C'est un objet (généralement en métal ou en plastique) sur lequel on met ses vêtements quand on les range dans un placard.* (un cintre ou un porte-manteau)

Ouvertures créatives

1. Sur l'Internet (en utilisant un moteur de recherche français) ou ailleurs, trouvez une histoire traditionnelle issue d'une culture francophone et transformez-la en un sketch à présenter à la classe.

2. Effectuez des recherches sur une destination francophone (trouvez aussi des photos) et faites une brochure pour encourager des touristes francophones à y aller. Vous pouvez aussi préparer un sketch dans lequel les acteurs sont des vacanciers potentiels et un agent de voyage qui leur décrit différentes destinations touristiques.

3. Trouvez la recette d'un plat typique d'un pays francophone, préparez-le pour le reste de la classe et apportez-le en classe le jour fixé pour la dégustation.

4. Écrivez et déclamez devant la classe un discours dans lequel certaines techniques oratoires, le style, et cetera, du Général de Gaulle seront évidentes. (Voir **Cahier**, À l'écoute.)

Rédaction guidée

Système-D

Writing an essay
Asserting and insisting
Comparing and contrasting
Comparing and distinguishing
Weighing alternatives
Weighing the evidence
Linking ideas
Making transitions
Sequencing events
Writing a conclusion

A **Sujet** «Le bilinguisme aux États-Unis est-il souhaitable?»

B **Orientation** Dans ce chapitre, nous allons écrire notre première rédaction dialectique complète.

C **Avant d'écrire**

Pour écrire un bon devoir, nous allons procéder par étapes. À chaque étape, assurez-vous de relire la section pertinente du texte pour vous «rafraîchir les idées»: par exemple, quand vous préparerez le plan de votre devoir, relisez la section «Rédaction guidée» du Chapitre 6; avant de commencer votre thèse, relisez la section correspondante dans le Chapitre 2, et ainsi de suite.

En groupes de deux à trois étudiants, discutez la partie 1 qui suit:

1. Comment comprenez-vous le sujet? Quel aspect de ce sujet vaste allez-vous traiter? Quelle langue est susceptible de devenir une deuxième langue maternelle aux États-Unis? Pourquoi? En quoi la situation des États-Unis diffère-t-elle de la situation du Québec et de l'Afrique? En quoi est-elle similaire? Cette discussion va vous aider à limiter votre sujet et à préparer votre introduction, mais rappelez-vous qu'il ne faut pas l'écrire tout de suite! L'introduction est la dernière partie que vous rédigerez pour vous assurer qu'elle prépare bien au contenu de votre texte.

Ensuite, seul(e), commencez votre travail personnel.

2. **LA THÈSE:** **Le bilinguisme aux États-Unis est souhaitable parce que...** Écrivez une phrase qui résume cette position. Ensuite, écrivez trois points qui l'étayent *(support it)*.

   ■

   ■

   ■

   Quand vous aurez écrit cette partie, assurez-vous qu'elle contient bien les éléments suivants: (Vous pouvez demander à un[e] autre étudiant[e] du cours de vérifier aussi pour vous!)

   ■ _____ une phrase ou deux d'introduction: De quoi parle votre thèse?

   ■ _____ trois idées principales qui soutiennent votre thèse

   ■ _____ un développement des idées 1, 2 et 3

   ■ _____ quand c'est possible, des exemples qui clarifient votre point

   ■ _____ une mini-conclusion: Comment pouvez-vous résumer et généraliser ce que vous venez d'exposer dans la thèse?

3. **L'ANTITHÈSE: Le bilinguisme aux États-Unis n'est pas souhaitable parce que...** Même travail que pour la thèse. Présenter la position de quelqu'un qui pense le contraire des déclarations dans la thèse. Mettez en avant *(Highlight)* les éléments de cet autre point de vue qui vous semblent logiques.

   -
   -
   -

   Vous avez donc maintenant le «squelette» de votre antithèse. De plus, avez-vous...

   - _____ une phrase ou deux d'introduction? (De quoi parle votre antithèse?)

   - _____ trois idées principales qui soutiennent votre thèse

   - _____ un développement des idées 1, 2 et 3?

   - _____ quand c'est possible, des exemples qui vont clarifier votre point?

   - _____ une mini-conclusion? (Comment pouvez-vous résumer et généraliser ce que vous venez d'exposer dans l'antithèse?)

4. **LA SYNTHÈSE:** Réfléchissez à la façon dont les deux points de vue opposés peuvent être dépassés. Quels sont les obstacles au bilinguisme aux États-Unis? Dans quelle mesure le bilinguisme est-il inévitable? Votre synthèse contient-elle...

   - _____ un bref résumé de l'opposition exposée dans la thèse et l'antithèse?

   - _____ L'introduction d'un troisième élément qui détruit l'opposition binaire?

   - _____ une résolution du conflit apparent qui propose un nouvel élément qui permet d'échapper à la contradiction originale?

5. **LA CONCLUSION:** Notez brièvement les points essentiels de votre devoir (essayez de ne pas répéter les mêmes mots, mais de résumer vos idées). Indiquez la conclusion que vous pouvez tirer de ce travail. Votre conclusion peut-elle vous amener à répondre à la question de votre introduction? Mentionnez ici votre position personnelle sur le sujet. La conclusion contient-elle bien les éléments suivants?

   - _____ un résumé du contenu de la rédaction, **si la synthèse ne propose pas de résumé**

   - _____ au moins un élément de réponse à la question qui dirige votre rédaction, qu'elle soit explicite ou non

- _____ votre opinion personnelle sur le sujet

- _____ une **nouvelle** question, qui pointe dans la direction de nouvelles recherches à faire ultérieurement (facultatif)

6. **L'INTRODUCTION:** Pensez à la façon dont vous allez poser la question principale de votre devoir. N'oubliez pas de donner un contexte à votre travail. Par example, faites quelques recherches sur l'Internet ou ailleurs sur le bilinguisme américain. Ensuite, expliquez en quoi la question qui vous préoccupe est importante. Quelle image illustrative pouvez-vous utiliser pour attirer l'attention de votre lecteur/lectrice? Pour donner vie à cette image, pensez à la façon dont elle va mener à votre thèse.

    Est-ce que votre introduction contient les éléments suivants?

- _____ un début avec «ce que tout le monde sait»

- _____ de nouveaux éléments moins connus (par exemple, le nombre de bilingues aux États-Unis, le nombre d'hispanophones, et cetera)

- _____ un moyen d'attirer *(to attract)* l'attention du lecteur avec une anecdote, une image frappante, ...

- _____ une explication de la question que vous allez analyser

- _____ des renseignements de fond

- _____ l'annonce de ce qui va suivre, la structure de votre devoir

- _____ une question dominante, à laquelle l'ensemble de votre devoir va essayer de répondre

7. Après avoir écrit votre introduction, essayez de trouver un moyen d'y reprendre votre anecdote / image frappante, etc.

8. Enfin, n'oubliez pas d'utiliser des mots connecteurs qui aideront votre lecteur à bien comprendre la structure de votre thèse: **Je vais montrer…, D'abord…, Ensuite…, De plus…, Donc…,** etc.

9. Relisez votre devoir plusieurs fois!

8

L'éducation: Devrait-elle être gratuite ou payante?

Objectifs communicatifs

COMMUNICATION
- **Point** Les études payantes: Comment joindre les deux bouts?
- **Contre-point** Le prix des études gratuites

COMPARAISONS STRUCTURALES
- L'interrogation

CONTEXTE SOCIAL
- Connaissez-vous les sigles de l'éducation?

COMMUNAUTÉS
- Un séjour linguistique

LIENS INTERDISCIPLINAIRES
- Valérie Erlich, *Les Nouveaux Étudiants: Un groupe en mutation* (extrait)

*C*ontroverse: Vous vous êtes peut-être déjà plaint(e) du prix de votre éducation universitaire. Aux États-Unis et au Canada, les études supérieures coûtent cher. En France, par contre, l'instruction est considérée comme un droit du citoyen et le gouvernement fait le maximum pour en minimiser le coût. Alors de quoi les étudiants français se plaignent-ils? Pourquoi font-ils si souvent la grève *(go on strike)*? C'est qu'avec une instruction gratuite (ou peu coûteuse) viennent des conditions de travail souvent difficiles: pas assez de professeurs, pas assez de places dans les amphithéâtres, pas assez d'ordinateurs, etc. La liste de ce qui manque dans l'enseignement supérieur français est très longue. Dans ce chapitre, nous allons examiner le pour et le contre des frais de scolarité *(tuition)* élevés.

Premières pensées

Les mots pour le dire

noms

collège (m)	*middle school*
diplôme (m)	*diploma, degree*
école (f)	*school*
éducation (f)	*education, upbringing*
enseignement (m)	*teaching*
études (f pl)	*course work, studies*
faculté (f)	*college, school (within a university or college) (e.g., School of Architecture, College of Liberal Arts, etc.)*
faculté (f) des lettres	*liberal arts school, College of Liberal Arts (within a university or college)*
lycée (m)	*high school*
prêt (m)	*loan*

verbes

franchir	*to overcome*
grimper	*to climb up*
manquer	*to be missing, lacking*
nuire	*to harm*
se débrouiller	*to get along, manage, find a way to do something*
(s')endetter	*to go into debt*

adjectifs

bas(se)	*low*
(bien / mal) rémunéré(e)	*(well / poorly) paid or paying*
éducatif(-ive)	*educational*
élevé(e)	*high*
manquant(e)	*missing*

expressions utiles

à vos risques et périls	*at your own risk*
bourse (f) d'études	*scholarship (to pay for college)*
clamer haut et fort	*to broadcast*
école élémentaire (f)	*elementary school*
école secondaire (f)	*middle and high school*
enseignement supérieur (m)	*higher learning, post-secondary education*
être boursier(-ière)	*to be on scholarship*
faire bon ménage	*to get along*
gagner trop cher (canadianisme)	*to make too much money*
subvenir à ses besoins	*to make ends meet; to take care of one's needs*
venir à la rescousse	*to come to the rescue*

A **Le monde des études supérieures**

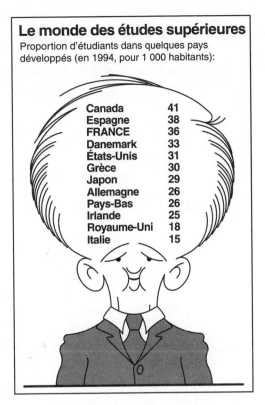

Le monde des études supérieures
Proportion d'étudiants dans quelques pays développés (en 1994, pour 1 000 habitants):

Canada	**41**
Espagne	**38**
FRANCE	**36**
Danemark	**33**
États-Unis	**31**
Grèce	**30**
Japon	**29**
Allemagne	**26**
Pays-Bas	**26**
Irlande	**25**
Royaume-Uni	**18**
Italie	**15**

Gérard Mermet, *Francoscopie 1997*, p. 101.

QUESTIONS

1. Quels pourcentages de Français, d'Américains et de Canadiens font des études supérieures?

2. Ces pourcentages sont-ils surprenants pour vous? Pouvez-vous expliquer pourquoi les États-Unis ont le pourcentage le plus bas des trois pays de la question 1?

3. Quels autres pays ont un pourcentage surprenant pour vous? Pourquoi? Comment expliquez-vous ces pourcentages?

B Les diplômes en France

+ 9 ans	• Diplôme d'État de docteur en Médecine	DOCTORAT
+ 8 ans	• Doctorat	
+ 6 ans	• Diplôme d'État de docteur en Chirurgie dentaire • Diplôme d'État de docteur en Pharmacie	
+ 5 ans	• Master recherche — Diplôme d'Études Approfondies (DEA) • Master professionnel — Diplôme d'Études Supérieures Spécialisées (DESS) • Diplôme d'ingénieur • Diplômes des Écoles de Commerce et de Gestion	MASTER
+ 4 ans	• Maîtrise	
+ 3 ans	• Licence • Licence professionnelle	LICENCE
+ 2 ans	• Diplôme d'Études Universitaires Générales (DEUG) • Diplôme Universitaire de Technologie (DUT) • Brevet de Technicien Supérieur (BTS) • Diplôme d'Études Universitaires Scientifiques et Techniques (DEUST)	
Fin d'études secondaires + Baccalauréat = Entrée dans l'enseignement supérieur		

1. Si vous suiviez en France les mêmes études que vous suivez maintenant, où seriez-vous dans le schéma ci-dessus?

2. Dans les offres d'emploi, on lit souvent que les employeurs cherchent quelqu'un avec «Bac + 2» ou «Bac + 4». Pourquoi disent-ils cela, au lieu de demander «un DEUG», par exemple?

Point

Les études payantes: Comment joindre les deux bouts?

Les mots pour le dire

noms

dépanneur (m)	*corner store, convenience store (Canada)*
moitié (f)	*half*

verbes

entrevoir	*to foresee; to catch a glimpse of*
se serrer	*to stand, sit, or be close together*

expressions utiles

faire des pieds et des mains	*to work really hard at something*
joindre les deux bouts	*to make ends meet*
se serrer la ceinture	*to tighten one's belt*
se tuer à la tâche	*to work oneself to death*

Étude de vocabulaire

Pouvez-vous relier les expressions équivalentes?

Cette expression tirée du texte	**veut dire…**
1. à vos risques et périls	a. aider
2. clamer haut et fort	b. avoir assez d'argent pour finir le mois
3. faire bon ménage	c. en assumant les responsabilités et les conséquences
4. faire des pieds et des mains	d. dépenser moins d'argent
5. gagner trop cher (canadianisme)	e. dire à voix haute avec intensité
6. joindre les deux bouts	f. gagner assez d'argent pour vivre
7. se serrer la ceinture	g. travailler trop
8. se tuer à la tâche	h. faire beaucoup d'efforts
9. subvenir à ses besoins	i. s'entendre bien
10. venir à la rescousse	j. gagner trop d'argent

De quoi parle-t-on?

Peine d'argent. Julien et Marc ont fait leurs études secondaires dans le même lycée, où ils étaient amis. Julien est maintenant étudiant en médecine, et Marc, en sociologie. Ils se rencontrent devant le restaurant universitaire. Écoutez leur conversation et dites si les phrases suivantes sont vraies ou fausses. Si vous trouvez qu'une phrase est fausse, corrigez-la.

1. Marc est optimiste.   **V   F**

2. Marc bénéficie d'une bourse d'études.   **V   F**

3. Julien gagne trop d'argent pour avoir une bourse.   **V   F**

4. Julien pense qu'il va se débrouiller.   **V   F**

5. Marc offre un peu d'aide à Julien.   **V   F**

Remue-méninges

Êtes-vous étudiant(e) à plein temps? Répondez aux questions suivantes de manière approximative.

1. De combien d'argent un étudiant a-t-il besoin aujourd'hui pour vivre confortablement, mais sans extras?

2. Est-ce que vos parents vous aident financièrement?

3. Travaillez-vous pour pouvoir vivre? Si oui, combien d'heures par semaine travaillez-vous?

4. Quels inconvénients voyez-vous au fait de travailler pendant vos études? Y a-t-il des avantages à travailler pendant vos études? Lesquels?

Lecture

«LA VIE D'ÉTUDIANT? À VOS RISQUES ET PÉRILS!»

Le journal canadien Le Soleil *a publié cet article de Béatrice Farand, étudiante en journalisme à l'Université de Sherbrooke, dans lequel elle parle des préoccupations et des besoins des étudiants canadiens.*

Au Québec, selon une enquête° de l'UQAM°, près de la moitié des étudiants à temps plein bénéficie d'un prêt du gouvernement. Après un baccalauréat°, leur endettement° peut grimper jusqu'à 15 000$°. L'autre moitié des étudiants a choisi ou a été contrainte de° ne pas s'endetter. Comment arrive-t-elle à joindre les deux bouts?

study / *Université du Québec à Montréal* / bachelor's degree (Canada) / (incurred) debt / $15 000 Canadian dollars / was forced to

Pour réussir sans l'aide du gouvernement, les étudiants font face à un cruel dilemme: se consacrer uniquement à leurs études et se serrer la ceinture ou respirer plus librement mais délaisser quelque peu le savoir°. À moins que papa et maman viennent à la rescousse, les comptes et le loyer ne se payent pas tout seuls. Selon le système de calcul des prêts et bourses, un étudiant à temps plein a besoin de 10 000$ par année pour subvenir à ses besoins. Pour ne pas nuire à ses résultats scolaires, il ne devrait pas dépasser 15 à 20 heures de travail par semaine. Calcul rapide: 15 heures par semaine au salaire minimum pendant 52 semaines n'excèdent pas 5000$. Voilà pourquoi plusieurs se tuent à la tâche.

Travailler tout en étudiant est devenu normal, voire valorisé. Ceux qui se consacrent uniquement à leurs études passent pour° moins travaillants aux yeux des autres, même si parfois la discipline dans laquelle ils étudient demande plus d'efforts. Cependant, les résultats scolaires souffrent parfois des heures allouées° au travail. Si au moins le jeu en valait la chandelle°: 53% des étudiants du premier cycle estiment que leur travail ne leur permet pas d'acquérir une expérience liée à leur domaine d'études. Il suffit de regarder le nombre d'entre eux travaillant dans des restaurants, des dépanneurs ou des boutiques.

Mais le travail durant les études n'a pas seulement de mauvais côtés. Il leur permet d'entrevoir ce qui est la vie une fois que les études sont terminées. En plus du sens des responsabilités, ils acquerront une discipline personnelle et seront plus aptes à surmonter leurs difficultés. Il faut faire des pieds et des mains pour que travail, études, santé et bien-être fassent bon ménage.

Sous le seuil° de la pauvreté

Que ceux qui clament haut et fort° que les étudiants perdent leur temps changent d'opinion. Et que se joignent à eux les tenants de la rumeur° selon laquelle les étudiants vivent grassement. Peuvent-ils seulement imaginer quel genre de train de vie° on mène avec seulement 10 000$ par année? Assurément, rien qui soit au-dessus du seuil de la pauvreté!

Pensez-y bien. Le loyer° engloutit 200$ par mois, l'épicerie°, environ 30$ par semaine si on s'en tient au° stricte minimum. Additionnons le téléphone, le chauffage, l'électricité et l'eau chaude. N'oublions pas les frais de scolarité qui sont de l'ordre de 1000$ par session, et le matériel scolaire. Ajoutons quelques dollars pour l'essence et les vêtements. Multiplions le tout pour faire une année complète. Qu'avons-nous comme résultat? Des années de baccalauréat, de maîtrise ou de doctorat passées à compter ses sous en espérant tenir jusqu'au mois prochain.

Plusieurs étudiants sont encore plus dans le besoin. Pensons seulement aux familles monoparentales° et aux étudiants étrangers dont les frais de scolarité sont beaucoup plus élevés. Ou encore, dans la majorité des cas, à ceux dont le ministère de l'Enseignement supérieur juge que les parents gagnent trop cher° et qui, pour cette raison, n'ont pas droit aux prêts et bourses. Pourtant, les parents ne donnent pas automatiquement cet argent manquant à leurs enfants, souvent parce qu'ils n'en ont pas les moyens. Choisir d'étudier sans s'endetter? À vos risques et périls… ∎

Béatrice Farand, *Le Soleil*

Glossary (left margin):

somewhat let go of knowledge, neglect their studies a bit

are considered

allocated / If only it was worth the trouble

threshold
proclaim loud and clear / And let them be joined by those who listen to the rumor / lifestyle

rent / food (groceries)
if you stick to, limit yourself to

qui n'a qu'un seul parent (père ou mère)

gagner trop d'argent (Canada)

Avez-vous compris?

Résumez chaque paragraphe par une phrase courte et ensuite répondez aux questions.

Modèle

Paragraphe 1: *S'endetter ou mourir de faim?*

1. Quel est le point central de cet article de Béatrice Farand?

2. La situation des étudiants canadiens qu'elle décrit est-elle semblable ou différente de celle des étudiants américains? Expliquez.

Paragraphe 2: _____

3. Des chiffres: Pour simplifier, admettons pour un instant que le dollar canadien a la même valeur que le dollar américain. Êtes-vous d'accord avec les estimations de Béatrice? Grâce à ces chiffres (*numbers, figures*), qu'est-ce que Béatrice essaie de nous faire comprendre?

Paragraphe 3: _____

4. Selon Béatrice, quelles sont les conséquences sur les études d'avoir trop de travail?

5. Quel autre problème associe-t-elle à ce travail qui paye les études?

Paragraphe 4: _____

6. Quels avantages Béatrice associe-t-elle au fait de travailler pendant les études? Êtes-vous d'accord avec elle?

Qu'en pensez-vous?

1. Trouvez-vous qu'il est difficile de faire des études aux États-Unis ou au Canada? Expliquez votre réponse.

2. Pensez-vous que travailler pendant que vous faites vos études soit un avantage ou une distraction? Pourquoi?

3. Est-il préférable de ne pas travailler en faisant vos études et d'emprunter (*borrow*) plutôt l'argent nécessaire? Expliquez votre réponse.

🖱 CONTEXTE SOCIAL

CONNAISSEZ-VOUS LES SIGLES *(ACRONYMS)* DE L'ÉDUCATION?

Beaucoup de termes longs sont abrégés par les lettres initiales qui les composent. En voici quelques-uns, tirés de l'Éducation nationale française:

BEP — Brevet d'Enseignement Professionnel *(three-year vocational training diploma)*

BTS — Brevet de Technicien Supérieur *(intensive two-year program with technological and management applications)* délivré par certains lycées. Le BTS est un diplôme supérieur, même si les études se font au lycée.

CAP — Certificat d'Aptitude Professionnelle *(two-year vocational training diploma)*

DUT — Diplôme Universitaire de Technologie *(intensive two-year university program with technological applications)* délivré par les IUT (Instituts Universitaires de Technologie)

LP — Lycée Professionnel *(vocational school)*

Série ES — Baccalauréat, série Économique et Sociale *(main focus in economics and applied mathematics)*

Série L — Baccalauréat, série Littéraire *(main focus in philosophy, literature, humanities, and languages)*

Série S — Baccalauréat, série Scientifique *(main focus in mathematics, physics, and biology)*

Série SMS — Baccalauréat, série Sciences médico-sociales *(main focus in paramedical careers: medical secretaries, social workers, physicians' assistants, etc.)*

Série STL — Baccalauréat, série Sciences et technologies de laboratoire *(main focus in laboratory technologies and techniques)*

Série STT — Baccalauréat, série Sciences et technologies tertiaires *(main focus in business, administration, and accounting)*

DISCUSSION

1. Le CAP et le BEP sont des diplômes qui ne permettent pas d'obtenir un baccalauréat, donc, qui ne permettent pas aux élèves qui les obtiennent d'aller ensuite à l'université. Avez-vous des diplômes similaires dans votre pays? Que pensez-vous de cette sorte de diplôme?

2. Les baccalauréats (L, ES, S, STT, etc.) préparent les élèves aux études universitaires. Le bac S, le plus difficile, ouvre toutes les portes de l'université, même celles des études de lettres. Cependant, une fois qu'on obtient un bac L, par exemple, il est impossible de faire des études universitaires en sciences. De même, un bac STT ne permet pas de suivre des études en sciences, ou en langues. Que pensez-vous de cette forme de spécialisation au lycée? Quand est-ce

que les étudiants américains choisissent leur spécialisation de façon définitive? Quels avantages et inconvénients voyez-vous à vous spécialiser au lycée?

3. Les BTS et DUT consistent en des programmes sur deux années très intensives, qui ont pour but des formations pratiques. Les STS et IUT représentent un système parallèle à celui des universités. Existe-t-il un système semblable dans votre pays? Quels sont les avantages de ces formations rapides?

Communautés

UN SÉJOUR LINGUISTIQUE

Tapez le mot «séjour linguistique» dans un moteur de recherche français, comme «google.fr.» ou «yahoo.fr» et cherchez des renseignements sur les établissements en France, au Québec ou dans d'autres pays francophones qui offrent des cours de FLE (français langue étrangère). Faites des recherches sur le Web et choisissez un programme que vous allez présenter à vos camarades de classe. Imprimez quelques pages du site pour les montrer aux étudiants de la classe. Vous pouvez aussi visiter le bureau de votre université qui aide les étudiants à sélectionner un programme d'études à l'étranger (*Study Abroad Office*). Les questions suivantes peuvent vous servir de guide pour préparer votre compte-rendu. ▪

1. Comment s'appelle l'établissement que vous avez trouvé? Est-il public ou privé?

2. Pourquoi avez-vous choisi cet établissement?

3. Quelle est la durée des séjours proposés? Une année scolaire? un semestre? Deux, quatre ou six semaines en été? Combien coûtent ces séjours?

4. Quels types de cours l'établissement propose-t-il? (des cours de grammaire? de littérature? de civilisation? etc.)

5. Est-ce qu'on offre des hébergements en famille? En résidence universitaire?

6. Est-ce qu'on offre des activités culturelles ou sportives? Lesquelles?

7. Y a-t-il des restaurants universitaires? Est-ce que les étudiants étrangers ont accès à ces établissements? Les restaurants sont-ils ouverts le soir et le week-end? Quel est le prix d'un repas complet?

8. Est-ce que l'établissement est au centre-ville ou en banlieue?

9. Y a-t-il une église, un temple ou une mosquée où vous pouvez pratiquer votre religion en ville?

10. Quelles sont les formalités à remplir à l'arrivée dans le pays pour être en règle avec les services d'immigration?

Quels autres aspects de ces séjours est-ce que vos camarades trouveront intéressants?

Contre-point
Le prix des études gratuites

Les mots pour le dire

noms

abandon (m)	*withdrawal (from classes)*
aisance (f)	*comfort, easy circumstances*
débrouille (f)	*resourcefulness*
emploi (m) du temps	*daily schedule*
horaires (m pl)	*(class) schedules*
matières (f pl)	*(academic) subjects*
renseignement (m)	*(piece of) information*
surpeuplement (m)	*overpopulation*

verbes

s'apprêter (à)	*to get ready (to), prepare*
attirer	*to attract*
être débarrassé (de)	*to be through with, rid of*
franchir	*to go through*

adjectifs

courant(e)	*everyday, ordinary*
débarrassé(e) (de)	*rid (of)*
déterminant(e)	*decisive*
estudiantin(e)	*student (e.g., student life)*
proche	*close, near*
protégé(e)	*protected, sheltered*

expressions utiles

du coup	*as a result*
faire face (à)	*to face, be confronted (with)*
faire ses premiers pas	*to take one's first steps*
faire le déplacement	*to attend; to show up*
prendre ses marques	*to get one's bearings*

Étude de vocabulaire

Parcourez *(Scan)* le texte aux pages 207–208 et cherchez (1) au moins cinq mots qui se rapportent à l'enseignement supérieur ou au monde de l'université, (2) deux mots qui sont des abréviations ou des sigles et (3) trois mots ou expressions qui indiquent qu'on est perdu *(lost)*. Faites une liste de ces mots et expliquez-en le sens.

Modèle: le Salon de l'étudiant (1)

C'est un endroit où les futurs étudiants peuvent obtenir des renseignements sur la vie universitaire.

TRACK 18B

De quoi parle-t-on?

Au Salon de l'étudiant. Si elle est reçue au bac, Émilie commencera ses études universitaires cet automne. En mars, elle se rend au Salon de l'étudiant pour obtenir des conseils sur la façon d'organiser sa première rentrée universitaire. Elle parle à un conseiller pédagogique, Monsieur de Tienne. Écoutez leur conversation et indiquez «vrai», «faux» ou «NP» (non précisé *[not mentioned]*) selon le cas. Si vous pensez qu'une affirmation est fausse, corrigez-la.

1. Émilie vient au Salon pour se renseigner sur des études d'anglais commercial.   **V**   **F**   **NP**

2. Selon certains étudiants, la première rentrée universitaire est difficile.   **V**   **F**   **NP**

3. Monsieur de Tienne lui conseille:
   — d'être patiente.   **V**   **F**   **NP**
   — de ne pas hésiter à se renseigner.   **V**   **F**   **NP**
   — de commencer tôt les démarches administratives.   **V**   **F**   **NP**

4. Émilie passe deux semaines aux États-Unis tous les ans.   **V**   **F**   **NP**

(Langues Étrangères Appliquées)

5. Elle décide de se spécialiser en LEA°.   **V**   **F**   **NP**

Remue-méninges

Pensez pendant quelques minutes aux premières journées que vous avez passées sur votre campus et répondez aux questions suivantes.

1. Comment était l'atmosphère du campus?

2. Comment vous sentiez-vous? Pourquoi?

3. Quels éléments de la vie universitaire vous ont surpris(e) (de façon positive ou négative)?

4. Comment se sont passés vos premiers cours? Est-ce qu'ils étaient beaucoup plus difficiles que vos cours du lycée? Quelles différences avez-vous remarquées?

5. Pouvez-vous décrire vos premières interactions avec le personnel de l'administration du campus?

6. Si vous pouviez recommencer vos études, que feriez-vous différemment? de la même façon?

Lecture

Un Éditorial

Que faire pour bien négocier le passage du lycée à l'université? Comment éviter les problèmes communs aux étudiants qui franchissent pour la première fois les portes de l'université? À qui s'adresser en cas (très probable) de déroute? Comment trouver les moyens nécessaires pour payer ses dépenses courantes? Cet article de Nicolas Borvo, paru dans Le Parisien libéré *expose les problèmes communs des étudiants français qui se présentent à la fac° pour la première fois…*

ÉDUCATION — Hier s'est ouvert pour quatre jours le Salon de l'étudiant°. L'occasion pour beaucoup de lycéens de prendre leurs marques dans un univers marqué par le surpeuplement des amphis°, les problèmes financiers et les contraintes des horaires.

LA FAC, ROYAUME DE LA DÉBROUILLE

Dans quelques mois, plus d'un demi-million de lycéens franchiront une étape déterminante dans leur carrière estudiantine. Mais si l'obtention du baccalauréat° détermine la suite de leur parcours°, c'est dès maintenant qu'ils doivent faire leur demande pour poursuivre dans le supérieur°. Le Salon de l'étudiant a justement ouvert ses portes hier pour aider ceux qui s'apprêtent à faire leurs premiers pas à l'université. L'année dernière, quelques° 200 000 jeunes avaient fait le déplacement. La vie d'étudiant est synonyme de liberté. On se retrouve enfin débarrassé de la pression du lycée. On peut choisir ses matières, organiser son emploi du temps. Une aisance qui, pour beaucoup, est un piège°. On se retrouve sans repères° dans des universitiés trop grandes, anonymes. On fait face à mille difficultés qui n'existaient pas dans l'univers protégé du lycée.

Surpeuplement

Trouver une salle, connaître l'adresse du restau U° le plus proche ou encore obtenir un job pour faire face aux frais courants (qui sont importants pour les jeunes dont les parents ne financent pas les études) relèvent parfois de l'exploit°. L'administration, souvent opaque, donne le minimum de renseignements. Le tout est compliqué par le surpeuplement des facs. En Île-de-France°, elles accueillent souvent 50% d'étudiants de plus que leur capacité le permet, ce qui pousse, chaque année, un certain nombre de jeunes à l'abandon. Du coup, le maître mot, c'est la débrouille. Les étudiants doivent chercher les solutions ailleurs°. Entre eux, d'abord, car dans toutes les universités on trouve des

la faculté

College fair

amphithéâtres (large lecture halls)

national exam sanctioning the end of high school studies / curriculum, student career / *dans l'enseignement supérieur, à l'université* / some

a trap
perdu, désorienté

le restaurant universitaire

to be no small feat

la région parisienne

elsewhere

daily life / *en particulier*

associations estudiantines dont l'aide est précieuse. Ensuite, les CIDJ (Centre d'information et de documentation de la jeunesse), ouverts à tous, permettent d'obtenir des informations sur leur vie quotidienne°, notamment° sur les jobs. Enfin, il faut profiter des grands rendez-vous, comme le Salon de l'étudiant où l'on peut rencontrer, dans un même lieu, tous les partenaires utiles. ▪

Nicolas Borvo, *Le Parisien Libéré,* vendredi 19 mars 1999.

Avez-vous compris?

1. Quelle est «l'étape déterminante dans [la] carrière estudiantine» dont on parle au début du texte? Qu'est-il nécessaire d'avoir si on veut s'inscrire à l'université en France?

2. Quels sont les problèmes des étudiants de première année quand ils arrivent à l'université?

3. Selon l'auteur de l'article, quelles différences essentielles existent entre le monde du lycée et le monde de l'université en France?

4. Quel est le problème majeur à l'université? Pourquoi est-ce que l'auteur appelle l'université «le monde de la débrouille»?

5. Quel rôle l'administration universitaire joue-t-elle dans l'insertion des nouveaux étudiants?

6. Quelles solutions l'article propose-t-il pour éviter les problèmes de l'université française?

Qu'en pensez-vous?

1. Les étudiants français doivent s'organiser six mois à l'avance pour s'inscrire en fac. Que pensez-vous de ce délai? Le trouvez-vous long ou bref? Combien de temps faut-il dans votre pays pour choisir son université? Quelles sont les conditions d'entrée? Sont-elles similaires aux conditions françaises ou différentes?

2. Est-il préférable de payer peu cher mais d'être dans des cours surpeuplés à l'université ou d'avoir de bonnes conditions de travail mais des frais d'inscription *(tuition)* élevés? Justifiez votre choix.

LIENS INTERDISCIPLINAIRES

«SOLIDARITÉS PARENTALES» ET RAPPORTS INTERGÉNÉRATIONNELS: UN SOUTIEN FINANCIER

Valérie Erlich, sociologue, maître de conférence de sociologie et membre de «l'Observatoire de la vie étudiante» de Nice, a étudié un grand nombre d'aspects de la vie des étudiants en France. Lisez ce qu'elle a dit sur les ressources des étudiants français et sur leur classe sociale d'origine.

come from
help

home, abode
since it

support
pocket money / the ability to cover / housing, rent

in two directions
in the opposite direction

in only one way

to attain / thanks to

Les ressources des étudiants proviennent° majoritairement de la famille, qui représente 72% des aides° totales. Quarante-trois pour cent des étudiants déclarent que leurs ressources proviennent uniquement de l'aide de leur famille. Même lorsque les étudiants ont quitté le domicile° parental, l'aide financière des parents reste importante puisqu'elle° constitue encore 74% des ressources des étudiants vivant seuls, 64% des ressources des étudiants vivant en couple et 36% de celles des étudiants mariés. Le soutien° financier des parents ne se limite donc pas seulement à de l'argent de poche°, mais il permet également une prise en charge° des frais de logement°, d'études et de transport (frais d'essence, de réparations…). Certaines études ont montré que les solidarités intergénérationnelles pouvaient parfois jouer à double sens°: dans le sens d'un soutien des parents aux enfants, mais aussi parfois dans le sens inverse°. Or, contrairement à ces éléments d'enquête, il semble bien qu'en milieu d'étudiant les formes de soutien financier jouent plutôt à sens unique°: dans le sens d'un soutien des parents aux enfants, soutien que l'on pourrait qualifier de «promotionnel», puisqu'il a pour but d'aider financièrement les étudiants afin d'atteindre° une promotion sociale grâce à° l'acquisition d'un diplôme supérieur…

Valérie Erlich, *Les Nouveaux Étudiants: Un groupe social en mutation* (extrait).

DISCUSSION

1. Qui aide les étudiants en France financièrement?

2. Quels types d'aide est-ce que les étudiants reçoivent de leur famille?

3. Quelles sont les différences entre l'aide intergénérationnelle en général et l'aide intergénérationnelle dans le cas des étudiants?

4. Quel type de soutien les étudiants américains reçoivent-ils de leur famille?

 5. Sur l'Internet, trouvez des statistiques sur l'aide parentale des étudiants américains. Ensuite, comparez-les à ce que vous savez maintenant sur la situation en France.

6. Dans quel système universitaire (nord-américain ou français) vous semble-t-il plus facile de suivre des études? Justifiez votre réponse.

Réplique et synthèse

A Discussion

1. Pourquoi est-ce que vous faites des études supérieures? Est-ce pour apprendre, pour avoir un meilleur job, une carrière, pour vous faire des amis, pour apprendre à être indépendant(e)... ?

2. Avec quelques camarades de classe, inventez l'université de vos rêves. Comment sont les cours, les professeurs, les résidences, le campus, les autres étudiants, la bibliothèque, le restaurant universitaire, le calendrier universitaire... ?

3. Quels sont les meilleurs aspects de votre université? Qu'est-ce qu'on pourrait faire pour l'améliorer?

4. Ça peut coûter cher de faire des études supérieures. Si vous n'êtes pas riche, est-ce qu'il vaut mieux fréquenter une université où les études coûtent moins cher, emprunter de l'argent, travailler tout en faisant des études ou une combinaison des trois? Expliquez votre réponse.

5. Quand vous voulez vous concentrer sur vos études, votre environnement (votre logement) est très important. Est-ce qu'il vous aide à travailler ou est-ce qu'il vous empêche de travailler? Quels sont les avantages et les inconvénients de vivre chez vos parents; en couple; dans un appartement, seul(e) ou avec des ami(e)s; ou dans une résidence universitaire, seul(e) ou avec des ami(e)s?

6. Vous avez été contacté(e) par un lycéen qui va commencer ses études à votre université l'année prochaine. Ses frais de scolarité, son logement et ses repas seront payés, mais il ne lui restera pas beaucoup d'argent ensuite. Il veut savoir le *minimum* d'argent qu'il lui faudra par trimestre/semestre pour acheter ses livres et pour avoir une vie sociale «correcte». Faites un budget pour lui (elle) qui inclut les livres, les transports, les sorties et les boissons/pizzas/sandwichs, et cetera, qui font partie de la vie sociale des étudiants américains. Est-ce que vous avez des «tuyaux» *(tips)* pour l'aider à faire des économies?

7. Maintenant que vous êtes à l'université, quelles lacunes *(holes, weak points)* remarquez-vous dans la préparation que vous avez faite au lycée? Si vous aviez vos études secondaires à refaire, qu'est-ce que vous feriez différemment? À quoi feriez-vous plus attention? Quels cours suivriez-vous/ne suivriez-vous pas?...

B Débats Préparez un débat (à deux ou en groupes) sur l'un des sujets suivants.

1. La musique et l'art sont plus importants pour les lycéens que les sports comme le football américain. S'il faut réduire le budget des écoles secondaires, il vaut mieux éliminer le football que les arts.

2. Il vaut mieux ne pas travailler (ou travailler très peu) pendant qu'on est à l'université — même si ça veut dire qu'on va vivre dans des conditions moins qu'idéales, par exemple, sans argent de poche, sans nouveaux vêtements, sans voiture, et ainsi de suite.

3. Le système des notes *(grades)* pour les cours est complètement arbitraire et appartient à une tradition dépassée. On devrait l'abandonner et repenser la façon dont l'acquisition des connaissances et du savoir-faire devrait être jugée au vingt-et-unième siècle.

4. *(Dans le système français d'études secondaires, les cours et les professeurs sont beaucoup plus exigeants qu'aux États-Unis, et les étudiants sont plus libres une fois qu'ils arrivent à l'université.)* Le système français est meilleur, parce que les lycéens américains apprennent moins que les lycéens français.

5. Il ne devrait pas y avoir de cours obligatoires à l'université.

6. Certaines universités (essentiellement militaires ou paramilitaires) exigent le port de l'uniforme (e.g., La Citadelle, le Virginia Military Institute, etc.). Les étudiants de ces universités sont généralement fiers de porter leur uniforme. Les universités «civiles» américaines devraient exiger le port d'un uniforme civil.

C Exposés

Note: Quel que soit le sujet, les autres étudiants de la classe doivent poser des questions après la présentation!

1. Renseignez-vous sur le budget de votre université. D'où vient l'argent dont dispose l'administration? Comment est-il dépensé? Combien coûte la formation d'un(e) étudiant(e) par année? Est-ce que cette somme est complètement «couverte» par les frais de scolarité que paie cet(te) étudiant(e)?

2. D'où vient l'argent qui finance les écoles publiques (élémentaires et secondaires) aux États-Unis? Pourquoi est-ce que certaines écoles publiques semblent bien mieux équipées que d'autres?

3. Choisissez un aspect du système éducatif aux États-Unis et préparez une explication simple et claire qui aiderait un étranger (une étrangère) à le comprendre. Exemples: les tests SAT et ACT; l'éducation à la maison *(home schooling)*; le débat entre l'évolution et le créationisme; les écoles «charter»; la façon dont les enseignants sont formés *(trained)* aux États-Unis; un type particulier d'école (Montessori, Waldorf, une école privée religieuse, etc.); l'éducation spécialisée pour les handicapés; les écoles militaires; le système ROTC; le baccalauréat international; le phénomène du «dual enrollment»; le rôle des sports (en particulier, le football américain) dans la réputation et le financement des universités; ce qu'il faut faire pour obtenir un diplôme universitaire (les cours obligatoires, le nombre de cours requis dans la spécialité, etc.); le système américain de titularisation des professeurs *(tenure system)*; la soirée «prom» et tout ce qui l'entoure; les matières *(subjects)* non-académiques offertes au lycée (comme le travail du bois ou le passage du permis de conduire, etc.); l'insertion des enfants handicapés dans des classes régulières; les étudiants qui participent aux jurys de leur université (pour juger les cas de malhonnêteté académique de leurs camarades de classe, etc.).

   Les autres étudiants doivent se mettre à la place de l'étranger (de l'étrangère) et demander des précisions si l'explication n'est pas claire.

4. Interviewez une personne francophone sur le système éducatif de son pays. Présentez les résultats de votre interview à la classe.

D Grammaire

1. Préparez un sketch dans lequel *tout* le dialogue se présente sous forme de questions.

> **Modèle:**   —*Comment ça va?*
> —*Ça ne se voit pas?*
> —*Qu'est-ce qui ne va pas?*
> —*Eh bien, est-ce que je t'ai parlé de mon amie française?*
> —*Laquelle? Celle qui est dans notre cours sur Shakespeare?*
> ...

2. Faites un petit dessin au crayon de couleur ou bien utilisez la page arrachée d'un album à colorier que vous donnera votre professeur. Travaillez avec un(e) partenaire, mais ne le/la laissez pas voir l'image. Décrivez votre image à votre partenaire, mais ne regardez pas ce qu'il/elle fait. Son but consistera à créer sa propre version du dessin pour qu'il ressemble le plus possible à l'original. Afin de bien faire, votre partenaire doit poser beaucoup de questions!

3. Trouvez une photo, une publicité de magazine, une reproduction d'une œuvre d'art, et cetera. Préparez 8 ou 10 questions à son sujet, en variant la forme des questions. Montrez votre image à un(e) partenaire. Il/Elle doit bien regarder l'image pendant 60 secondes. Puis, cachez l'image et posez vos questions à votre partenaire. Ensuite, changez de rôles. Qui a meilleure mémoire?

Ouvertures créatives

1. Présentez un sketch à la classe, dans lequel il s'agit d'une histoire d'amour tragique à la manière de *Roméo et Juliette,* mais dans laquelle les deux personnages principaux sont étudiants dans deux universités qui ont une rivalité de longue durée, comme Oxford et Cambridge, en Grande-Bretagne.

2. Préparez un sketch dans lequel une personne âgée prétend *(claims)* que la vie était beaucoup plus difficile quand elle était à l'université. Une personne qui étudie à l'université maintenant essaie de se défendre.

3. Vous organisez des séances d'orientation pour un groupe d'étudiants francophones qui vont étudier à votre université. Vous préparez des sketchs pour les aider à s'accoutumer à différents aspects de la vie dans une université américaine. Sujets possibles: la consommation d'alcool; la vie sociale («dating», l'amitié, etc.); la gestion du temps *(time management);* les rapports entre les professeurs et les étudiants; le sexe; le plagiat; les différents «groupes sociaux» sur votre campus (les athlètes, les étudiants du système des «honors», les étudiants de musique, de théâtre, etc.)...

Rédaction guidée

Système-D

Writing an essay
Asserting and insisting
Comparing and contrasting
Comparing and distinguishing
Weighing alternatives
Weighing the evidence
Linking ideas
Making transitions
Sequencing events
Writing a conclusion

A **Sujet** Le système éducatif français est plus basé sur des principes égalitaires que ne l'est son équivalent américain. Là où les Français, dans l'ensemble, préfèrent offrir à *tous* une éducation moins performante, les Américains, eux, semblent avoir choisi d'offrir un système plus élitiste dans lequel une minorité plus privilégiée étudie dans des conditions bien supérieures. Peut-on justifier l'existence d'une éducation supérieure ouverte à certains mais pas à d'autres?

B **Orientation** Dans ce chapitre, nous allons écrire notre deuxième rédaction dialectique complète.

C **Avant d'écrire**

Pour écrire un bon devoir, n'oubliez pas de procéder par étapes. À chaque étape, assurez-vous de relire la section de votre manuel, qui traite de cette partie pour vous «rafraîchir les idées».

En groupes de deux à trois étudiants, discutez la partie 1 qui suit:

1. Comment comprenez-vous le sujet? Quel aspect de ce sujet vaste allez-vous traiter? Quelles questions se pose-t-on sur ce sujet? Cette discussion va vous aider à limiter votre sujet et à préparer votre introduction, mais rappelez-vous qu'il ne faut pas écrire l'introduction tout de suite! L'introduction est la dernière partie que vous rédigerez, pour vous assurer qu'elle prépare bien le contenu de votre texte.

Ensuite, seul(e), commencez votre travail personnel:

2. **LA THÈSE:** **L'éducation quasi élitiste aux États-Unis est justifiée parce que...**
Écrivez une phrase qui résume cette position. Ensuite, écrivez trois points qui l'étayent *(support it)*.

-
-
-

Développez finalement ces trois points en un paragraphe qui contient les éléments suivants: (Vous pouvez demander à un[e] autre étudiant[e] du cours de les vérifier pour vous!)

- _____ une phrase ou deux d'introduction: de quoi parle votre thèse?

- ▪ _____ trois idées qui soutiennent la thèse.

- ▪ _____ un développement des idées 1, 2 et 3

- ▪ _____ quand c'est possible, des exemples qui clarifient votre point

- ▪ _____ une mini-conclusion: Comment pouvez-vous résumer et généraliser ce que vous venez d'exposer dans la thèse?

3. **L'ANTITHÈSE: Ce système d'éducation qui exclut certaines personnes aux États-Unis devrait être supprimé parce que...**
Même travail que pour la thèse. Essayez de présenter la position du «revers de la médaille» *(the other side of the coin)*. Mettez en avant les éléments qui vous semblent les plus logiques et les plus convaincants.

- ▪

- ▪

- ▪

Vous avez maintenant le «squelette» de votre antithèse. En développant ces trois points sous forme de paragraphe assurez-vous que vous avez...

- ▪ _____ une phrase ou deux d'introduction (De quoi parle votre antithèse?)

- ▪ _____ trois idées qui soutiennent votre antithèse.

- ▪ _____ un développement des idées 1, 2 et 3

- ▪ _____ quand c'est possible, des exemples qui vont clarifier votre point

- ▪ _____ une mini-conclusion (Comment pouvez-vous résumer et généraliser ce que vous venez d'exposer dans l'antithèse?)

4. **LA SYNTHÈSE:**   Réfléchissez à la façon dont les deux points de vue opposés peuvent être dépassés. Quelles conditions devraient être réunies pour offrir une éducation de premier ordre à tous les citoyens? Tout le monde a-t-il besoin et envie d'une éducation supérieure de premier ordre? Est-ce que ceux/celles qui ont reçu une meilleure éducation doivent contribuer davantage à la société?

Votre synthèse contient-elle...

- ▪ _____ un bref résumé de l'opposition exposée dans la thèse et l'antithèse?

- ▪ _____ une résolution du conflit apparent qui propose un nouvel élément qui permet d'échapper à la contradiction originale?

5. **LA CONCLUSION:** Notez brièvement les points essentiels de votre devoir (essayez de ne pas répéter les mêmes mots, mais plutôt de résumer vos idées). Indiquez la conclusion que vous pouvez tirer de ce travail. Votre conclusion peut-elle vous amener à répondre à la question de votre introduction? Mentionnez ici votre position personnelle sur le sujet.

La conclusion contient-elle bien les éléments suivants?

- _____ un résumé du contenu de la rédaction, **si la synthèse ne propose pas de résumé**

- _____ au moins un élément de réponse à la question qui dirige votre rédaction, qu'elle soit explicite ou non

- _____ votre opinion personnelle sur le sujet

- _____ une **nouvelle** question, qui pointe dans la direction de nouvelles réflexions à faire ultérieurement, si vous le voulez

6. **L'INTRODUCTION:** Maintenant, pensez à la façon dont vous allez poser la question principale de votre devoir. N'oubliez pas de donner un contexte à votre travail. Faites quelques recherches sur l'Internet ou ailleurs sur le système éducatif américain. Ensuite, expliquez en quoi la question qui vous préoccupe est importante. Quelle image illustrative pouvez-vous utiliser pour attirer l'attention de votre lecteur/lectrice? Pour donner vie à cette image, pensez à la façon dont elle va mener à votre thèse.

Est-ce que votre introduction contient les éléments suivants?

- _____ un point de départ où on établit «ce que tout le monde sait»

- _____ de nouveaux éléments moins connus

- _____ un moyen d'attirer *(to attract)* l'attention du lecteur avec une anecdote, une image frappante, etc.

- _____ une explication de la question que vous allez analyser

- _____ l'annonce de la structure de votre devoir

7 Après avoir écrit votre introduction, essayez de trouver un moyen d'y reprendre votre anecdote / image frappante, etc.

8. Enfin, n'oubliez pas d'utiliser des mots connecteurs qui aideront votre lecteur à bien comprendre la structure de votre thèse: **Je vais montrer…, D'abord…, Ensuite…, De plus…, Donc…,** etc.

9. Retravaillez votre devoir plusieurs fois! Faites particulièrement attention aux erreurs mécaniques (accord du verbe avec son sujet, de l'adjectif avec le nom, etc.) et sémantiques. (Utilisez-vous bien un mot qui existe en français?)

Bon courage!

Lexique français–anglais

This glossary includes terms that appear in the active vocabulary lists as well as those used in the exercises that might be unfamiliar to students. It does not include words and expressions that are generally learned in elementary-level courses, and other low-frequency words used in *Controverses.*

The following abbreviations are used:

adj	adjective	*f*	feminine
adv	adverb	*pl*	plural
inf	infinitive	*pp*	past participle
m	masculine	*sing*	singular

A

à to, at
    à bientôt see you soon
    à cause de because of
    à contre-courant against the tide
    à la fois at once
    à l'étranger abroad
    à partir de from (a certain point in time)
    à peu près approximately
    à plein temps full-time
    à savoir namely
    à temps partiel part-time
    à travers les ans through the years
abaisser to lower *(something)*
abandon *(m)* withdrawal (from classes)
abord: d'abord first, in the first place
aboutir (à) to result (in)
abri: mettre à l'abri de to shelter from, protect from
absolument absolutely
absurde absurd
accompagner to accompany
accompli *(m):* **fait accompli** *(m)* done deal
accord *(m):* **être d'accord avec** to be in agreement with
accorder (à) to grant (to)
accoutumer: s'accoutumer à to get used to, get accustomed to *(something)*
accrocher: s'accrocher to hang onto
accroissement *(m)* increase, growth
accroître to increase
accueil *(m)* welcome, reception

accueillir to welcome
achat *(m)* purchase
acheter to buy, purchase
acquisition *(f)* acquisition
acteur(-trice) *(m/f)* actor/actress
actuel(le) current, present
actuellement at present
adapter: s'adapter à to adapt
affaiblir to weaken
affaiblissement *(m)* weakening
affaire(s) *(f)* business
    femme *(f)* **d'affaires** businesswoman
    homme *(m)* **d'affaires** businessman
affermir une amitié to strengthen a friendship
afin que in order that, so that
agacer to annoy
âgé(e) old
    moins âgé(e) younger
    plus âgé(e) older
aggressif(-ive) aggressive
agir ensemble to act together
    il s'agit de it is about . . .
    qu'il s'agisse de... ou de... whether it be . . . or . . .
agréable pleasant
agriculteur *(m)* farmer
aider to help
aide social(e) *(m/f)* social worker *(person)*
aide sociale *(f)* social welfare *(help provided by the State, the government)*
ailleurs elsewhere
    par ailleurs otherwise; moreover

aimer to like, love
  aimer bien to like, be fond of
air ambiant *(m)* surrounding air
aisance *(f)* comfort; easy circumstances
ajouter to add
alcool *(m)* alcohol
aliment *(m)* food item; *(pl)* food
alimentation *(f)* diet, food
aller to go
  aller en congé to go on vacation
alliance *(f):* **former des alliances** to form alliances
alphabétisation *(f)* literacy
  taux *(m)* **d'alphabétisation** literacy rate
amalgame *(m)* combination, mixture
ambiant: l'air ambiant surrounding air
ambitieux(-euse) ambitious
amélioration *(f)* improvement
améliorer to improve
  s'améliorer to improve
aménagement *(m)* development
ami(e) *(m/f)* friend
  ami(e) d'enfance childhood friend
  se faire des amis to make friends
amical(e) friendly
amitié *(f)* friendship
  affermir une amitié to strengthen a friendship
  maintenir une amitié to maintain a friendship
  se lier d'amitié avec to make friends with *(someone)*
  sens *(m)* **de l'amitié** sense, conception of friendship
amour *(m)* love
ampoule électrique *(f)* light bulb
amusant(e) amusing, funny
an *(m)* year
ancêtre *(m/f)* ancestor
anchois *(m)* anchovy
ancien(ne) old, ancient; former
anglais *(m)* English
anglophone *(adj)* English-speaking
anglophone *(m/f)* someone who speaks the English language
animal (*pl* animaux) *(m)* animal
animateur(-trice) *(m/f)* leader; organizer

année *(f)* year
anniversaire *(m)* birthday; anniversary
annonce *(f)* announcement
ans *(m pl):* **à travers les ans** over the years
antidépresseur *(m)* antidepressant
apparence physique *(f)* physical appearance
appartenir (à) to belong (to)
appeler to call
  s'appeler to be called
applaudir to applaud, clap
apprécier to appreciate
apprendre to learn
apprentissage *(m)* learning
apprêter: s'apprêter (à) to get ready (to), prepare (for)
apprivoiser to tame
approuver to approve
après after
  après J.C. A.D. (after Jesus Christ)
argent *(m)* money
  argent de poche spending money; allowance
  économiser l'argent to save money
arme *(f):* **permis** *(m)* **de port d'arme** gun permit
arracher to tear out/off
arrêter to arrest; to stop
  arrêter de fumer to stop smoking
  s'arrêter to stop (oneself)
arriver to arrive; to happen
art *(m):* **œuvre** *(f)* **d'art** work of art
  chef-d'œuvre masterpiece
asile *(m)* asylum, refuge
  droit d'asile *(m)* right of asylum
assaut *(m)* **(de)** assault, attack (on)
assez rather; enough
assiette *(f)* plate
assurance *(f):* **compagnie** *(f)* **d'assurance** insurance company
assurer to assure
atteindre to reach, achieve, attain
atteinte *(f)* **(à)** attack (on)
attendre to wait for
  s'attendre à to expect *(something)*
attention *(f)* attention
  Attention! Careful!
  faire attention (à) to pay attention
attirer to attract

attribuer to attribute
aube *(f)* dawn
augmentation *(f)* increase
augmenter to increase
aujourd'hui today
au lieu de instead of
autant as much
   d'autant moins all the less
   d'autant plus all the more
auteur *(m)* author
autochtone native
   langue autochtone *(f)* indigenous language
automne *(m)* autumn, fall
autonome autonomous
autorisé(e) authorized
autoriser to authorize
autoritaire authoritarian
autoroute *(f)* freeway
autour de around
autre other
   de l'autre côté *(m)* on the other hand
autrefois formerly
autrement differently
   autrement dit in other words
   autrement que other than
autrui others, other people
aux dépens de at the expense of
avant before
   avant J.C. B.C. (before Jesus Christ)
   mettre en avant to bring forth; to emphasize
avantage *(m)* advantage
avenir *(m)* future
aventure: diseur(-euse) *(m/f)* **de bonne aventure** fortune-teller
avertir to warn; to inform
   avertir le public to warn the public
avis *(m)* opinion
   à votre avis in your opinion
avoir to have
   avoir besoin de to need
   avoir confiance en to have confidence in
   avoir des choses en commun to have things in common
   avoir droit à to be entitled to
   avoir droit de to have the right to
   avoir faim to be hungry

avoir les moyens to have the means, have the money
avoir lieu to take place
avoir peur to be afraid
avoir raison to be right
avoir tort to be wrong
avortement *(m)* abortion
avouer to confess, admit

B

balcon *(m)* balcony
banlieue *(f): **en banlieue** in the suburbs
bas(se) low
   être en baisse to be dropping, falling
bâtiment *(m)* building
battre: se battre to fight
beaucoup much, a lot
bénéfice *(m)* benefit
bénéficier to benefit
bénéfique beneficial
besoin *(m)* need
   avoir besoin de to need
   en cas de besoin in case of need
   subvenir à ses besoins to make ends meet; to take care of one's needs; to make enough to live on
bête stupid, silly
bibliothèque *(f)* library
bien well
   bien élevé(e) well-mannered, well brought-up
   bien que although
   bien rémunéré(e) well paid, well-paying
   bien sûr of course
bien-être *(m)* well-being
bienfait *(m)* kindness, benefit, beneficial effect
bientôt: à bientôt see you soon
bijou *(m)* jewel
bilan *(m)* **de santé** medical checkup
bilingue bilingual
blague *(f)* joke; hoax
blé *(m)* wheat
blesser to hurt
boire to drink
bois *(m)* wood; woods
boisson *(f)* drink, beverage
bon vivant full of life

boule *(f)* **de cristal**   crystal ball
bouleversement *(m)*   upheaval
bouleverser   to upset
bourse *(f)* **d'études**   scholarship (to pay for college)
boursier(-ière): être boursier(-ière)   to be on scholarship
bout *(m):* **joindre les deux bouts**   to make ends meet
bras *(m)*   arm
   (se)serrer dans les bras   to hug
bref (brève)   brief, short
brièvement   briefly
bronzage intensif *(m)*   dark tan
bureau *(m)*   office
but *(m)*   goal, purpose

C

cacher   to hide
cadeau *(m)*   gift, present
cadre *(m)*   frame; setting
   cadre de référence   frame of reference
   cadre (supérieur)   (senior) executive, manager
café *(m)*   coffee; café
camarade *(m/f)* **de classe**   classmate
caméra *(f)*   (movie, television) camera
campagne *(f)*   countryside; campaign
   campagne publicitaire   publicity campaign
cancer *(m)*   cancer
   cancer des poumons   lung cancer
cancérigène   carcinogenic, cancer-producing
carrément   straight; completely; really; clearly
carrière *(f)*   career
carte *(f)*   card
   carte de résident   resident (identification) card
   carte d'identité   ID card
cas *(m)*   case
   en cas de besoin   in case of need
casier judiciaire *(m)*   criminal record
casque *(m)*   helmet
casquette *(f)*   cap
cauchemar *(m)*   nightmare; serious problem
cause: à cause de   because of
causer   to cause; to chat
céder   to give in
ceinture *(f)*   belt
   ceinture de sécurité   seat belt

se serrer la ceinture   to tighten one's belt (*metaphorically,* to get by with less)
célèbre   famous
célibataire   single, unmarried
celui (celle)   the one
cendrier *(m)*   ash tray
censé(e): être censé(e) *(+ inf)*   to be supposed (*to do something*)
centre *(m)*   political center
cependant   however
ce qui/que   what
cercle *(m)*   circle
céréales complètes *(f)*   whole grains
cerveau *(m):* **fuite** *(f)* **des cerveaux**   brain drain
c'est-à-dire   that is to say
c'est dépassé   it's outdated
chaîne *(f)*   chain; (TV) channel
   chaîne de restaurants   franchise restaurant chain
   chaîne de télévision   television channel
chaleur *(f)*   heat
chaleureux(-euse)   warm, friendly
champ *(m)*   field
changement *(m)*   change
chanson *(f)*   song
chanteur(-euse) *(m/f)*   singer
chaque   each, every
charcuterie *(f)*   pork-based deli meats, delicatessen
charge *(f)*   responsibility; charge
charte *(f)*   charter
chasser   to hunt; to drive, chase away
chat *(m)*   cat, chatroom (*anglicism*)
chauffeur *(m)*   driver
chaussure *(f)*   shoe
chef *(m)* **d'état**   head of state
cher (chère)   expensive
chercher   to look for; to pick (someone/something) up
chercheur(-euse) *(m/f)*   researcher
cheval *(m)*   horse
chez   at the home, office, place of
chien *(m)*   dog
chiffre *(m)*   number, figure
chirurgical(e): opération chirurgicale *(f)*   operation (surgical)
choisir   to choose

choix *(m)* choice
chômage *(m)* unemployment
   indemnité *(f)* **de chômage** unemployment
    compensation
   taux *(m)* **de chômage** unemployment rate
choquant(e) shocking
choquer to shock
chose *(f)* thing
   avoir des choses en commun to have things
    in common
   quelque chose something
choucroute *(f)* sauerkraut
chrétien(ne) Christian
ci-dessous below
cigare *(m)* cigar
cigarette *(f)* cigarette
cintre *(m)* clothes hanger
circonlocution *(f)* roundabout way
circonstance *(f)* circumstance
circulation *(f)* traffic
circuler to drive, circulate
citer to quote, cite
citoyen(ne) *(m/f)* citizen
citoyenneté *(f)* citizenship
clairement clearly
clamer to shout out, proclaim
clandestin(e) *(m/f)* *(n.)* illegal immigrant;
   (adj.) clandestine, illegal
   immigration clandestine *(f)* illegal
    immigration
classe *(f)*: **camarade** *(m/f)* **de classe** classmate
clé *(f)* key
   mot-clé *(m)* keyword
climat *(m)* climate
collège *(m)* middle school
colocataire *(m/f)* roommate; housemate
colonisateur(-trice) *(m/f)* colonizer
colonne *(f)* column
combien (de) how much/many
   depuis combien de temps for how long
comment how
commun(e) common
   avoir des choses en commun to have things
    in common
   en commun in common
communauté *(f)* community
compagnie *(f)* **d'assurance** insurance company

comparaison *(f)* comparison
comparer to compare
compétence *(f)* competence
comportement *(m)* behavior, conduct
comporter: se comporter to behave
compréhensible understandable
comprendre to understand; to include
compte *(m)* count; account
   en fin de compte in the end, finally
   se rendre compte to realize
   tenir compte de to take something into
    account
compter (sur) to count (on)
concurrence: être en concurrence (avec) to
   compete (with); to be in competion (with)
concurrent(e) *(m/f)* competitor, contender
conducteur(-trice) *(m/f)* driver
conduire to drive
   permis *(m)* **de conduire** driver's license
conduite *(f)* behavior
confiance *(f)* confidence, trust
   avoir confiance en to have confidence in
confier: se confier à to confide in
conflit *(m)*: **résolution** *(f)* **de conflit(s)** conflict
   resolution
confondre to confuse, mix up
congé *(f)* holiday, vacation
   aller en congé to go on vacation
   partir en congé to leave on vacation
   prendre des congés to take a vacation
connaissance *(f)* acquaintance; knowledge;
   someone (a person) you know
connaître *(pp* **connu)** to know
connu(e) known, famous
consacrer to devote
conscience *(f)* consciousness, awareness
   faire prendre conscience to make aware
   prise *(f)* **de conscience** realization, awakening
conscient(e): être conscient(e) de to be aware of
conseil *(m)* piece of advice; *(pl)* advice
conseiller to advise
conseiller(-ère) *(m/f)* counselor
conséquent: par conséquent therefore,
   consequently
consommateur(-trice) *(m/f)* consumer
consommation *(f)* consumption
constamment always, continuously

consternant(e) distressing, appalling
contact: établir un premier contact to make initial contact
conte *(m)* **de fées** fairy tale
contenu *(m)* content(s)
contraignant(e) restricting, constraining, restrictive
contraire *(m)* opposite
contre against
    à contre-courant against the tide
    par contre on the other hand
contredire to contradict
contribuable *(m/f)* taxpayer
contribuer to contribute
controverse *(f)* controversy
convaincant(e) convincing
convenir to be appropriate
    il convient de *(+ inf)* one/you should *(do something)*
copain (copine) *(m/f)* friend, pal
Corps *(m)* **de la paix** Peace Corps
correspondant(e) pen pal
correspondre (à) to correspond (to)
corriger to correct
cote *(f)* **de crédit** credit rating
côte *(f)* coast
côté *(m): **de l'autre côté** on the other hand, on the other side
coucher (avec) to sleep (with)
couleur *(f)* color
couloir *(m)* hall
coup *(m): **du coup** as a result
coupable *(m/f)* culprit, guilty party
couper to cut
couramment fluently; commonly
courant(e) everyday, ordinary
    à contre-courant against the tide
    eau courante *(f)* running water
courir to run
couronnement *(m)* coronation
courriel *(m)* email
cours *(m)* course, class
    cours obligatoire required course
    crime *(m)* **en cours** crime in progress
court(e) short
    de courte durée *(f)* short-lived
courtois(e) courteous

coût *(m)* **de la vie** cost of living
coûter to cost
couverture *(f)* cover (noun)
craindre to worry; to fear
crainte *(f)* fear
crânien(-ienne) cranial, brain *(adj)*
crèche *(f)* crib; day care center; Nativity scene
crédit: cote *(f)* **de crédit** credit rating
créer to create
crime *(m)* **en cours** crime in progress
crise *(f)* crisis
cristal *(m): **boule** *(f)* **de cristal** crystal ball
critères *(m pl)* criteria
critiquer to criticize
croire to believe
croissance *(f)* growth
croître to grow; to increase
cuisine: faire la cuisine to cook
culpabiliser to make (someone) feel guilty; to feel guilty
cultivé(e) cultivated, cultured
cyclable: piste cyclable *(f)* bicycling path/track

D

d'abord first
d'accord: être d'accord avec to be in agreement with
d'ailleurs moreover, besides
dangereux(-euse) dangerous
d'après according to
d'autant moins/plus all the more/less
davantage more
de of, from
    de plus moreover, in addition
    de temps en temps from time to time
débarrassé(e) (de) rid (of)
    être débarrassé(e) de to be through with, rid of
débarrasser: se débarrasser de to get rid of
débrouille *(f)* resourcefulness
débrouiller: se débrouiller to get along, manage, find a way to do something
début *(m)* beginning
decennie *(f)* decade
déchet *(m)* garbage, (souvent utilisé au pluriel) waste, scraps
déchirer to tear (up)

décision *(f):* **prendre une décision**   to make a decision

déclencher   to start; to set off

déconcertant(e)   disconcerting

deconcerté(e)   disconcerted

décontracté(e)   relaxed

découler   to ensue, follow

découper   to cut out, cut up

décrit(e)   described

déçu(e)   disappointed

défavorisé(e)   disavantaged

défendre   to defend; to forbid

défenseur *(m)*   defender

défi *(m)*   challenge

définir   to define
   se définir par   to define oneself by, in terms of

dehors: en dehors de   outside of

déjà   already

délai *(m)*   time limit, deadline

délit *(m)*   offense

demain   tomorrow

demander   to ask (for)

démarche *(f)*   step, process

déménager   to move (one's household)

demeurer   to stay, remain; to live

démontrer   to demonstrate; to prove

dénoncer   to denounce

dépanneur *(m)*   corner store, convenience store (Canada)

dépassé(e)   old-fashioned
   c'est dépassé   it's outdated

dépeindre   to depict

dépendre de   to depend on

depens: aux dépens de   at the expense of

dépenser   to spend

déplacement *(m):* **faire le déplacement**   to attend, show up

déplacer: se déplacer   to move

dépliant *(m)*   leaflet

dépourvu(e): être dépourvu(e) de   to be lacking *(something)*

depuis   since, for
   depuis cette époque-là   since/from that time period
   depuis combien de temps   for how long
   depuis quand   since when

député *(m)*   legislator

déracinement *(m)*   uprooting

déréglementer   to deregulate

dernier(-ère)   last

dès   as early as
   dès lors   since then, from then on

désobéir   to disobey

dessin *(m)*   drawing

détendre: se détendre   to relax

déterminant(e)   decisive

deux: tous (toutes) les deux   both

deuxième   second
   Deuxième Guerre mondiale *(f)*   World War II

devant   in front of

développement *(m):* **pays** *(m)* **en voie de développement**   developing country

devenir   to become

deviner   to guess

devoir   to owe; must, should, ought
   on devrait   one should

devoir *(m)*   duty; *(pl)* homework

diabète *(m)*   diabetes

dialecte *(m)*   dialect

dictature *(f)*   dictatorship

différé: émission *(f)* **en différé**   pre-recorded TV show

différend *(m)*   disagreement, dispute

différer   to differ

diffuser   to broadcast

diminution *(f)*   decline

diminuer   to diminish, reduce, decrease

dîner   to have dinner

diplôme *(m)*   diploma, degree

dire   to tell, say
   se dire que   to think (to oneself)
   vouloir dire   to mean

direct: émission *(f)* **en direct**   live TV show

dirigeant(e) *(m/f)*   leader

diriger   to direct

discours *(m)*   speech

discuter   to discuss

diseur(-euse) *(m/f)* **de bonne aventure**   fortune-teller

disparaître   to disappear

disparition *(f)*   disappearance

disponible   available

disputer: se disputer   to fight, argue, quarrel

dit: autrement dit   in other words

divertir to amuse, entertain
  se divertir to enjoy oneself
divertissant(e) enjoyable, amusing, entertaining
dizaine *(f)* about ten *(of something)*
dominé(e) dominated
dominer to dominate
dommage *(m)* harm, injury; *(pl)* damage
  il est dommage que... it's a pity/shame that . . .
donc therefore
données *(f pl)* data
donner to give
  donner raison (à) to agree (with)
dos *(m)* back
doucement slowly, leisurely
doué(e) gifted, talented
douloureux(-euse) painful
doute *(m)* doubt
douter to doubt
douteux(-euse) doubtful, of questionable value, dubious; flawed, faulty
doux (douce) mild; soft; gentle
drogue *(f)* drug
droit *(f)* *(n.)* the right(s) (of a citizen, legal); *(adj.)* right (direction); *(adj.)* right-wing (of a political party, affiliation)
  à droite to the right
  avoir droit à to be entitled to
  avoir droit de to have the right to
  droit d'asile *(m)* right of asylum
  droits *(m pl)* **de l'homme** human rights
droite *(f)* the (political) right
drôle funny, amusing
du coup as a result
durable long lasting
durant during
durée *(f)* length; duration
  de courte durée short-lived
dureté *(f)* harshness; hardness
dynamiser to revitalize

E

eau *(f)* water
  eau courante running water
  eau potable drinkable water
écart *(m)* gap, space; difference
  écart ironique ironic discrepancy

échange *(m)* exchange
échelle *(f)* ladder; scale
échouer to fail
éclairer to shine; to light; to enlighten, clarify
école *(f)* school
  école élémentaire elementary school
  école secondaire middle and high school
économie *(f)* economy; *(pl)* savings
  faire des économies to save money
économiser de l'argent to save money
écoute: sur table d'écoute wiretapping
écouter to listen to
écrire to write
écrivain *(m)* writer
éducatif(-tive) educational
éducation *(f)* education, upbringing
effet *(m):* **en effet** indeed
efficace effective, efficient
efforcer to try
  s'efforcer à *(+ inf)* to try hard *(to do something)*
  s'efforcer de to strive
égal(e) *(pl* **egaux/égales)** equal
également equally, also
égalité *(f)* equality
église *(f)* church
égoïste selfish
élargir to widen
éléctive: fonction éléctive *(f)* elective office
électrique: ampoule électrique *(f)* light bulb
élémentaire: école élémentaire *(f)* elementary school
élevé(e) high
élever les enfants to raise the children
éliminer to eliminate
éloignement *(m)* distancing
emballé(e) packaged
embrasser to kiss
émission *(f)* show, broadcast
  émission de jeu game show
  émission de télé-réalité reality show
  émission de variétés variety show
  émission d'informations newscast
  émission en différé pre-recorded TV show
  émission en direct live TV show
empêcher de to prevent
emphysème *(m)* emphysema

emploi *(m)*   job, work; use
   emploi du temps   daily, weekly schedule;
     syllabus
empoisonner   to poison
emprisonné(e)   imprisoned
emprunt *(m)*   loan *(debt on incurs)*
emprunter   to borrow
en   in
   en cas de besoin   in case of need
   en effet   indeed
   en fin de compte   in the end, finally
   en l'occurrence   in this case
   en moyenne   on average
   en provenance de *(+ country)*   *(coming)* from
     (country)
   en revanche   on the other hand
   en voie de   in the process of
enceinte   pregnant
encore   still, yet; again
   encore et encore   again and again
   encore une fois   once again
   ne... pas encore   not yet
endetter: s'endetter   to go into debt
endroit *(m)*   place
enfance *(f): **ami(e) d'enfance**   childhood friend
enfant *(m/f)*   child
   élever les enfants   to raise the children
enfermé(e)   locked up
engagé(e)   committed, politcally engaged
engendrer   to generate; to cause; to father
enlever   to take away; to kidnap
ennuyeux(-euse)   boring
enquête *(f)*   survey; investigation
enrichissant(e)   enriching
enseignant(e) *(m/f)*   teacher
enseignement *(m)*   teaching; education
   enseignement supérieur   higher learning,
     post-secondary education
ensemble   together
   agir ensemble   to act together
estimer   to think or believe
ensuite   then
entendre   to hear
   entendre parler de   to hear about
   s'entendre (avec)   to get along (with); to agree
     (with)
entente *(f)*   understanding, agreement, harmony

entourer   to encircle, surround
entraider: s'entraider   to help one another
entraîner   to lead; to bring about
entrave *(f)*   hindrance
entraver   to hinder
entre   between, among
entreprise *(f)*   company; business world;
   undertaking
entrevoir   to foresee; to catch a glimpse of
énumérer   to list
envahir   to invade
environnement *(m)*   environment
envisageable   conceivable
épée *(f)*   sword
époque *(f):* **depuis cette époque-là**   since/from
   that time period
époux (épouse) *(m/f)*   spouse
éprouver   to feel, experience
épuisement *(m)*   exhaustion, the using up of
   something
espace *(m)*   space
espagnol *(m)*   Spanish language
espagnol(e) *(adj.)*   Spanish
espérance *(f)* **de vie**   life expectancy
essai *(m)*   essay; attempt
essayer de *(+ inf)*   to try *(to do something)*
essor *(m)*   flight; expansion
est *(m)*   east
estimer   to feel; to value, esteem, appreciate;
   to believe
estudiantin(e)   student (e.g., student life)
établir   to establish
   établir des priorités   to establish priorities
   établir un premier contact   to make initial
     contact
établissement *(m)*   establishment
étape *(f)*   stage, step
état *(m)*   state
   chef d'état   head of state
   État   State; government
   état matrimonial   marital status
   États-Unis *(m pl)*   United States
étayer   to support
été *(m)*   summer
éthique   ethical
éthique *(f)*   ethics, moral code
ethnie *(f)*   an ethnic group

étoile *(f)* star
étonnant(e) surprising, astonishing
étonné(e) surprised, astonished
étonner to surprise, astonish
étourdi(e) thoughtless, scatterbrained
étranger(-ère) *(adj)* foreign
étranger(-ère) *(m/f)* foreigner, stranger
   étranger: à l'étranger abroad
être to be
   être boursier(-ière) to be on scholarship
   être censé(e) *(+ inf)* to be supposed *(to do something)*
   être conscient(e) de to be aware of
   être d'accord avec to be in agreement with
   être débarrassé(e) de to be through with, rid of
   être dépourvu(e) de to be lacking *(something)*
   être de retour to be back
   être en baisse to be dropping, falling
   être en concurrence (avec) to compete, to be in competition with
   être en train de *(+ inf)* to be in the middle of *(doing something)*
   être favorable to favor, approve of; to be advantageous to
   être lié(e) to be close (to someone)
   être obligé(e) (de) to be obligated *(to do something)*
être humain *(m)* human being
étude *(f)* study; *(pl)* course work, studies (education)
   bourse *(f)* **d'études** scholarship (to pay for college)
   faire ses études to get an education; to study
événement *(m)* event
éviter to avoid
évoluer to evolve
exagéré(e) exaggerated
examen *(m)* exam, test
exemple *(m)* example
exercer de la pression to exert pressure; to lobby
exigeant(e) demanding
exiger to require, demand, expect
exister to exist
explication *(f)* explanation
expliquer to explain

exposé *(m)* oral presentation
exposer to expose, divulge
exprimé(e) expressed
exprimer to express
   s'exprimer to express oneself
expulsé(e) the eliminated (person); banished (person)
expulser to expel; to kick out

F

fabriqué(e) manufactured
fabriquer to make, manufacture
face: faire face (à) to face, be confronted (with)
facho fascist (familiar)
facile easy
faciliter to make easier
façon *(f)* manner, way
facultatif(-ive) optional
faculté *(f)* college, school (in a university)
   faculté des lettres College of Liberal Arts (in college)
faible weak
faim: avoir faim to be hungry
faire to do, make
   faire attention to pay attention
   faire des économies to save money
   faire des pieds et des mains to work really hard at something
   faire du ski to go skiing
   faire du vélo to bike
   faire face (à) to face, be confronted (with)
   faire la cuisine to cook
   faire le déplacement to attend, show up
   faire mal à to harm *(someone)*
   faire partie de to be a part of
   faire prendre conscience to make (someone)aware
   faire ses études to do one's studies
   faire ses premiers pas to take one's first steps
   faire un séjour to spend some time (in a place)
   savoir-faire *(m)* know-how
   se faire des amis to make friends
fait *(m)* fact
   fait accompli done deal
   tout à fait completely, quite
falloir: il faut it is necessary

famille *(f)* family
   famille monoparentale single parent family
faut: il faut it is necessary
faux (fausse) false
favorable: être favorable to favor
favoriser to favor, show advantage
fée *(f)*: **conte** *(m)* **de fées** fairy tale
féminin(e) feminine
féministe feminist
femme *(f)* wife; woman
   femme d'affaires businesswoman
fête *(f)* party, celebration; holiday
feuilleton *(m)* series, soap opera
fier (fière) proud
fierté *(f)* pride
fille *(f)* girl; daughter
fin *(f)* end
   en fin de compte in the end, finally
financier(-ière) financial
finir to finish
   finir par *(+ inf)* to finally *(do something)*; to
      end up *(doing something)*
finlandais(e) Finnish
flamand(e) Flemish
fleurir to blossom; to flourish
fleuve *(m)* river
fois *(f)* time
   à la fois at the same time
   encore une fois once again
fonction élective *(f)* elective office
fonctionner to function
fondé(e) (sur) based (on)
football *(m)* soccer
former to train, to form
   former des alliances to form alliances
fort(e) strong
fou (folle) crazy
fouiller to search
fournir to supply, provide
frais *(m)* expenses
   frais de scolarité tuition
frais (fraîche) fresh
franca: la lingua franca *(f)* *lingua franca* (*Latin:*
   language used regularly in commerce, politics,
   education, and public functions)
français *(m)* the French language
français(e) French

franchir to overcome; to go through; to cross
francophile *(m/f)* someone who loves the French
   language and French culture
francophone *(adj)* French-speaking
francophone *(m/f)* someone who speaks the
   French language
francophonie *(f)* areas of the world where
   French is spoken by a significant part of the
   population
frappant(e) striking
frère *(m)* brother
frit(e) fried
froid *(m)* cold
froid(e) *(adj)* cold
frôlé(e) brushed by, grazed
frontière *(f)* border
fuir to escape
fuite *(f)* **des cerveaux** brain drain
fumée secondaire *(f)* second-hand smoke
fumer to smoke
   arrêter de fumer to stop smoking
fumeur(-euse) *(m/f)* smoker

G

gagner to earn; to win; to gain
gamme *(f)* range
garçon *(m)* boy
garder: se garder de to refrain from
gaspillage *(m)* wasting, squandering
gâteau *(m)* cake
gauche *(adj)* left (direction)
gauche *(f)* the (political) left
gêner to bother, disturb; to embarrass
généreux(-euse) generous
genre *(m)* kind, sort, grammatical gender
gens *(m pl)* people
gentil(le) nice, kind
gérer to manage
glace *(f)* ice; ice cream; mirror
goût *(m)* taste
gouvernement *(m)* government; cabinet members, etc. chosen by a particular political administration
grâce à thanks to
graisse *(f)* fat; grease
grand public *(m)* the general public
gras(se): matière grasse *(f)* fat

gratuit(e) free (no cost)
grave serious
Grèce *(f)* Greece
greffe *(f)* **d'organe** organ transplant
grève *(f)* strike
grimper to climb up
grippe *(f)* flu
grossir to gain weight
guerre *(f):* **Deuxième Guerre mondiale** World
   War II

H

* *denotes an aspirate* **h**
habilité *(f)* skill
habitant(e) *(m/f)* inhabitant
habiter to live
*haine *(f)* hate, hatred
*hasard *(m):* **par hasard** by chance
hébergement *(m)* accommodation, housing
héberger to host, house
hégémonie *(f)* influence, hegemony
hépatite *(f)* hepatitis
héritage *(m)* inheritance
hésiter to hesitate
heure *(f):* **à quelle heure** at what time
histoire *(f)* history; story
hiver *(m)* winter
homme *(m)* man
   droits de l'homme *(m pl)* human rights
   homme d'affaires businessman
honnête honest
horaire *(m)* schedule
*hors saison out of season
*huer to boo
hypocrite insincere; hypocritical

I

idée *(f)* idea
identifier to identify
identité *(f)* identity
   carte *(f)* **d'identité** ID card
idiome *(m)* language, dialect, idiom
il he; it
   il faut it is necessary
   il vaut mieux it's better
île *(f)* island
immigration clandestine *(f)* illegal immigration

immigré(e) *(m/f)* immigrant
impliquer: s'impliquer dans to involve oneself in
importer to matter; to import
   n'importe où anywhere, wherever
   n'importe qui anyone, who(m)ever
impôt *(m)* tax
imprimer to print
incapable incapable
inciter to urge, incite, prompt, encourage
incommodité *(f)* inconvenience; lack of comfort
inconnu(e) *(m/f)* stranger
incontrôlé(e) uncontrolled
inconvénient *(m)* disadvantage, drawback
indemnité *(f)* **de chômage** unemployment
   compensation
indépendant(e) independent
indice *(m)* sign, clue
indifférent(e) indifferent
indiqué(e) indicated
individualisme *(m)* individualism
individualiste individualistic
inégal(e) unequal
inégalité *(f)* inequality; inequity
inéluctable inescapable, unavoidable
inévitable unavoidable, inevitable
inférieur(e) inferior
infirmier(-ière) *(m/f)* nurse
information: émission d'informations newscast
ingénieur *(m)* engineer
inquiétant(e) worrisome, distressing
inquiéter: s'inquiéter de to worry about
inquiétude *(f)* anxiety, worry, concern
inquisiteur(-trice) inquisitive
inscrire: s'inscrire to enroll, register
insensible insensitive
installer: s'installer to settle in/down
instant *(m)* moment
instaurer to institute, establish
intégrer to integrate
   s'intégrer à to become integrated into
intensif(-ive): bronzage intensif *(m)* dark tan
interdiction *(f)* ban
interdire to forbid, prohibit
intéresser to interest
intérêt *(m)* interest
interlocuteur(-trice) *(m/f)* speaker, a participant
   in conversation

internaute *(m/f)* Internet user
intervenir to intervene
intimité *(f)* intimacy
intituler: s'intituler to be entitled
intrus(e) *(m/f)* intruder; odd or incongruous element
inutile useless
inverser to reverse, invert
invité(e) *(m/f)* guest
inviter to invite
involontaire involuntary, unwilling
ironique: écart ironique *(m)* ironic discrepancy
irréaliste unrealistic
irrégulier(-ière) *(m/f)* irregular (*also:* immigrant whose legal status is irregular)
isoler to isolate; to insulate

J

jalousie *(f)* jealousy
jamais ever
    ne... jamais never
jambe *(f)* leg
japonais *(m)* Japanese language
jeter to throw (away/out)
jeu *(m)* game
    émission *(f)* **de jeu** game show
jeune young
jeunes *(m pl)* young people
joindre les deux bouts to make ends meet
jouer to play
jour *(m)* day
    tous les jours *(m)* every day
journal *(m)* newspaper
journée *(f)* day
judéo Jewish
judiciaire: casier judiciaire *(m)* crimimal record
juger to judge
juridique legal
jusqu'à up to, until
juste fair
justice *(f)*: **poursuivre en justice** to sue
justifier to justify

L

laisser to allow, let; leave *(something behind)*
lancer to throw, toss

langue *(f)* language; tongue
    langue autochtone indigenous language
    langue dominante language most used in the area
    langue maternelle native language
    langue minoritaire minority language
    langue véhiculaire language used for daily communication
lecteur(-trice) *(m/f)* reader
lecture *(f)* reading
léger(-ère) light; lightweight
légume *(m)* vegetable
légumineuses *(f pl)* dried peas and beans
lettre *(f)*: **faculté** *(f)* **des lettres** College of Liberal Arts (in university)
lexique *(m)* vocabulary, glossary
liberté *(f)* freedom
libre free
libre-échange *(m)* free trade
lié(e) close, in the case of personal relationships
    être lié(e) to be close *(to someone)*, to be connect to
lien *(m)* connection, tic
lier to tie, link
    se lier d'amitié *(f)* **avec** to make friends with (someone)
lieu *(m)* place
    au lieu de instead of
    avoir lieu to take place
ligne *(f)* line
lingua: la lingua franca *(f)* *lingua franca* (*Latin:* language used regularly in commerce, politics, education, and public functions)
linguiste *(m/f)* linguist
lire to read
livret *(m)* booklet; catalogue
locuteur(-trice) *(m/f)* speaker
logement *(m)* housing
loi *(f)* law
loin far (away)
lointain(e) faraway, distant
longtemps long time
lors de at the time of
    dès lors since then; from then on
lorsque when
louer to rent
loyal(e) true, loyal, faithful

lumière *(f)* light
lundi Monday
lutte *(f)* struggle
lutter (contre) to struggle, fight (against)
lycée *(m)* high school

M

magasin *(m)* store
Maghrébin(e) *(m/f)* resident of either Morocco, Algeria, or Tunisia
maigrir to lose weight
main *(f)* hand
  faire des pieds et des mains to work really hard at something
main-d'œuvre *(f)* manpower; labor
maintenant now
maintenir to maintain
  maintenir une amitié to maintain a friendship
mairie *(f)* city hall
maison *(f)* house
maîtrise *(f)* mastery; skill
mal bad
  faire mal à to harm *(someone)*
  mal rémunéré(e) poorly paid, paying
malade sick, ill
maladie *(f)* illness, sickness, disease
malaise *(m)* uneasiness
malentendu *(m)* misunderstanding
malgré in spite of, despite
malsain(e) unhealthy
manifestation *(f)* demonstration; protest
manquant(e) missing
manquer to lack; to be missing, lacking
marchandise *(f)* commodity
marché *(m)* market
mari *(m)* husband
marque *(f)*: **prendre ses marques** to get one's bearings
masculin(e) masculine
maternel(le): langue maternelle *(f)* native language
matière *(f)* (academic) subject; material, substance
  matière grasse fat
matin *(m)* morning
matrimonial: état matrimonial marital status
médecin *(m)* doctor

médiocre substandard
méfait *(m)* crime, misdeed
mégot *(m)* cigarette butt
meilleur(e) better, best
  le meilleur/la meilleure the best
même same *(adj)*; even *(adv)*
  même si even if
menace *(f)* threat
menacer to threaten
ménager(-ère): tâches *(f pl)* **ménagères** housework
mener to lead
mentir to lie
mépris *(m)* scorn, contempt
mère *(f)* mother
métier *(m)* profession, occupation, trade
métro *(m)* subway
mettre to put, place
  mettre à l'abri de to shelter from, protect from
  mettre en avant to bring forth; to emphasize
  mettre en relief to highlight
midi noon
mieux: il vaut mieux it's better
milieu *(m)* environment; middle
militaire *(m)* soldier
militaire *(adj)* military
millénaire *(m)* millennium
milliard *(m)* billion
minoritaire: langue minoritaire *(f)* minority language
mise *(f)* **en scène** production; staging
mixte co-ed
mode *(m)* **de vie** way of life
modernité *(f)* modernism, modernity
moins less, fewer
  d'autant moins all the less
mois *(m)* month
moitié *(f)* half
monde *(m)* world
  tout le monde everyone
mondial(e): Deuxième Guerre mondiale *(f)* World War II
mondialisation *(f)* globalization
monolingue monolingual
monoparentale: famille *(f)* **monoparentale** single parent family
montre *(f)* watch

montrer to show
moquer: se moquer de to make fun of
moral *(m)* moral, mood, mental state
    remonter le moral à (quelqu'un) to boost someone's spirits
    se remonter le moral to boost one's spirits
morceau *(m)* piece
mot *(m)* word
    mot-clé *(m)* keyword
moteur *(m)* **de recherche** search engine *(on the Internet)*
mou (molle) soft, weak spineless
mourir *(pp* **mort)** to die
moyen *(m)* means, way
    moyen de transport means of transportation
    avoir les moyens to have the means, have the money
moyen(ne) *(adj)* average
    en moyenne on average
multiethnique multiracial, multiethnic

N

naissance *(f)* birth
naître *(pp* **né)** to be born
narrateur(-trice) narrator
navrant(e) distressing
négliger to neglect
neuf (neuve) brand-new
nier to deny
n'importe où anywhere, wherever
n'importe qui anyone, whomever
niveau *(m)* level
nocif(-ive) harmful
noir *(m)* dark, darkness
nom *(m)* name
nombre *(m)* number
nombreux(-euse) numerous
non seulement not only
nord *(m)* north
nordique Scandinavian, Nordic
norvégien(ne) Norwegian
note *(f)* grade (in school)
nourriture *(f)* food
nouveau(-elle) *(adj)* new
nouvelle *(f)* piece of news
nudité *(f)* nudity
nuire (à) to harm, injure

nuisible harmful
nuit *(f)* night

O

obèse *(m/f)* obese (person)
obligatoire obligatory, required
    cours obligatoire *(m)* required course
obligé(e): être obligé(e) (de) to be obligated *(to do something)*
occupé(e) busy
occuper: s'occuper de to take care of, deal with
occurrence *(f):* **en l'occurrence** in this case
œil *(pl* **yeux)** *(m)* eye(s)
œuf *(m)* egg
œuvre *(f)* **d'art** work of art
offensif(-ive) offensive
opération chirurgicale *(f)* surgery; surgical operation
ordinateur *(m)* computer
organe *(m)* (body) organ
    greffe *(f)* **d'organe** organ transplant
où where
oublier to forget
ouest *(m)* west
outil *(m)* tool
ouvert(e) open

P

paille *(f)* straw
paix *(f)* peace
    Corps *(m)* **de la paix** Peace Corps
Pape *(m)* Pope
papier *(m):* **sans papiers** *(m pl)* illegal immigrants "without (proper) papers"
par through, by
    par ailleurs otherwise; moreover
    par conséquent therefore, consequently
    par contre on the other hand
    par hasard by chance
    par rapport à compared to
paradis *(m)* paradise
paraître to appear, seem
parcourir to travel on/across; to scan (a text)
pardonner to forgive
parfois sometimes
paritaire joint; equal, egalitarian

parité *(f)* parity, equality, equal treatment
parler to speak, talk
   entendre parler de to hear about
partage *(m)* the (fact of) sharing
partagé(e) shared
partager to share
partenaire *(m/f)* partner
participer to participate
partie *(f)*: **faire partie de** to be a part of
partiel(le): à temps partiel part-time
parti politique *(m)* political party
parti-pris *(m)* bias; taking the side of
partir to leave
   partir en congé to leave on vacation
partout everywhere
pas *(m)*: **faire ses premiers pas** to take one's
   first steps
pas du tout not at all
passé *(m)* past
   temps *(m)* **du passé** past tense(s)
passer to spend; to pass
   passer le temps to spend time
   se passer to happen
passionner to fascinate, excite
patrie *(f)* native country
pauvre poor
pauvre *(m/f)* poor (person)
payer to pay
pays *(m)* country
   pays en voie de développement developing
     country
   pays natal birth country, native land
peinture *(f)* painting
pénal(e) penal
   poursuites pénales *(f pl)* punitive action,
     prosecution
pendant during
penser to think
   penser à soi-même to think about oneself
perdre to lose
père *(m)* father
péril *(m)* danger
permettez-moi de... allow me to . . .
permis *(m)* license
   permis de conduire driver's license
   permis de port d'arme gun permit
   permis de séjour resident card

personnel(le) personal, private
perte *(f)* loss
   perte de temps waste of time
petit(e) small, little
   petite-fille *(f)* granddaughter
   petit-fils *(m)* grandson
peu: à peu près approximately
peur *(f)* fear
   avoir peur to be afraid
phénomène *(m)* phenomenon
pièce *(f)* **de théâtre** play (theater)
pied *(m)* foot
   faire des pieds et des mains to work really
     hard at something
pipe *(f)* pipe
pire worse
piste cyclable *(f)* bicycling path, bike trail,
   bike track
placard *(m)* closet
place *(f)* room; seat; town/public square
plagiat *(m)* plagiarism
plaindre to pity
   se plaindre (de) to complain (about)
plan *(m)* detailed outline; plan
planète *(f)* planet
planifier to plan
plat *(m)* dish
plein(e): à plein temps full-time
pleurer to cry
plupart: la plupart de the majority of
plurilinguisme *(m)* the use or coexistence of
   many languages within a single community,
   country, etc.
plus more
   d'autant plus *(+ adj)* all the more *(+ adj)*
   de plus en plus more and more
   plus tard later
plutôt (que) rather (than)
point *(m)* **de vue** point of view
poisson *(m)* fish
poivre *(m)* pepper
politesse *(f)* politeness, courtesy
pollué(e) polluted
port: permis *(m)* **de port d'arme** gun permit
port *(m)* the wearing
   le port du casque à vélo the wearing of a
     bike helmet

portemanteau *(m)* clothes hanger
portière *(f)* door (of a car, etc.)
poser une question to ask a question
poste *(m)* job, position
poubelle *(f)* trash can
poumon *(m)* lung
pour for; in order to
pourcentage *(m)* percentage
pourquoi why
poursuite *(f)* **(de)** pursuit (of)
    poursuites pénales *(f pl)* punitive action, prosecution
poursuivre to pursue
    poursuivre en justice to sue
pourtant yet, nevertheless
pousser to push
pouvoir to be able, can
pouvoir *(m)* power
    pouvoirs publics *(m pl)* authorities
précédent(e) preceeding
préciser to specify, define
précoce early, precocious
préconçu(e) preconceived
préconiser to recommend
préféré(e) favorite
préférer to prefer
préjugé *(m)* bias, prejudice
premier(-ière) first
    établir un premier contact to make initial contact
prendre to take
    faire prendre conscience to make aware
    prendre des congés to take a vacation
    prendre ses marques to get one's bearings
    prendre une décision to make a decision
préoccupation *(f)* worry, concern
près: à peu près approximately
présenter to introduce, present
presque almost
pression *(f)* pressure
    exercer de la pression to exert pressure; to lobby
prestation sociale *(f)* social welfare (aid)
prêt *(m)* loan
prêt(e) (à) ready (to), willing
prêter to lend
prévenir to warn; to prevent

primauté *(f)* primacy, preeminence
principe *(m)* principle
priorité *(f)* priority
    établir des priorités to establish priorities
prise *(f)* **de conscience** realization, awakening
privé(e): vie privée *(f)* private life, privacy
privilégié(e) privileged
privilégier X sur Y to place a higher priority on X than on Y
prix *(m)* prize; price
procès *(m)* trial; lawsuit
prochainement soon, shortly
proche near, close
produit *(m)* product
professionnel(le): vie professionnelle *(f)* professional life
profond(e) deep
progrès *(m)* progress
promettre to promise
promotion *(f)* promotion
promouvoir to promote
prôner to advocate
propre clean; own
proprement really, absolutely, correctly
protégé(e) protected, sheltered
protéger to protect
public: pouvoirs publics *(m pl)* authorities
publicité: pub *(f)* advertising
publier to publish
puisque since

Q

qualité *(f)* quality
quand when
quatrième fourth
quel(le) what, which
quelque chose something
quelquefois sometimes
quelques some
quelqu'un someone
quelques-uns/quelques-unes a few
qu'est-ce que what
question *(f)* question
    poser une question to ask a question
    remettre en question to call into question
qui who
quitter son travail to quit/leave one's job

quoi what
quotidien *(m)* daily newspaper
quotidien(ne) daily, everyday
   vie quotidienne *(f)* daily life
quotidiennement daily

R

racisme *(m)* racism
raconter to tell, relate
raffiné(e) refined
rafraîchir to refresh
raison *(f)* reason
   avoir raison to be right
   donner raison (à) to agree (with)
raisonnable reasonable
raisonnement *(m)* reasoning
rajouter to add
randonnée *(f)* drive; ride; walk, hike
rapatriement *(m)* repatriation, returning (or being returned) to one's country of origin
rapatrier to repatriate (to send back to country of origin)
rappeler to call back; to remind
   se rappeler to remember
rapport *(m)* relationship; report
   par rapport à compared to
rapporter: se rapporter à to relate to *(something)*
réagir to react
réalisateur(-trice) director, producer
réalité *(f)* reality
récemment recently
recette *(f)* recipe
recevoir *(pp* **reçu)** to receive
recherche *(f)* research
   moteur *(m)* **de recherche** search engine *(on the Internet)*
recommander to recommend
recommencer to restart, start over
reconnaissant(e) grateful
reconnaître *(pp* **reconnu)** to recognize, acknowledge
recopier to recopy
rédacteur(-trice) *(m/f)* writer; editor
rédaction *(f)* composition, writing
rédiger to write; to edit
redingote *(f)* frock coat
réduire to reduce
réel(le) real

référence *(f):* **cadre** *(m)* **de référence** frame of reference
référendum *(m)* election, referendum
réfléchir to reflect, ponder
refouler to send back; to keep out, to repress
refuser to refuse
regarder to watch
régime *(m)* diet
régir to govern
règle *(f)* rule
regretter to be sorry, regret
regroupement *(m)* gathering together, grouping
rejoindre to return to; to meet together; to catch up with
relation amoureuse *(f)* love relationship
relief *(m):* **mettre en relief** to highlight
relire to reread; to proofread
remarquer to notice
rembourser to reimburse
remettre en question to call into question; challenge
remonter to go, come back up
   remonter le moral à (quelqu'un) to boost someone's spirits
   se remonter le moral to boost one's spirits
remplacer to replace
remplir to fill
rémunéré(e): bien/mal rémunéré(e) well/poorly paid, paying well/poorly
renaissance *(f)* rebirth
renard *(m)* fox
rencontre *(f)* meeting
rencontrer to meet
rendre to make; to return (something)
   rendre visite à to visit (someone)
   se rendre compte to realize
renforcer to reinforce
renommé(e) well-known, famous
renouveler to renew
renseignement *(m)* (piece of) information; *(pl)* information
renseigner: se renseigner (sur) to make inquiries (about)
rentrée *(f)* start of the new school year/term; return
rentrer to return (home)
renvoyer to expel, send back
répartir to spread

repas *(m)* meal
répertorier to list
répondre to answer
rescousse *(f): **venir à la rescousse**** to come to the rescue
réseau *(m)* network
réservé(e) reserved
résidence universitaire *(f)* university dorm residence hall
résolution *(f)* **de conflit(s)** conflict resolution
résoudre to solve; to resolve
respectueusement respectfully
respirer (bien/mal) to breathe (well/poorly)
responsable *(m/f) (adj)* responsible; *(n.)* the person responsible
ressembler to resemble, look like
ressentir to feel, experience
   ressentir de la déception to feel disappointment
ressortir to stand out
ressortissant(e) *(m/f)* national, citizen of a country
rester to stay, remain
résultat *(m)* result
retenir to keep
retour *(m)* return
   être de retour to be back
réussir (à) to succeed (in)
revanche: en revanche on the other hand
rêve *(m)* dream
révéler to reveal
revendiquer to claim; to demand
revenu *(m)* return; revenue
réviser to review
richesse *(f)* wealth
rien: ne... rien nothing
rigolo(te) amusing, funny
risque *(m)* risk
roman *(m)* novel
rompre to break
ronger to gnaw away at
rouler to drive along

S

sacrifier to sacrifice
sain(e) healthy; sane
salaire *(m)* salary
salarié(e) *(m/f)* salaried employee, worker

sanguin(e): transfusion sanguine *(f)* blood transfusion
sans without
sans-papiers *(m/f)* illegal immigrants "without (proper) papers"
santé *(f)* health
   bilan *(m)* **de santé** medical checkup
satisfait(e) satisfied
savoir to know
   à savoir namely
   savoir-faire *(m)* know-how
scénario *(m)* script
scène *(f): **mise en scène** *(f)* production; staging
scolarité *(f): **frais** *(m pl)* **de scolarité** tuition
séance *(f)* session
secondaire: école secondaire *(f)* middle and high school
seconde langue *(f)* second language
sécurité *(f)* security
   ceinture *(f)* **de sécurité** seat belt
séjour *(m)* stay
   faire un séjour to spend some time (in a place)
   permis *(m)* **de séjour** resident card
séjourner to stay, sojourn
selon according to
semaine *(f)* week
semblable similar
sembler to seem
sens *(m)* meaning; sense
   sens de l'amitié sense, conception of friendship
sensible sensitive
sentiment *(m)* feeling
sentir to feel; to smell; to taste
   se sentir *(+ adj.)* to feel *(a certain way)*
   se sentir déçu(e) to feel disappointed
séparer: se séparer to separate from each other
sérieux(-euse) serious
serrer to clench, press; to tighten
   se serrer dans les bras to hug
   se serrer to stand/squeeze/sit/be close together
   se serrer la ceinture to tighten one's belt
service *(m)* a favor
servir to serve
   servir à to serve as
   se servir de to use
seul(e) only; alone

seulement only
  non seulement not only
sexe opposé *(m)* opposite sex
sexiste sexist
si: même si even if
SIDA *(m)* AIDS
siècle *(m)* century
sieste *(f)* nap
siffler to whistle
sigle *(m)* acronym
signe *(m)* sign
sinon if not
sketch *(m)* skit
ski *(m):* **faire du ski** to go skiing
société *(f)* society; company
sœur *(f)* sister
soigné(e) tidy; carefully prepared; polished
soigner to take care of
soigneusement carefully
soi-même: penser à soi-même to think about
  oneself
soir *(m)* evening
soirée *(f)* evening; evening party
soleil *(m)* sun
solvable financially solvent
sommeil *(m)* sleep
somnifère *(m)* sleeping pills
sondage *(m)* opinion poll, survey
sortie *(f)* outing
souci *(m)* concern, worry
soucoupe volante *(f)* flying saucer
souffrir to suffer
souhaitable desirable
soulager to relieve, soothe
souligner to underline
soumettre to subject
soumis(e) submissive, compliant
sourire to smile
sous under
soutenir to support
  se soutenir to support one another
soutien *(m)* support
souvent often
souveraineté *(f)* sovereignty; independence
specialisation *(f)* major
spécialiser: se spécialiser (en) to major (in)
spécialité *(f)* subject one specializes in

sphère publique *(f)* public sphere
squelette *(m)* skeleton
stationner to park
statut *(m)* status
stéréotype *(m)* stereotype
structure *(f)* outline, structure
subalterne inferior, subordinate
subvenir à ses besoins to make ends meet; to take
  care of one's needs; to make enough to live on
subvention *(f)* subsidy
sucré(e) sweetened, sugary
sud *(m)* south
sudation *(f)* perspiration, sweating
suffisamment enough, sufficiently
suffisant(e) sufficient, enough
suffocant(e) stifling
suggérer to suggest
suicidaire suicidal
suite: tout de suite immediately
suivant(e) following
suivre to follow
superficiel(le) superficial, shallow
supérieur(e) superior
  enseignement supérieur *(m)* higher
    learning
supprimer to eliminate, suppress, put an
  end to
sur on, over
  sur table d'écoute wiretapping
surpeuplé(e) overpopulated
surpeuplement *(m)* overpopulation
surpopulation *(f)* overpopulation
surprenant(e) surprising
survivre to survive
sympathiser to get along well together, "click"
syndicat *(m)* (labor) union

T
tabac *(m)* tobacco
tabagisme *(m)* addiction to smoking, nicotine
  addiction, tobacco use
table *(f):* **sur table d'écoute** wiretapping
tâche *(f)* task, job, work
  se tuer à la tâche to work oneself to death
  tâches ménagères *(f pl)* housework
tard: plus tard later
tarif douanier *(m)* customs tariff

taux (*m*) rate; degree; level
   taux d'alphabétisation literacy rate
   taux de chômage unemployment rate
télé (*f*) television
téléphoner to telephone
télé-réalité (*f*): **émission** (*f*) **de télé-réalité**
   reality TV show
téléspectateur(-trice) (*m/f*) TV viewer
télévision (*f*): **chaîne** (*f*) **de télévision** television
   channel
tel(le) que such as
temps (*m*) time; weather; (verb) tense
   à plein temps full-time
   à temps partiel part-time
   depuis combien de temps for how long
   de temps en temps from time to time
   emploi (*m*) **du temps** daily/weekly schedule
   passer le temps to spend time
   perte (*f*) **de temps** waste of time
   temps du passé past tense
   tout le temps all the time
tendance (*f*) tendency
tenir compte de to take something into
   account
tenter de (*+ inf*) to try (to do something)
terminer to end
terrain (*m*): **vélo** (*m*) **tout terrain (VTT)**
   mountain bike
tête (*f*) head
thèse (*f*) thesis
tiers (*tierce*) third party
   tiers-monde (*m*) third world
   un tiers (*m*) one-third
tirer (de) to draw (from)
titre (*m*) title
tort: avoir tort to be wrong
tôt early
toujours always
tournage (*m*) shooting (of a movie)
tousser to cough
tout (*m*) all, everything
   pas du tout not at all
tout(e) (*pl* **tous/toutes**) all, every
   tous les jours (*m*) every day
   tous (toutes) les deux both
   tout à fait completely; quite
   tout de suite immediately

   tout le monde everyone
   tout le temps all the time
   vélo (*m*) **tout terrain (VTT)** mountain bike
toux (*f*) cough
traducteur(-trice) (*m/f*) translator
trahison (*f*) treason; betrayal
train: être en train de (*+ inf*) to be in the middle
   of (*doing something*)
traiter to treat; to deal with, handle
transfusion sanguine (*f*) blood transfusion
transport (*m*): **moyen** (*m*) **de transport** means
   of transportation
travail (*m*) work, job
   quitter son travail to quit/leave one's job
travailler work
travailleur(-euse) (*m/f*) worker
travers: à travers les ans over the years
tricher to cheat
trilinguisme (*m*) the use of three languages
triste sad
troisième third
trop too (much)
trotinette (*f*) scooter
trouver to find
   se trouver to be found, located
   trouver (quelqu'un) (*+ adj.*) to find
    (someone) (*attractive, intelligent, etc.*)
truc (*m*) thing (familiar)
tuer to kill
   se tuer à la tâche to work oneself to
   death
typique typical

U

unir to unite
universitaire: résidence universitaire (*f*)
   university dorm, residence hall
université (*f*) university
usine (*f*) factory
utiliser to use

V

vacances (*f pl*) vacation
vaccin (*m*) vaccine
vache (*f*) cow
vainqueur (*m*) conqueror; winner; victor
valeur (*f*) value

valoir to be worth
   il vaut mieux it's better
variété *(f):* **émission** *(f)* **de variétés** variety
   show
vasistas *(m)* little window
véhiculaire: langue véhiculaire *(f)* language
   used for daily communication
vélo *(m)* bicycle
   faire du vélo to bike
   vélo tout terrain (VTT) mountain bike
vendre to sell
venir to come
   venir à la rescousse to come to the rescue
   venir de *(+ inf)* to have just *(done something)*
vérifier to verify
vérité *(f)* truth
vêtement *(m)* article of clothing; *(pl)* clothes
victoire *(f)* victory
vie *(f)* life
   coût *(m)* **de la vie** cost of living
   espérance *(f)* **de vie** life expectancy
   mode *(m)* **de vie** way of life
   vie privée private life, privacy
   vie professionnelle professional life
   vie quotidienne daily life
   vie sociale social life
vieux (vieille) old
   vieux jeu old-fashioned
ville *(f)* city
vis-à-vis face-to-face, opposite
viser to aim at, target
visite: rendre visite à to visit *(someone)*
visiter to visit *(a place)*
vite quickly, fast

vitesse *(f)* speed
vivre to live
voie *(f)* track; road, way
   en voie de in the process of
   pays *(m)* **en voie de développement**
     developing country
voir to see
voire or even, indeed
voisin(e) *(adj)* neighboring
voisin(e) *(m/f)* neighbor
voiture *(f)* car
voix *(f)* voice
volage fickle
volant *(m)* (steering) wheel (of a car)
volant(e): soucoupe volante *(f)* flying saucer
volontaire *(adj)* voluntary, willing
volontaire *(m/f)* volunteer
volonté *(f)* will
voter pour/contre to vote for/against
vouloir to want
   vouloir dire to mean
voyager to travel
vrai(e) true
vraiment really, truly
VTT *(m)* **vélo** *(m)* **tout terrain** mountain bike
vue *(f):* **point** *(m)* **de vue** point of view

X

xénophobie *(f)* fear or hatred of foreigners or
   strangers

Y

yeux *(m pl)* eyes

Indice

Text Credits

This page constitutes an extension of the copyright page. We have made every effort to trace the ownership of all copyrighted material and to secure permission from copyright holders. In the event of any question arising as to the use of any material, we will be pleased to make the necessary corrections in future printings. Thanks are due to the following authors, publishers, and agents for permission to use the material indicated.

pp. 10–11: Louis-Jean Calvet, Le Français dans le Monde, No 316, 2001.

pp. 20–21: Extrait de Michel Field, Courrier des lecteurs, Le Monde, 4 mai 2001.

p. 21: Adapté de Jérôme Duhamel, *Vous, les Français*, Paris: Albin Michel, 1989.

pp. 28–29: Sondage IFOP, Avril 20.

pp. 36–38: Except from *Le Petit Prince* by Antoine de Saint-Exupéry, copyright 1943 by Harcourt, inc. and renewed 1971 by consuelo de Saint-Exupery, reprinted by permission of the publisher.

pp. 75–76: Françoise Giroud, Interview avec Jacques Pécheur, Le Français dans le Monde, No304, 1999.

pp. 82–83: Élisabeth Alexandre, *Le Français dans le monde*, No 304, 1999.

p. 85: Le Temps des secrets, Marcel Pagnol, Editions Bernard de Fallois (Fortunio), 1988, pp. 56–57.

pp. 87–88: CSA Group, Stéphane Rozes.

p. 101: Tiré d'une publicité parue dans le quotidien Le Figaro (mercredi 5 juin 1996.

p. 104: Centre de documentation et d'information sur le tabac.

pp.108–109: Port du casque: une campagne à côté de la plaque, Pierre Deschamps, Ville & Vélo, No 8–9, Décembre 2003.

pp. 110–111 Adapté de http://www.routeverte.com/fr (téléchargé le 13 mai 2004).

p. 112: Calculez votre capital santé, © Prisma Presse—Ça m'intéresse, No 272, octobre 2003.

p. 136: In Style magazine, October 1999.

p. 144: Courtesy of La Confédération Générale du Travail

pp.159–160: Un aller simple, Didier Van Cauwelaert, Editions Albin Michel, 1994, pp. 25–27.

pp. 173–174: Yves Beauchemin, Le Devoir, mardi 9 mars 1999.

pp. 185–186: «Oui or No», Les Aurores montréales, Monique Proulx, Montréal, Éditions du Boréal, collection «Boréal Compact», 1997, pp. 169–179.

p. 197: Gérard Mermet, Francoscopie 1997, p. 101.

p. 198: Courtesy of Agence EduFrance

pp. 200–201: «La vie d'étudiant? Á vos risques et périls!», Béatrice Farand, Le Soleil, Cyberpresse Inc.

pp. 207–208: Nicolas Borvo, Le Parisien Libéré, vendredi 19 mars 1999.

p. 209: Valérie Erlich, *Les Nouveaux Étudiants: Un groupe social en mutation* (extrait), Armand Colin, 1998.

Photo Credits

This page constitutes an extension of the copyright page. We have made every effort to trace the ownership of all copyrighted material and to secure permission from copyright holders. In the event of any question arising as to the use of any material, we will be pleased to make the necessary corrections in future printings. Thanks are due to the following authors, publishers, and agents for permission to use the material indicated.

p. 2, top: ©John Foxx/Alamy
p. 2, bottom: ©David R. Frazier Photolibrary, Inc./Alamy
p. 6: ©Robert Holmes/CORBIS
p. 18, left: ©Peter Beavis/Getty Images
p. 18, right: ©The Thomson Corporation/Heinle Image Resource Bank
p. 24: ©Romilly Lockyer/Getty Images
p. 33: ©David R. Frazier Photolibrary, Inc./Alamy
p. 44: ©Abbas/Magnum Photos
p. 51: ©David R. Frazier Photolibrary, Inc./Alamy
p. 59: ©Mary Kate Denny/Photo Edit
p. 68: ©Digital Vision/Getty Images
p. 74: ©ImageState
p. 94: ©Photos12.com-ARJ
p. 97: Courtesy of Paris Sans Tabac; ©Emmanuelle Pioli
p. 107: ©Raymond Depardon/Magnum Photos
p. 120: ©The Thomson Corporation/Heinle Image Resource Bank
p. 125: ©Image Source/Alamy
p. 132: ©Photodisc Green/Getty Images
p. 135, top: ©Louis Aguinaldo/istockphoto.com
p. 135, bottom: ©John Coletti
p. 136, top: ©Photos.com Select/Index Open
p. 136, bottom: ©Hugh Threlfall/Alamy
p. 147: ©AP Photo/Jerome Delay
p. 148: ©Pascal Le Segretain/Getty Images
p. 154: ©AP Photo/Jacques Brinon
p. 166: ©Jeff Greenberg/Index Stock Imagery
p. 194: ©Digital Vision/Getty Images